折疑梵刹志

（清）释悟明　撰

何孝荣　点校

南京市地方志编纂委员会办公室　编

南京出版传媒集团
南京出版社

图书在版编目（CIP）数据

折疑梵刹志 /（清）释悟明撰；何孝荣点校. --南京：南京出版社，2020.12
ISBN 978-7-5533-3062-4

Ⅰ. ①折… Ⅱ. ①释… ②何… Ⅲ. ①佛教 - 寺庙 - 史料 - 南京 - 清代 Ⅳ. ①B947.253.1

中国版本图书馆CIP数据核字（2020）第225372号

书　　名：折疑梵刹志
作　　者：（清）释悟明
点　　校：何孝荣
出版发行：南京出版传媒集团
　　　　　南 京 出 版 社
社址：南京市太平门街53号　　　　邮编：210016
网址：http://www.njcbs.cn　　　　电子信箱：njcbs1988@163.com
联系电话：025-83283893、83283864（营销）　025-83112257（编务）

出 版 人：项晓宁
出 品 人：卢海鸣
责任编辑：汪　枫
装帧设计：王　俊
责任印制：杨福彬

排　　版：南京新华丰制版有限公司
印　　刷：南京凯德印刷有限公司
开　　本：787毫米×1092毫米　1/16
印　　张：17.5
字　　数：250千
版　　次：2020年12月第1版
印　　次：2020年12月第1次印刷
书　　号：ISBN 978-7-5533-3062-4
定　　价：136.00元

南京出版社
图书专营店

编委会

导　读

《折疑梵刹志》八卷（存卷一至卷四、卷六、卷八），是清朝嘉庆年间释悟明编撰的南京大报恩寺寺志。

一、大报恩寺塔的前世今生

"千里莺啼绿映红，水村山郭酒旗风。南朝四百八十寺，多少楼台烟雨中。"唐代诗人杜牧的这首诗，代表了千百年来中国人对南朝都城建康即今南京地区经济与商业繁荣、佛教和寺院兴盛的美好记忆。在这些隐现楼台烟雨的"南朝四百八十寺"中，有一座佛寺就是本书的主角——长干寺，也就是大家熟知的后来的大报恩寺。

南京作为中国历史上的佛教文化重镇，佛教在东汉末年已经传入。三国吴时，康居国僧人康僧会来到南京，"营立茅茨，设像行道"。据说，他以神通请得如来遗骨舍利，吴大帝孙权大为叹服，为其建塔造寺，"以始有佛寺，故号建初寺"①，名其地曰佛陀里。建初寺成为南京最早的佛寺。

距离佛陀里不远处的长干里，也有一座阿育王塔，不知所始。吴时有尼居其地，构小精舍，后被毁除。晋初，有僧人在旧处立寺，称长干寺。晋简文帝于其地造三层塔，据说每晚放光。后僧人竺慧达（刘萨诃）在长干里掘得舍利，于是在简文帝所造塔西再造一层塔。不久，塔加为三层。历代不少高僧，如晋竺法旷、宋僧伽跋摩、慧重、昙颖、慧观，齐法颖、元畅，及外国道人伎吒等，均来居此寺。梁武帝时，大建寺院，号为"阿育王寺"，并建塔。梁武帝躬亲礼拜，屡设法会，奉施斋钱。陈后主时，也曾临幸。长干寺（阿育王寺）是当时最重要的佛寺之一。隋唐时期，长干寺不太显耀。至南唐时，寺废。宋朝天禧年间，寺改名为"天禧寺"。祥符年间，赐塔号为"圣感"。元朝至元年间，又改寺名为"元兴天禧慈恩旌忠寺"。元末，寺毁于兵火。

明朝建立后，明太祖怀疑历朝定都南京者不免权臣擅政，原因是天禧寺"虎方坤位，浮图太耸"，令将九层寺塔移建于钟山之左。不料"工将完，塔将毁"，而有役夫坠塔而死，遂"罢役"。不久，有官员黄立恭奏请，以个人之力重修天禧寺废塔。三年之后，工完，"大雄之殿，僧房两庑，重门楼观，亦皆备矣"②，天禧寺也得到重修。洪武年间，天禧寺与灵谷寺、天界寺、能仁寺、鸡鸣寺并称为国家五大寺，住持由国家考选高僧名僧充任，僧录司官也分住其中，明太祖还给各寺赏赐大量田地，以赡养僧众。

永乐年间，有僧人挟私恨放火，竟将天禧寺烧毁而尽。明成祖为报恩"资福"其故去的父母——明太祖和马皇后，下令工部重建，"弘拓故址，加于旧规，像貌尊严，三宝完具，殿堂廊庑，辉焕一新，重造浮图，高壮坚丽，度越前代，更名曰大报恩寺"③。也有人说，明成祖为了报恩自己的生母碽妃而建寺，大报恩寺正殿又名"碽妃殿"。大报恩寺"梵宇皆准大内式"④，即寺院按

① （梁）释慧皎《高僧传》（汤用彤校注，中华书局1992年版）卷一《魏吴建业建初寺康僧会》。
② 明太祖《御制黄侍郎立恭完塔记》，载（明）葛寅亮《金陵梵刹志》（何孝荣点校，南京出版社2017年版）卷三十一《聚宝山报恩寺》。
③ 明成祖《御制大报恩寺左碑》，载（明）葛寅亮《金陵梵刹志》卷三十一《聚宝山报恩寺》。
④ （明）葛寅亮《金陵梵刹志》卷三十一《聚宝山报恩寺》。

照皇宫标准修建，因此工程浩大，起于永乐十年（1412），至宣德三年（1428）六月，历经十六年方始完工。大报恩寺与灵谷寺、天界寺成为永乐以后南京国家三大寺之一，万历时统计有"钦赐"田地9009亩余，住僧额定650人。《初刻南藏》《永乐南藏》两部明朝官刻《大藏经》经板均收贮于该寺，明代中期以后民间欲得《大藏经》者均须来此请《永乐南藏》经板而印。嘉靖四十五年（1566），大报恩寺遭雷火焚毁，惟塔存焉。其后，虽经寺僧极力修复，已难再现往日盛景。

清朝时期，南京政治地位下降，大报恩寺也不再是国家寺院，但仍得到统治者尤其是康熙帝、乾隆帝、嘉庆帝等人的眷顾布施，屡损屡修。顺治九年（1652），"祥符宰官"周三畏重建万佛阁；康熙三年（1664），居士沈豹等募建大殿，规制宏丽，后雷火损塔，寻修；雍正年间，金刚殿遭火灾，乾隆间重建。康熙帝、乾隆帝南巡，都曾幸寺登塔，赏赐御书匾额等。乾隆四十九年（1784），建七佛阁，"经十岁，其工方落"。至嘉庆五年（1800），报恩寺琉璃塔又遭雷击，"而石子如翼，四壁参差，壮若狼牙之象，北方神侣，亦罹刖指之灾"，嘉庆帝命户、工二部"咨发银饷，整修报恩塔"。嘉庆十二年（1807），塔再遭雷击，"而蹬内壁间之佛尚遭擘裂""八方层叠，虽板石亦株连而散碎"，再修①。由于得到统治者的眷顾赏赐，大报恩寺、塔在清代屡损屡修，仍保持着一定程度的繁盛和规模。但是，咸丰年间，太平军攻占南京后，炸塔毁寺，壮丽奇伟的大报恩寺及琉璃塔从此成为废墟。

大报恩寺中最有名的建筑无疑是九级琉璃塔。塔的高度，从地面至宝珠顶为三十二丈余，约78米余，相当于二十多层楼房高度。塔通体表面甃以白色琉璃砖，用黄、绿、红、白、黑五色琉璃贴面，全身上下有金刚佛像万千，顶冠以黄金宝珠。塔的外表八面开门，四实四虚，隔层错开。各层角梁下悬鸣铎，门内有篝灯，昼则金碧照耀云际，夜则火龙腾焰数十里，"风铎相闻数里"②。大报恩寺琉璃塔"规模雄丽，得未曾有"，开创了中国琉璃塔的先河，是我国古代建筑

---

① 本志卷一《金陵大报恩寺》。

② （明）葛寅亮《金陵梵刹志》卷三十一《聚宝山报恩寺》。

琉璃艺术的最高成就。

大报恩寺、塔闻名中外。明清时期，除了大量吟咏诗文、游记逸闻记述以外，民间有《琉璃塔》戏，搬演明成祖"靖难"、建塔事；有《金陵宝塔》歌曲，"低徊重叠，九复其词，叙其庄严宝相，风铎檐灯，穷极富丽仙逸之致"①。明时海外使臣"至者百有余国，见报恩塔，必顶礼赞叹而去，谓四大部洲所无也"②。明清时期一些欧洲商人、游客和传教士来到南京，称之为"南京瓷塔"，将它与罗马斗兽场、亚历山大地下陵墓、比萨斜塔相媲美，称之为"中古时期世界七大奇观之一"③。至18世纪，西方人游南京，仍称之为"南京之表征"（Wahrzeichen von Nanking）④。

大报恩寺、塔在中国佛教史、文化史、社会生活史上具有重要地位，是南京佛教文化的重要组成部分。它的兴废，它的辉煌，它的传奇，一直留存在史籍记载中和人们记忆深处，不时拨动着民众的心弦。为了弘扬南京的佛教文化，2007年，南京市委、市政府启动了大报恩寺项目重建工作，并开始为期多年的考古发掘。2012年，项目调整为"大报恩寺遗址公园"，正式开工建设。至2015年12月，南京大报恩寺遗址公园举行开园仪式。园区项目主要分为大报恩寺、琉璃塔、遗址公园和明清街区4个子项目。其中报恩新塔位于明代琉璃塔原址之上，既传承历史记忆，又起到保护地宫的作用。新塔采用先进的钢结构和超白玻璃等轻质材料，高度93米，平面轮廓与古塔八边形平面吻合，内核由两个正方形旋转交错构成莲花瓣状，寓含花漫菩提，通过层层收分、塔顶重构等加强对古塔形式呼应，以当代技术再造新塔古韵。这样，壮丽奇伟的大报恩寺及琉璃塔一定程度地被复原在南京古长干里，为信众瞻礼，供游人览胜，发挥着传承和弘扬南京佛教文化的作用。

---

① （民国）张惠衣《金陵大报恩寺塔志》吴世昌序。

② （明）张岱《陶庵梦忆》（马兴荣点校，中华书局2007年版）卷一《报恩塔》。

③ （民国）张惠衣《金陵大报恩寺塔志》卷首《说明·大报恩寺塔》。

④ 参阅朱偰《金陵古迹图考》，商务印书馆，1936年，第259页。

二、释悟明和《折疑梵刹志》的编撰

释悟明，出身、出家、事迹等在佛教史志文献中记载较少，光绪《重修仪征县志》中亦无传。据《折疑梵刹志》葛光《叙》，悟明字理直，号经济，"古广陵真州"（今江苏省仪征市）人，"少而从释"。约在嘉庆八年（1803）末，他开始编撰本志，则其当生于乾隆年间。他"性爱书史，喜翰墨，乐游学，好著述，尤能洞明本宗大义"①，是一位有一定文化和佛学水平的南京大报恩寺僧人。

自孙吴至明朝后期，作为千年名刹的大报恩寺（长干寺、阿育王寺、天禧寺、元兴天禧慈恩旌忠寺）并没有一部寺志。明朝万历年间，南京礼部郎中葛寅亮鉴于南京佛教衰微，"厘饬僧规，清复赐租，修葺禅宇"②，加以改革振兴，并编撰成一部南京佛教寺院总志——《金陵梵刹志》五十三卷。其中，卷三十一《聚宝山报恩寺》简略记述了大报恩寺的兴废、殿堂、公产、山水、古迹、僧人、相关诗文等；卷二《钦录集》收录明代皇帝有关佛教的言行法令等，内有涉及《大藏经》编刻、大报恩寺塔修建和赏赐田地，及殿堂、琉璃塔规制丈尺、耗费灯油香烛等内容；卷四十九《南藏目录》，罗列收藏于大报恩寺的明初《永乐南藏》经板目录，和万历时订立的《请经条例》等；卷五十至五十三《各寺租额条例》《各寺公费条例》《各寺僧规条例》《各寺公产条例》，分别记载包括大报恩寺在内的南京八大寺收入、支出及管理等各项制度。可见，《金陵梵刹志》中有了一定数量、零散的大报恩寺史志资料。

崇祯年间，有人编撰了大报恩寺志。释悟明在本志《凡例》中说："前明崇祯年间，方修此志，历今年将二百，并未重修。"有学者认为"此志"指《金陵梵刹志》，因释悟明误把《金陵梵刹志》刊刻的万历、天启年间误为了崇祯年间。其实，这是误解。悟明不仅明言"前明崇祯年间，方修此志"，而且本志中多次内容标注征引自《寺志》，而非出自《金陵梵刹志》。悟明在本志《序》

① 本志葛光《序》。
② （明）葛寅亮《金陵梵刹志》序。

中也提到："《梵刹志》者，昔前明已有之矣。今历百有余年，未加增续。迨至甲子，予因见寺之纪录传记中，所载事迹仅数十篇余"①，其中"所载事迹仅数十篇余的"的"寺之纪录传记"，当为崇祯时所修寺志。本志《目录·引用诸书》最后一种为《报恩寺纪》。我们怀疑，崇祯年间所修《寺志》或即《报恩寺纪》，惜未见流传。

嘉庆（或早至乾隆）年间，释悟明住于大报恩寺，常有客人来游，礼佛问寺，"或叩梵刹之源，及招提否泰之本"②，悟明为之解答，辩疑折难。他因担心旧志遗失，"上负国家恩恤，下背列缁勤劳"，于是取《金陵梵刹志》《寺志》等，对其相关记载加以考辨、说明，又搜集、增补此前及明末以后大报恩寺史料，"凡分数十则，其发明皆别注款次。惟所增者，以诸书为引证，用《纲目》作准绳，大概使觉者知之，勿谓诡异之言，稍可以助梵刹之远猷也""汇成八帙，呈历诸山，必加斧正，同勖奕世，共拯慈风，垂不朽之规模，乐无边之直指"③，成《折疑梵刹志》（内封另题作《敕建报恩寺梵刹志》）八卷。

《折疑梵刹志》的编撰起讫时间，书中记载不一。其自序称始于"甲子"即嘉庆九年（1804），作序于"嘉庆丁卯冬小阳月朔日"即嘉庆十二年十月初一；卷一《金陵大报恩寺》条下"折疑"则称："此志编于癸亥年起，至丁卯七月书完，前后共三年零七月"④，按"癸亥年"为嘉庆八年，至十二年七月成书则起码三年八月。我们推测，悟明撰此志始于嘉庆八年十二月至九年正月间，嘉庆十二年七月撰成初稿；嘉庆十二年十月，他作自序；嘉庆十三年八月，他又请黎承惠、葛光作序，正式定稿。

---

① 本志释悟明《序》。
② 本志卷一《叙始》。
③ 本志释悟明《序》。
④ 本志卷一《金陵大报恩寺》。

三、《折疑梵刹志》的主要内容、价值

作为一部大报恩寺寺志，《折疑梵刹志》卷首有序（三篇）、《报恩寺图》（一幅四页）、凡例（四十四条）、引用书目（四十五种）、目录。卷一记述大报恩寺千余年兴废简史，和殿堂、山水、塔、宝、树木、田产等清朝大报恩寺状况，以及寺史上的高僧、名僧、流寓，另有《释氏源流》考辨佛教产生和截至唐代在中国的流传简史；卷二登载明朝大报恩寺公产、殿堂宝塔丈尺、御制碑记及名臣记文，和清朝大报恩寺公产、实测殿堂宝塔丈尺、名臣记文；卷三明朝《钦录集》收录明朝皇帝有关佛教的言行法令等，清朝《钦录集》收录清朝皇帝有关度僧尤其是编刻《大藏经》的言行法令等；卷四明朝《御制集》收录明朝皇帝有关佛教的诏敕论说等文，清朝《御制集》收录清朝皇帝有关佛教的敕谕论说等文；卷五收录明清皇帝、名人之诗，以及放生文、高僧传，惜已散佚不存；卷六明朝《条约》《册单》《常住出入数》多残缺，清朝《条约》《册卷》《常住出入数》为清朝大报恩寺收支制度及数额；卷七收录《修藏提要》《印经例》《大藏经》板目录等，为清代大报恩寺修藏社补刻《永乐南藏》缘起制度，以及《永乐南藏》及后续补刻万历《续藏经》、康熙年间修藏社刻补的经板目录上半部，惜已散佚不存；卷八收录大报恩寺《大藏经》经板目录下半部，及明代《请经条例》《条约》。

《折疑梵刹志》中明朝万历后期以前的寺院史料多抄录自《金陵梵刹志》等，但加以考辨说明，其后主要是清朝大报恩寺寺院史料则为作者所增辑记述。这些史料，现今残存者如清代大报恩寺兴废、殿堂、田产，实测的殿堂宝塔丈尺，大报恩寺收支制度及数额，大报恩寺所藏《大藏经》经板目录等，多据实测及寺中档案、实物，为原始和第一手史料，来源可信，内容翔实，全面系统地反映出大报恩寺的千年兴废历程。志中清朝大报恩寺的史料，多未见于其他史籍文献，民国年间张惠衣《金陵大报恩寺塔志》也未能采录，显得尤为珍贵。因此，《折疑梵刹志》对于研究大报恩寺史、南京佛教史乃至明清历史，以及当今建设大报恩寺遗址公园、弘扬南京文化等，都有一定价值。

当然，由于释悟明当年依据史籍有限，也囿于学识，加以成书后未加修改精校，《折疑梵刹志》也存在较多错误和缺陷。其一，对寺史史料收罗不全，尤其是大量相关诗文未能收入本志。其二，编撰体例杂乱。释悟明以"折疑""发明"等为特色，对征引、抄录文献加以考证说明，其实很多说明文字为统计数据或者正误判断，甚至不乏牢骚，这些文字以小字插入征引、抄录正文中，致大小字夹杂，原本连贯的行文屡被打断；"凡例"前半列举编撰原则，后半则缕述大报恩寺管理制度，也不合体例。其三，志中目录及各类目标题不规范整齐，如"目录"实为征引书目，"序目"实为目录，"引用诸书"所列各书则多不知所指；"序目"即目录中卷目，与正文标题不能匹配对应。其四，抄袭问题。本志卷首葛光《叙》，经过检索，为抄袭（元）释子成撰、（明）释师子述注《折疑论》中屈蟠《叙》之作，不知是葛光所为，还是释悟明代作，因此其文句真实性让人生疑；卷一《释氏源流》也多抄袭《折疑论》，但本志卷首"引用诸书"下并未列举《折疑论》。再如卷四清朝《御制集》收录敕谕论说各篇，原多本于明代释袾宏之作，不少被雍正帝编入《御选语录》，且标明作者为释袾宏。然本志收录则署为雍正帝"御制"文，且具有了"御制"体式，不知是雍正帝另外抄袭改编，还是其他人或本志抄袭《御选语录》而改编，成为"御制"之文？因本人目前尚无研究，故而存此待考。其五，抄录征引文句时讹脱衍倒现象严重。鉴于本志抄录征引《金陵梵刹志》等文献时讹脱衍倒现象严重，我们怀疑其抄录征引清代寺院殿堂实测数据、寺中档案等时也不乏错误，其对清代大报恩寺兴废、殿堂、田产以及殿堂宝塔丈尺、收支制度与数额等的记述，后人引用时需加慎重。黎承惠《叙》评论本志，称其"立论评作高妙，其附卷核实而有法，大都九转而成，真得孟门笔授矣""曩者《皇明梵志》（按即《金陵梵刹志》，引者注）业已传世，今兹之集，思且殚矣，若尤剧矣。前之志则昔固精，而今之精之精者也；昔已明，而今之尤明之明者也"[1]，当为过誉。

总之，《折疑梵刹志》是一部有一定价值的大报恩寺寺志，但也存在不少问

---

[1] 本志黎承惠《叙》。

题。这或许是本志未能刊刻并广泛流传的缘故。

四、《折疑梵刹志》的版本和点校凡例

《折疑梵刹志》于嘉庆十三年八月定稿，但并未刊刻流传，"目前所见仅南京图书馆藏清抄本一种"[①]，且已为残本。1996年江苏广陵书社出版的"中国佛寺志丛刊"第26册，2013年南京出版社出版的《金陵全书》"甲编·方志类·专志"，收录者均为南京图书馆所藏该本的影印本。2014年凤凰出版社出版了由陈平平、李金堂、胡晓明据"中国佛寺志丛刊"本点校的本志，用名《敕建报恩寺梵刹志》。这是目前《折疑梵刹志》流传的几个版本。

受南京市地方志编纂委员会办公室、南京出版社委托，这次我承担了重新点校释悟明《折疑梵刹志》任务。我的《折疑梵刹志》点校，遵循以下凡例：

（1）以南京出版社《金陵全书》收录的南京图书馆所藏本志原大影印本为底本，充分运用本校，查找其辑录各书原书及其他相关典籍进行他校，一些字句运用理校。

（2）运用现行标点符号对全书加以断句、标点，对长文进行分段。书中征引其他文献或人物言语，往往为节略文字，而非原文原话，是亦古代通例，故仍加引号。

（3）异体字、俗体字径改为正体字（人名除外），不出校注。缺字而难以校补者，以□标示。

（4）辑录他人诗文语句，凡删改节略后仍通顺而文意无改者不予校改，惟影响或改变文意且有二种以上或更早更直接典籍为证者加以校改并出注，一般孤证不改而出注。一些诗文，尤其是诗歌，经对校、他校而确知字句改动，改动不多者加以校改并出注，改动多者则不加校改，而仅于起首处加注说明其他典籍收录者与本志多有异处，否则校改、校注多则影响全篇阅读。

---

① （清）释悟明《折疑梵刹志》（南京出版社2013年版）附赵彦梅《提要》。

（5）本志"序目"即目录卷目与正文标题不能匹配对应，兹据正文而重新制作，不再出注。卷五、卷七散佚，唯存卷目，不标页码。

本书的点校，得到南京出版传媒集团总经理、党委副书记兼南京出版社社长卢海鸣先生，南京市地方志编纂委员会办公室地情处王达云处长，以及南京出版社杨传兵先生、徐智先生的热情帮助和督促，在此谨表深深谢意。限于时间和学识，书中点校仍不免错误，我诚挚地期待方家批评指正。

何孝荣

目　录

叙 一

余解星子，来守润州，道经金陵馆驿，偶过友人香岩公署，因往候焉。留经旬日，所接交者，与其贤士大夫尔。暇于书斋故箧中，取散帙而披阅矣，得《梵院文志》首集一卷。及观其词，淳实而理亦通，且内载前明事迹，诸田园基井、房舍台榭、高僧事纪，无不备录，今亦唱而袭之。斯志邪，使人览之惋惜，怃然叹曰："奇哉斯志！书至此乎，其用意良博，垂不朽之念，良殷且苦矣。"余诚慨慕，冀旬夕遇之矣，未暇细玩。

及返驿次日，其作斯志之人，乃僧耶，自道其名，云由香岩来谒。余辗然喜甚，徐揖而进之，领略绪论，津津名理，悉皆凑底芳芝也。乃悟明子复出斯书八卷以示余，其命名曰《折疑梵刹志》。余反复玩视，见其立论评作高妙，其附卷核实而有法，大都九转而成，真得孟门笔授矣。嘻！亦大奇矣哉！曩者《皇明梵志》业已传世，今兹之集，思且殚矣，若尤剧矣。前之志则昔固精，而今之精之精者也；昔已明，而今之尤明之明者也。是书曷乎于昉？而昉选《郡国志》及南朝梵刹诸书，皆计其同上大史事也。今其书皆分门别类，偕与前志，多所发明，而详约又各由异矣。其附章亦各归于次序矣，而本末又别于先后之阶级也。

我皇上统一寰宇，每大驾必游是寺，回銮则尚而封之，且浮图、大殿皆有御书扁额题兹，是寺盖亦有荣遇者哉！其增减创制又无日无之，而高僧行缁亦何世无之！斯志非大才者不能成，而致其精勤也久矣。其编纂纪载，率本效于《纲目》一法，及附皇明诸书，皆合参录之。夫不殚其繁，且悉心考窔，前明未有，而今增入，即古所有，而今已无者亦多矣。斟酌经权之量，重整法度之纲，不亦善乎！此诚亘古不覆之章程，而后千万世之良范，胥视此矣。分缀款则括为一编，如掌中纹，可瞭瞭也。夫释门缁素，生际良明盛世，上祝圣天子之皇猷，下保斯民化于仁寿之天者也，合宜各纾特达之用，无贻作者素餐之诮，使亿万年共所裨益，享数百世神居梵境。斯言以为何如？其兢兢耶，于是乎而成此志。余故善悟明子，喜其集成，而垂后有地也，特为之弁言简次。

时大清嘉庆岁在戊辰八月上浣日，
赐进士出身、诰授中宪大夫、知镇江府事、实城黎承惠书于金陵馆驿

叙 二①

　　吾友悟明，字理直，号经济，古广陵真州人也。少而从释。其性爱书史，喜翰墨，乐游学，好著述，尤能洞明本宗大义。予昔尝与贤士大夫入寺，问难诘折，事尽终始，遂录成轴，名曰《折疑》。首之以《序问》，终之以《目名》②，凡八帙，例分各别，纲随领次，言简而理当，文约而义丰，涵咏毗蓝，略备梵刹。每一篇之中，其引类证，断决折疑，理甚明白。若非具三昧辩才，孰能致于此乎！予与悟明为不请友，其有年矣。大凡著作，不我之悭，故于叙引，毋俟召而云。

时戊辰中秋八日书，

丙辰恩科乡贡进士、候选教谕、白门秦京氏葛光题

---

　　①按，该"叙"全文抄袭（元）释子成撰，（明）西域比丘师子述注《折疑论》（《大正藏》本）前附屈蟠《叙》，而略作减改。本志卷一《叙始·折疑》《释氏源流》文句亦多抄袭《折疑论》。

　　②按，"首之以序问，终之以目名"疑误。（元）释子成撰，（明）西域比丘师子述注《折疑论》前附屈蟠《叙》称："首之以《序问》，终之以《会名》"，查《折疑论》计二十篇，首篇为《叙问第一》，末篇为《会名第二十》，则屈蟠《叙》与《折疑论》正文篇目相符。然本志卷一首篇为《叙始》，卷八末篇为经目、《请经条例》《条约》，则与"首之以《序问》，终之以《目名》"似不相符，疑其抄袭屈蟠《叙》而将"会"（繁体"會"）误抄为"目"。

《梵刹志》序

　　《梵刹志》者，昔前明已有之矣。今历百有余年，未加增续。迨^①至甲子，予因见寺之纪录传记中，所载事迹仅数十篇余，恐诸遗失，上负国家恩恤，下背列缁勤劳，仍取前明附之续首，庶乎始末了然，而节葺凡分数十则，其发明皆别注款次。惟所增者，以诸书为引证，用《纲目》作准绳，大概使觉者知之，勿谓诡异之言，稍可以助梵刹之远猷也。固余不揣自愧，汇成八帙，呈历诸山，必加斧正，同勋奕世，共拯慈风，垂不朽之规模，乐无边之直指。惟留意且将刊木，永广流传，必有同志之士，一见而心许者。予虽卒死丘壑，而志愿足矣。

时嘉庆丁卯冬小阳月朔日，

报恩寺沙门悟明题

---

　　① "迨"原讹"怠"，据文意改。

报恩寺图

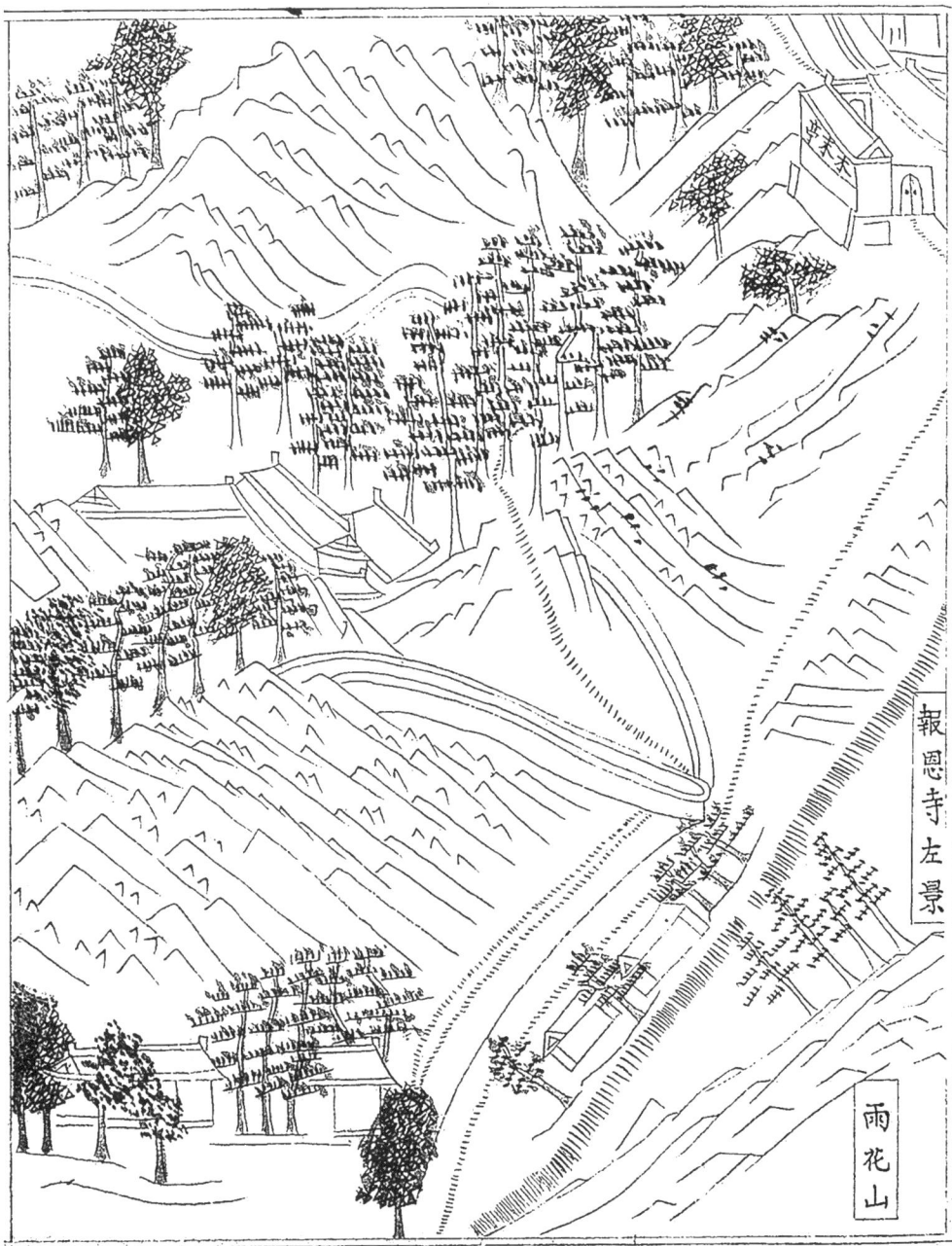

报恩寺左景

雨花山

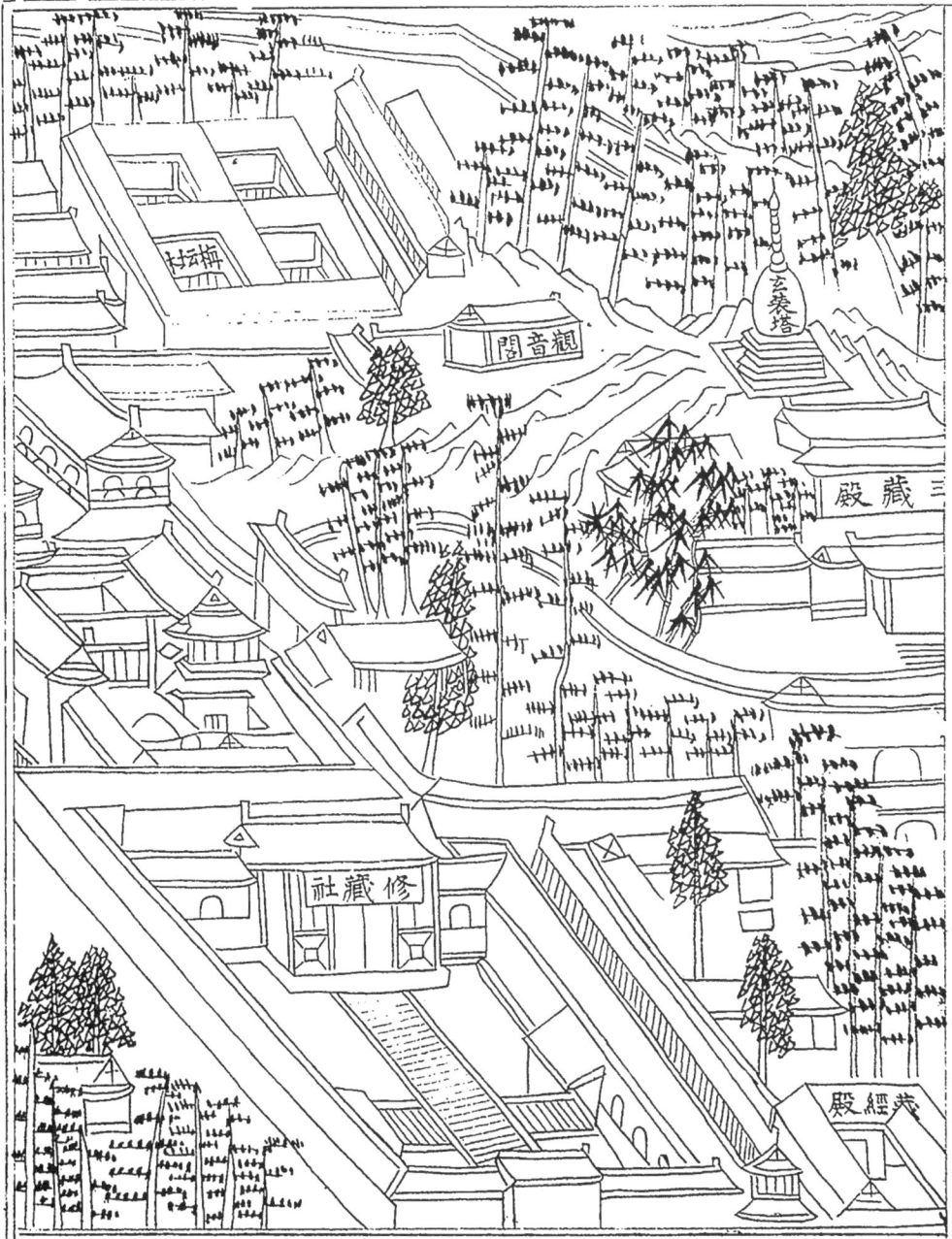

観音閣

玄奘塔

三藏殿

修藏社

藏經殿

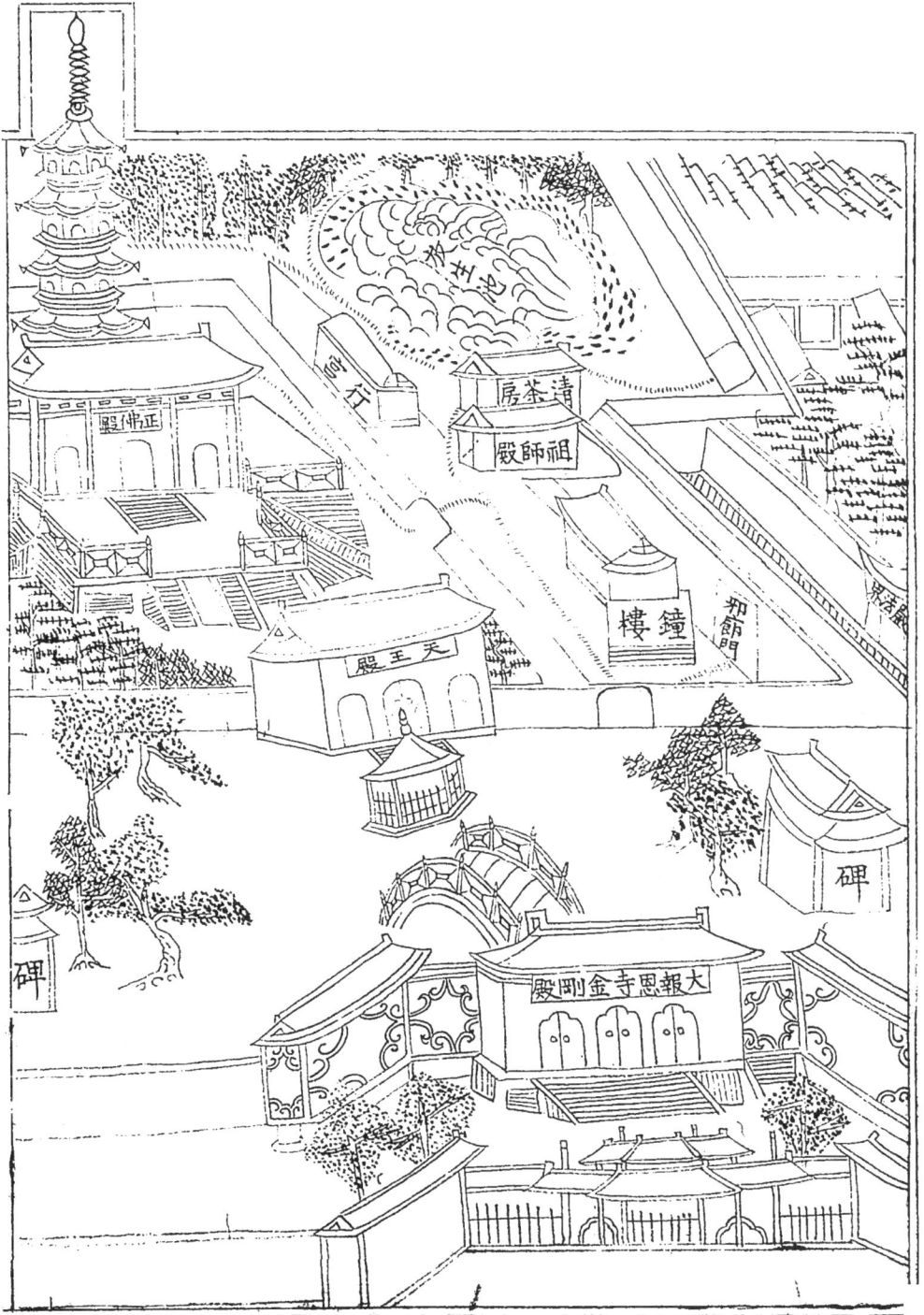

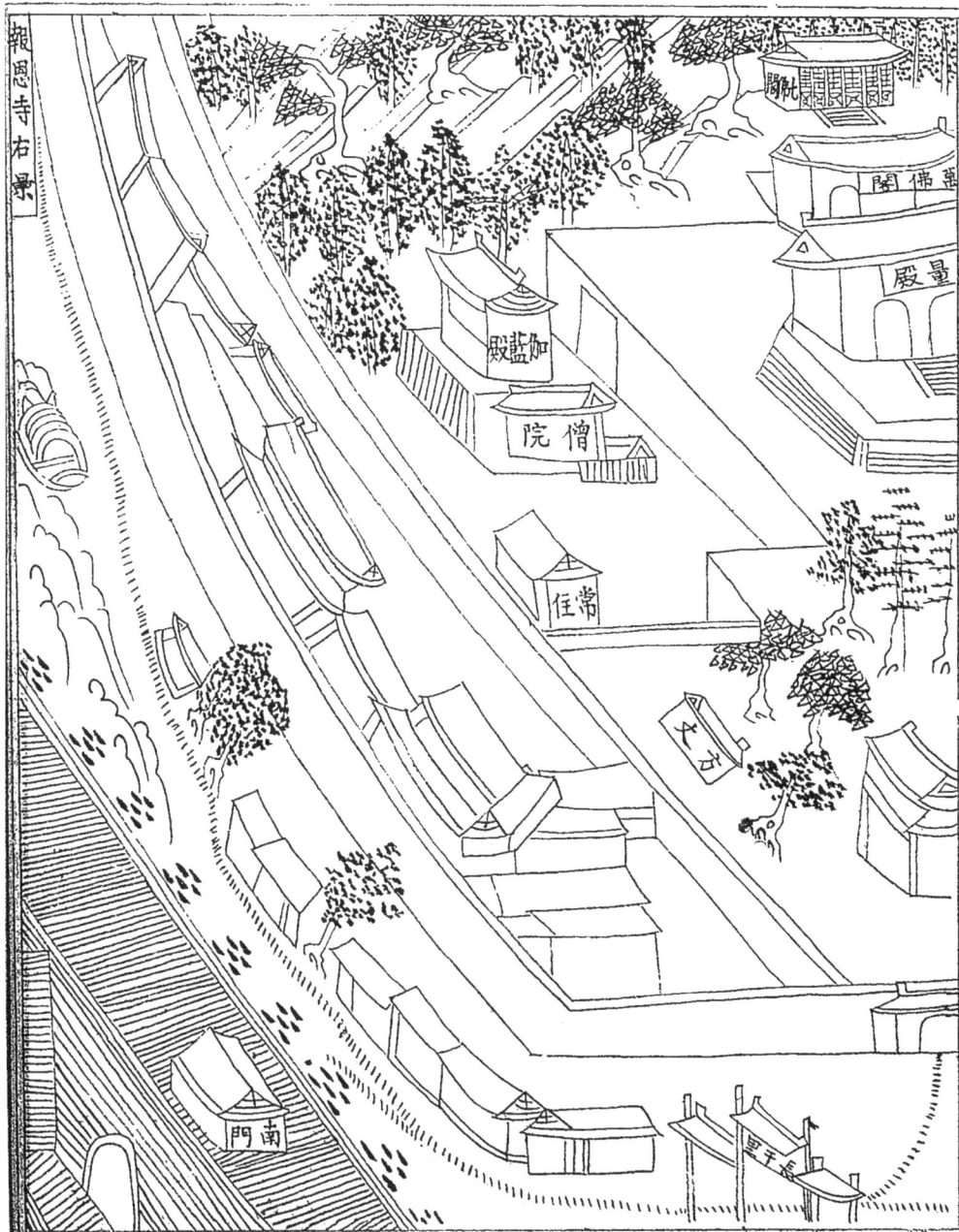

報恩寺右景

萬佛閣

量殿

伽藍殿

僧院

常住

方丈

南門

玉于

凡　例

　　一、《梵刹志前明》[1]开载本寺序目，悉以大略言之，并未发明详注。今悉于大字之下，均一注明。

　　一、《梵刹志前明》开载本寺历来灾祥、兴废、修创各事，亦未注明何朝，是何帝王年月日时兴废、灾异等事。今搜查《寺纪》，核对《甲子会典》及《金陵府志》，遵照注明是何年月灾祥、兴废、修创，庶使阅者了然。

　　一、《梵刹志前明》开载本寺钦赐田地、洲场、廊房、寺址、菜地、浴堂，及细木场、越王台若干处有无地方。今悉注明更易，是何年月，作何事件，何僧所办，奉何示谕，俱已叙明于后，以免翻渎，不致朦混。

　　一、《梵刹志前明》开载本寺各殿丈尺，曾于万历中火焚一空，惟独塔存。今之丈尺依稀相符，前织造部堂曹悉经丈量，注明篇首。及现在大殿各处丈尺、工料耗费，另注于后，绝不溷乱。

　　一、《梵刹志前明》开载本寺《钦录文集》，并无年月，是何甲乙。及现在本朝

---

　　① 按，《梵刹志前明》，后文又作《前明梵刹志》，均代指明人葛寅亮《金陵梵刹志》，故未作校改统一。

《钦录文集》，亦无年月。今依《纲目》图式，悉绘明编注，不敢增减，并非臆撰。

一、《梵刹志前明》开载本寺《御制集》，及有无文句，校明增入，如现在本朝《御制文集》，叙明皇上系在何处修斋而作，致驻何寺，临幸而赐。另书小字文，自某处某寺而得，悉皆采入，以符前篇。

一、《梵刹志前明》开载本寺所有御制诗赋，并无何处颁赐字样，悉依编入。如本朝临幸诗章，亦已编汇，以观圣德。

一、《梵刹志前明》开载本寺历代名人诗文，间有遗漏者，亦已载入。及本朝各名人诗文，悉皆增注。

一、《梵刹志前明》开载本寺放生池碑文、众食碑、高僧碑，至名人序目，年远物亡，惟存文在，汇入新志。及现在所选放生文，注明于某处采入，以符好生之善德。

一、《梵刹志前明》开载本寺每年所收银米、应用若干，及存若干，已开销注明。今现在大殿施舍田地，及本寺市房，各地租每年所收若干，应用若干，余存若干，作何囤积，应何修葺，另注于后。

一、《梵刹志前明》开载本寺历代高僧传，及本朝高僧纪事，悉已续入，以符梵刹不乏缁素。

一、《梵刹志前明》开载本寺所有一应碑文，遗存有无，今悉注明。及现在增碑文，均已续入。

一、《梵刹志前明》开载本寺《条约》，历已百有余年，多有不能遵照前例。况寺内所有前明钦赐田地、洲、房，现于国初奉宪更变，难关寺众。今依寺住详奉《条约》，仍列于左，以禁刁敝。

一、《梵刹志前明》开载本寺各卷册提要及遗失各稿，悉已增入。如本寺现在各要件册卷，亦已续入，有关名分，不便注明。

一、《梵刹志前明》开载本寺《南藏》经板，按号编注。及本朝颁发各经板，悉遵《千字文》图式续入。

一、《梵刹志前明》开载本寺《请经则例》，及现在《请经则例》，亦另标出。

一、《梵刹志前明》开载本寺额设僧录司一缺、僧纲司一缺、官住持三缺。今本朝悉已裁革,惟设官住一缺,以备应答。

一、康熙初,里人沈豹募建大殿,工材人役,及各亲王、大臣、绅士、行僧、匠役各名讳,悉已增入,以光先贤,以知善念。

一、宝塔九级,皆有皇上赐颁扁式,丈尺字样,今悉详注于左。

一、寺内所有各宝,皆系皇上恩赐,供贮大殿、宝塔,每年寺住造册,开注明白,详报各宪委员查验,恐有移除更换。

一、修藏社田地每年所收租籽,除收拾经板外,有无存积,按年社僧造册,赴藩呈报,与寺住无涉,不得藉端牵混。

一、新建岁修市房,以《千字文》编号,提点市房,以《百家姓》编号,庶无错乱。其岁修租息,起自何年,何僧首创,作何画一,以昭世守,均注于后。

一、寺内外四至,坐落取租,各宪衙胥,均毋滋扰。许寺僧自行征取,房客亦不得延欠,致干明示。

一、官住持一员,每年俸食银若干两,其外不得藉端滋扰僧房,无辜索诈。

一、提点五员,每年所有一应差徭使用,自有市房租息,以抵公务,其外不得株连寺众,另行科累。

一、管寺僧一名,每年工食若干,所有一应奔走使唤,投递手本,俱系该僧经承,不得牵拉寺众、提点。

一、门役三名,每年所食工银若干,以备晨昏启闭,不得任意疏懈,致累寺众。

一、各宪文示,俱系官住承办应答,非关提点正事。至于寺内,凡有一切申文等事,住持必先白寺众,方许详送,不得挟私乱公,害众肥己。

一、各宪临寺,或讲约拈香,则住持协提点公同迎接,亦不得彼此推诿托故。

一、官住持每逢祈福保民,或作大善事,戴三洲云冠,穿天青法衣,搭大红袈裟,系阔白绫带,足穿朝靴,挂素珠,或便服挂珠亦可。如见各上宪称僧人,行文则称卑住,以杜刁顽轻抗。

一、每逢是年正月初八日,官住持巡行各寮,其执事用盘龙棍一对、掌扇一把、提炉一对、堂灯一对、宫灯一对、板子一对，穿天青法服，搭红衣，戴云冠，履朝靴外，衣钵僧一名，管寺僧引道鸣击，合寺僧众于五鼓各设香案伺候。此代天巡狩之制，前明至今，未敢废弛，非僧妄为，实昭圣朝之雅化。

一、本寺官住、提点、监院、管藏、监督、管寺，大小若干员，照例开载。至所司何事，悉分区别。如僧纲一缺，又系除授之员，有稽察诸山之别，另行裁出，不致混乱，余悉载明。

一、寺内所有一应钱粮，已奉前宪开除注明，以细木场、越王台地租抵纳，其牙胥不得另开勒索。

一、监督人员，毋以口食，互自参差，恐冒疏庸。

一、大殿施舍田地，系监院值管，其钱粮使用，值主完纳，住持、提点不得滋实觊觎。

一、三藏殿建自前明，原云游诸僧挂锡之所，系由本寺该三藏住持，亦不许任意侵僭，互分彼此，冒据疆界。

一、雨花山胜景载于本寺者，盖配寺之左景也。其右则有大城、长河以配，前有大街，后则倚山，周回环绕，广褒若干里，其形势亦另绘图标出。

一、前明崇祯年间，方修此志，历今年将二百，并未重修。所有寺之一应有无等事，删增不一。前甲子岁，至于戊辰，所摹各稿，汇成八集，呈奉各宪，核明赏序，笔削加研，而成斯志，无敢冒昧，遵照梓行，以便查阅。

一、新志内有文字不佳者，勿谓笔法不正、无稽妄录，实以年远未修，姑纪大概，故曰《折疑》。

一、"叙始""考异""折疑"等字，皆引用群书，亦非杜造私伪。

一、阴阳字迹，均照《纲目》图式，编简甲乙。

一、后续高僧，在日作何事件，有何善果，存何遗迹，功行两全，方许增入。

一、绘注佛门图式，引自摩腾而始，至则流沙，崇原明帝，皆逐以线脉绳之，庶使佛法有源流，兴崇有统系。

一、住持更换，必选其品行端方，而戒律精严者，方可开具年貌、公保各结，送宪点验，以凭补授。否则恐有滥举，不得其人，奸险贿嘱，串谋顶替，致乖风俗。

引用诸书

　　《纲目》《通鉴》《历代帝王世系》《皇明纪事》《春秋》《国朝一统志》《甲子会典》《西域志》《地舆志》《孟子》《幼学》《四书指掌》《礼记》《法界安立图》《国朝巡幸事迹》《传灯录》《护法文集》《楞伽经钞》《性理全书》《前明梵刹志》《史记》《辩疑全书》《汉史》《西域志》《三宝录》《三国志》《晋史》《释氏通鉴》《释鉴》即《北宋史》《齐史》《梁史》《隋史》《唐史》《宋纪》《元纪》《明纪》《唐诗归》《放生文》《西番志》《万年卷》《芝斋集》《颜鲁公祠碑》《万寿寺纪》《慧居寺纪》《报恩寺纪》

卷 一

叙始

折疑，曲而断之之谓折，犹豫不决之谓疑。此书因予居是寺，有客氏或叩梵刹之源，及招提否泰之本，以决斯疑。予故引其始末之缘以证之，因成是录，故纲领曰《折疑梵刹志》，以绳兹名也。

敕建 **金陵大报恩寺**古刹、大刹

寺在金陵南都城之南聚宝门外半里许。有大佛宇，吴赤乌间，云神僧康僧会者致舍利所居，《帝王世纪》："赤乌，吴孙权之十九年岁在己未。"孙权神其事，《纲目》："削除帝号，而书姓字者，盖权系窃僭者也，宜与魏操同罪，故难与大汉昭烈并矣。"创建初寺及阿育王塔，《异域志》："阿育王即如来化身，治天竺之君长也。"又《涅槃经》云："阿育王即如来之顶骨也。一云坚固，二名铁轮，又云舍利子。"故南朝始有寺焉。后乌程侯孙皓《帝王世纪》：

"皓，孙权之元孙也。"沙汰是寺而未果。至晋太康间，《帝王世纪》："太康，晋武帝司马炎之三年岁在壬寅。"梵僧刘萨诃又掘得舍利于长干里，庾信诗："家住金陵县前，嫁得长干少年。"古有"大长干""小长干"，即此之谓也。更建长干寺。简文中，《帝王世纪》："简文，东晋元帝睿之少子也，系咸安二年岁在壬申。"迁阿育塔于长干寺殿后。【折疑】今寺之大殿后九级塔下是。梁武天监间，《帝王世纪》："梁武帝萧衍天监之十三年岁在甲午。"诏修长干塔。

北宋初，阨于兵，而寺亦颓。《纲目》："宋太祖开宝[①]八年岁在乙亥[②]，兵下南唐，讨李煜，曾于此处改为战场。"祥符中，《帝王世纪》："祥符，宋真宗赵恒之十一年岁在戊申，改元大中祥符。"封圣感塔。天禧间，《帝王世纪》："天禧，宋真宗之二十二年岁在己未。"改长干寺为天禧寺。政和初，《帝王世纪》："政和，宋徽宗赵佶[③]之十三年岁在癸巳。"建法堂。元天历间，《帝王世纪》："天历，元文宗图帖睦尔[④]之二年岁在己巳。"赐名天禧慈恩旌忠寺。《帝王世纪》："赐名时，系元文宗至顺之元年初一日岁在庚午。"至元中，《帝王世纪》："至元，元顺帝妥欢帖睦耳[⑤]之六年岁在丙寅[⑥]。"重修塔。丙午，毁于兵。《帝王世纪》："丙午，元顺帝[⑦]之三十四年岁在丙午。"

大明洪武间，修天禧塔。《皇明纪》："洪武，明太祖朱元璋之八年岁在乙卯。"戊午岁，鞍辔局大使黄立恭广修梵刹。《皇明纪》："洪武十一年岁在戊午，工竣于洪武二十一年岁在戊辰。"永乐初，《皇明纪》："永乐，明成祖朱棣之十一年岁在癸巳十月十三日，兴役。"敕工部大建之，准宫阙规制，造九级舍利塔，《皇明纪》："建寺官员工部侍郎张信、永康侯徐忠，监工内监汪福，起军夫役十万人兴工，落于宣德三年岁在戊申之三月十一日，共三帝，前后共一十六年，寺塔完工。"额曰"大报恩寺"。【折疑】成祖之报恩也，以太祖、马后陵寝在金陵，文皇徙都北平，故建寺于南，以报皇考妣劬劳之深恩耶。世人妄云，以成祖之报瓮氏也。胡不知明太祖兵征鄱阳，而文皇蚤

① "开宝"原讹"乾德"，据（明）商辂《通鉴纲目续编》卷二、《宋史》卷二《太祖纪二》改。
② "乙亥"原讹"丁卯"，据（明）商辂《通鉴纲目续编》卷二、《宋史》卷二《太祖纪二》改。
③ "佶"原讹"信"，据《宋史》卷十九《徽宗赵佶纪一》改。
④ "图帖睦尔"原讹"懿邻"，据《元史》卷三十二《文宗纪一》、卷三十七《宁宗纪》改。按，元文宗名"图帖睦尔"，"天历"为其年号，天历二年为"己巳"年；元宁宗名"懿璘质班"，于元文宗至顺三年十月即位，十一月驾崩，无年号。
⑤ "元顺帝妥欢帖睦耳"原讹"元顺宗妥权帖睦耳"，据《元史》卷三十八《顺帝纪一》改。
⑥ 按，"丙寅"疑为"戊寅"之误。元顺帝于至顺四年即位，改元元统元年，至至元四年（戊寅年）计第六年，其在位期间无"丙寅"年。
⑦ "帝"原讹"宗"，据《元史》卷三十八《顺帝纪一》改。

年四岁矣，其瓮氏又何育之有？斯言谬之甚矣夫！

文皇诏天下尽甄工之能者，造五色琉璃，备五材百制，随质成色，而陶埏为象，品第甲乙，钩心斗角，合而甃之，为大浮图。下周广四十寻，重屋九级，外旋八面，内绳四方。门牖实虚其四，八面辟为四门，悬十有六牖。二级历九级，历皆成制，共篝灯一百二十有八。浮图之内，悬梯百蹬，旋转而上。每层布地以金，四壁皆方尺小释像，各具诸佛如来因缘，极致精巧。出栏槛外，则心神惶怖，不能久伫。四顾群山、大江，关阻旁达，无远①不在。近观宫城、水道、巷市、人物，罔不毕见，虽飞鸟亦俯视在下矣。后嘉靖末，《皇明纪》："嘉靖，明世宗朱厚熜之四十二年岁在癸亥。"经火荡然，惟塔及左大禅殿、《寺志》："左大殿，即今之西方殿是。"香积厨犹存。万历间，《皇明纪》："万历，明神宗朱翊钧之十六年岁在戊子。"塔顶斜空，遥遥欲坠。寺僧名洪恩者《寺志》："人远年遥，而老卷亡矣。今姑纪其名，以俟后世有知之者。"募修，彩饰烂然映目。

至我大清定鼎，顺治之壬辰，《纪事》："顺治，大清世祖章皇帝之九年岁在壬辰。"祥符宰官【折疑】祥符，即今之河南开封府祥符县是。周公三畏【折疑】按，公系山西蒲州人氏。重建万佛阁。庚子年，《纪事》："大清顺治之十七年岁在庚子。"里人沈君豹【折疑】按，公系江宁淳化乡人氏，官至潼川总戎。募建大殿、常住，焕乎金碧荧煌，甚矣綵宫准阁。康熙中，《纪事》："康熙，圣祖仁皇帝之十九年岁在庚申八月。"雷火损塔。辛酉岁，《纪事》："圣祖之二十年岁在辛酉三月。"复修琉璃塔。雍正间，《纪事》："雍正，世宗宪皇帝之八年岁在庚戌。"金刚殿灾。《春秋》："人火曰火，天火曰灾。"今金刚殿之火，天火也，故书之曰灾。又于乾隆初，《纪事》："乾隆，高宗纯皇帝之十七年岁在壬申。"本寺公捐经成，重塑金刚神像。丙戌年，《纪事》："高宗之三十一年岁在丙戌。"雷击塔之北门。《志略》："是年，雷陨塔第五级门外大鹏兽头。"甲辰，建七佛阁。《纪事》："高宗之四十九年岁在甲辰兴工，竣于乾隆五十八年岁在癸丑，前后共十年。"经十岁，其工方落。

天启于我当今皇帝，御极之庚申，《纪事》："嘉庆五年岁在庚申。"朱明望日值

---

①"无远"原脱，据（明）葛寅亮撰，何孝荣点校《金陵梵刹志》（南京出版社2017年版）卷三十一《聚宝山报恩寺》、康熙《江宁府志》卷三十一《寺观上》（康熙刻本）各收录（明）陈沂《琉璃塔记》（《报恩寺琉璃浮图记》）补。按，本志本段改写自陈沂之文。

寅，《时令》："夏曰朱明。"盖指五月十五日寅时也。雷伤九级，而石子如翼，四壁参差，壮若狼牙之象，北方神侣，亦罹刖指之灾。《寺志》："塔之北方石金刚被雷击，陨其足、指，如加刑而刖者也。今以油灰补之。"复荷操江御史官秩，操江即总督。费公淳【折疑】按，公浙江余姚人氏，官至大学士，进爵太子太保。以朝觐引见之日，当即奏准，奉圣旨："谕户、工二部，咨发银饷，整修报恩塔。"经三月方益。《易经注》："益卦《象》曰：风雷，益卦巽为风，震为雷，雷激则风怒，二物相争相助，所以为益。以人事言之，在上者施泽于下，而在下者进其诚以奉上，是两相增益也，故曰方益。"又于丁卯岁，《纪事》："嘉庆十二年岁在丁卯六月二十九日未刻。"雷复损塔，而蹬内壁间之佛尚遭擘裂，《寺志》："塔之第五级内壁间，小佛像被雷击，碎若干块。"八方殿名。层叠，【折疑】云塔内九级。虽板石亦株连而散碎。《寺志》："塔内头层至三层天花板、夹底板及柱头石，悉被冲坏。其塔之外，上下九级，微带小疵。而东、北二方之八方殿，瓦椽亦被冲碎。"刻日工成。【折疑】予按，此志编于癸亥年起，至丁卯七月书完，前后共三年零七月，其实塔工未兴，而奏章已达，无为不成，故姑存，书"刻日工成"。浩乎古时隆盛，晦哉今日盈亏！《易经注》："雷火丰①卦，丰者，大也。《象》曰：日中则昃，月盈则食。夫日中盛则当昃昧，月之盈极则当亏缺。天地之盈亏，尚随时消息，何况人乎！鬼神乎！物乎！凡物及鬼神与人，处丰之道，岂易言也哉！故曰盈亏。"诚非碧琉璃之修，【折疑】非碧琉璃之修，言易之以砖也，碧光色皎洁，砖沈黑不明。亦巧梓轮楠之用。【折疑】梓，木匠也。云巧梓，用木之际，随木之性而用，枉者可以为轮，直者可以为楠。盖良工用木，而不废其材也。至于三藏兰若，而实寺中所系，后有唐玄奘法师石塔在焉。【折疑】世传塔内所珍玄奘爪、发，又云法师之衣钵也。予小子未知二者孰是，不敢专正，俟高明鉴之。

寺之左有山蔚然，培塿峻嶝，上有木末亭、雨花迹。【折疑】是山之最极处，古有木末亭一所，内祀历朝忠宰，永垂祀典不绝。吴子璜诗云："长干寺里修行佛，木末亭中报国臣。"又梁武时，神僧云光者，讲经于长干里，感天雨花，因名曰雨花山。夫山之巅，构亭二座，乃临幸之诗章也。登临最胜处，亦南方之大景耶！此时琳宫梵刹，而实枢机所萃。若夫规模宏壮，又罕与此俪。至于浮图之胜，莫过如斯而已。矗立中天，竖峻霄汉，五色琉璃，以完其身。三佛黄金而宝其顶，【折疑】三佛，国名，地产乌囗、佛里等金，行于中

_____

① "丰"原讹"风"，据文意改。

国。夜然千灯，如火树交辉于上下，清风一飐，而铃音声闻于市野。

所有前明钦赐沙渚洲田、园林苑圃，【折疑】前明所有恩赐之产，现今一概俱无。泰之斯季，否若今年，寺圮僧希，难堪整制。虽有连城，亦艰修葺。是以业皆奉宪，更易民人，广国家之赋税，敷梵刹之灯油。变数百年之瓦砾，复成堂奥；扫千万劫之沙迹，重整祇园。永祝鸿图，致使空桑而沾慕；下保黎元，共赞升平之庆。谓斯大刹，岂敢擅辄撰集！本欲将以自明其事，终身愿为恒物也。此则德硕而不矜，窃之而不负，谦恭善导，愍物情切，而成斯志，皆由溥利弘法之愿深尔。

殿堂

金刚殿。五楹，殿前牌楼一座，大天井一方。

金水河。一道。

左、右碑亭。二座。

御碑亭。一座。

天王殿。三楹。

大悲殿。三楹。后系僧房。

圆通殿。三楹。后系僧房。

方丈。三进九楹，又楼三楹。

正大佛殿。五大楹，明七暗九楹。

穿堂。一楹。内御碑一座。

琉璃塔。一座，九级，计灯一伯二十八盏。

无量殿。三楹。

万佛阁。楼上下六楹，又廊三小厦。

七佛阁。楼上下六楹，又平房二进六楹，左洋楼上下二楹。

行宫。一所，内三进九楹，周回廊庑十二楹，外百官俟驾侍御台一方。

达磨殿。三楹。

钟楼。一座，内楼上钟一口、云板一块。

伽蓝殿。三楹。

常住。上下及楼共九楹，大厨房一所，小房六楹半。

建初殿。今西方殿，三楹。

藏经殿。三楹，傍小廊三楹，额曰"宝所非遥"。

修藏社。山门，一楹，内菜地二大条；二山门，一楹；三山门韦驮殿，一楹；经廊，六楹；刘公引堂，三楹；正佛殿，三楹；十方堂，三楹；经廊，四十二楹；斋堂，三楹；僧室，六楹；厨库房，七楹；碑，三道。

三藏殿。头山门，一楹；二山门，一楹；观音殿，三楹；正佛殿，三楹；康僧楼，六楹；客堂，三楹；内方丈，五楹；小法堂，一楹；斋堂，四楹；文昌楼，上下六楹；越凡和尚容堂，二楹；厨库房，共七楹；僧寮，三十五号；后山园，二亩。

僧房。四十房。

汲井。【折疑】古有七十二眼半井，今存□十五眼半。

基址。东至西天寺，南至郭府园，西至寺前大街，北至扫帚巷。又来宾桥晒场一方。

山水

雨花山。山多细石，名假玛瑙，民获之如宝，故曰聚宝。

凤凰松。【折疑】雨花山南有寺曰宝光，山之上有松如伞盖形，相云："前明凤凰来仪，栖止此松，经一宿而去。"

石枢。【折疑】相传刘青田先生钉堙龙脉于兹山，以枢镇之。乾隆初，有寻药材者掘山，得青铜钉，仅长九尺，上有蝌蚪文，人莫能识。后知者云："昔伯温钉脉，即此钉[①]也。"

永宁泉。【折疑】泉在雨花山北，永宁寺右山。其水味轻清而甘美，凡游览者必于此泉烹茗一乐。

破山。【折疑】昔晋之刘萨诃者，掘舍利于此。后人误云："泄龙脉而山破也。"

舍利爪、发。《梁书》："出旧阿育王塔下。"

琵琶街。在寺之大殿白云坡下，两傍甬道，游人以足踏之，弦然有声。

放生池。【折疑】旧有亭榭及名公诗碣，今已悉无。

---

① "钉"原讹"丁"，据文意改。

慧重。长斋菜食，每率众斋会，常自为唱导，如此累时[①]。宋孝武敕出家新安寺[②]。言不经营，应时若泻[③]。移止瓦官禅房[④]。

昙颖[⑤]。少谨戒行，诵经十余万言。止长干寺，属意宣唱，天然独绝。张畅闻而叹曰[⑥]："辞吐流便，足腾远理[⑦]。"

齐

明彻。有传略。

僧祐。有传略。

隋

智炬。于建初寺讲三论法，常听者百人，道张帝里，学贯秦川。

明

雪梅。不知何许人。止长干寺。善解诗，人争传诵之。性宕不羁。后数年，行歌于市，命童子围绕，踏歌曰："老雪梅，今日不归几时归？"辄自答曰："归，归。"一夕，端坐而化。

溥洽[⑧]。有传略。

永隆。有传略。

---

①"长斋菜食，每率众斋会，常自为唱导，如此累时"原脱，据（梁）释慧皎撰，汤用彤校注《高僧传》卷十三《唱导·齐瓦官寺释慧重》补。

②"寺"原脱，据（梁）释慧皎撰，汤用彤校注《高僧传》卷十三《唱导·齐瓦官寺释慧重》补。

③"言不经营，应时若泻"原倒置于"宋孝武敕出家新安"前，据（梁）释慧皎撰，汤用彤校注《高僧传》卷十三《唱导·齐瓦官寺释慧重》改。

④"瓦官禅房"原讹"长干寺"，据（梁）释慧皎撰，汤用彤校注《高僧传》卷十三《唱导·齐瓦官寺释慧重》改。则释慧重为瓦官寺而非长干寺僧，本志收录，实误。

⑤"颖"原讹"颖"，据（梁）释慧皎撰，汤用彤校注《高僧传》卷十三《唱导·宋长干寺释昙颖》改。

⑥"属意宣唱，天然独绝。张畅闻而叹曰"原脱，据（梁）释慧皎撰，汤用彤校注《高僧传》卷十三《唱导·宋长干寺释昙颖》补。

⑦"辞吐流便，足腾远理"原讹"辞吐流辩，足腾万里"，据（梁）释慧皎撰，汤用彤校注《高僧传》卷十三《唱导·宋长干寺释昙颖》改。

⑧按，"溥洽"及下条"永隆"皆为明朝前期僧人，应置于明朝后期僧人"雪梅"之前。

皇清

居让。少谨戒行，资质弘明。首倡岁修，井然条陈。官僧纲司、报恩寺住持，兼理《大藏经》板，时加典对，缺者重修，断者增新。其历事廉能公谨，而所诸言成人之法，光荫后昆，利诸末学，真当世之高僧也。师寿九十，无疾而示寂[①]。

流寓

平南王尚。王系兴京奉天满洲大清世祖季弟，封平南王。来守金陵，首助寺之大殿捐施。

靖南王耿。王系平南次弟，封靖南王。镇守京口，亦倡助大殿捐施。

沈豹。公讳恒文，江宁人。官潼关、固原等处总戎，募建大殿、常住之领袖，皈依本寺性天和尚。

释氏源流[②]

史记

周昭王甲寅二十四年四月初八日，夜光彻天，来照殿庭。次日，召太[③]史苏由问曰："昨夜有光，来照殿庭，是何祥瑞？"苏由对曰："西方有圣人生，此所现之灵瑞也。"王曰："于国何如？"由曰："即今无事，后一千年，声教被[④]于此土。"遂以此事记勒诸石，埋于南郊。

---

①"寂"原脱，据文意补。按，"示"无"身死"之意；"示寂"为佛教语，"涅槃"意译，指佛菩萨及高僧身死。

②按，本目下文句多抄袭（元）释子成撰，（明）释师子述注《折疑论》（《大正藏》本）各卷。

③"太"原讹"大"，据（唐）释道世《法苑珠林》卷一百二十《传记篇第一百之余·历算部》（《大正藏》本）；（元）释子成撰，（明）释师子述注《折疑论》卷一《圣生第二》（《大正藏》本）、卷四《先知第十七》等各引《周书异记》改。

④"被"原讹"彼"，据（唐）释道世《法苑珠林》卷一百二十《传记篇第一百之余·历算部》；（元）释子成撰，（明）释师子述注《折疑论》卷一《圣生第二》、卷四《先知第十七》等各引《周书异记》改。

会典

当周之时，正月建子，即今二月八日是也。如二十四年当书壬子，甲寅则二十六年也。

史记

周穆王壬申五十二年二月中，有白虹一十二道，南北贯通，连宵不灭。王问太史扈多曰："是何瑞也？"扈①多对曰："此西方大圣人入灭所现相也。"王曰："吾常以此为患。今既灭矣，吾何患哉！"扈多曰："王何必患！前代太②史苏由尝置勒志③于石，曰：'千年之后，声教流被此土。'方今七十九年矣，王奚患哉④！"

会典

壬申，当书周穆王五十二⑤年二月十五日，世尊涅槃。

【辩疑】

商太⑥宰问孔子曰："夫子圣者与？"孔子曰："圣则丘何敢！然丘则博学多识者也。"又曰："三王圣者与？"孔子曰："三王善任智勇者，圣则丘不知。"曰："五帝圣者与？"孔子曰："五帝善任仁义者，圣则丘不知。"曰："三皇圣者与？"孔子曰："三皇善任因时者，圣则丘不知。"太宰大骇曰："然则孰为圣乎？"孔子动容，有间曰："西方有圣者焉，不治而不乱，不言而自信，不化而自行，荡荡乎民无能名焉。丘疑其为圣，不知真圣与？真不

---

① "扈"原脱，据前后文补。

② "太"原讹"大"，据（元）释子成撰，（明）释师子述注《折疑论》卷四《先知第十七》改。

③ "志"原脱，据（元）释子成撰，（明）释师子述注《折疑论》卷四《先知第十七》补。

④ "王奚患哉"原脱，据（元）释子成撰，（明）释师子述注《折疑论》卷四《先知第十七》补。

⑤ "二"原讹"三"，据本志本卷上文及（元）释子成撰，（明）释师子述注《折疑论》卷五《会名第二十》改。

⑥ "太"原讹"大"，据（元）释子成撰，（明）释师子述注《折疑论》卷四《先知第十七》改。

圣与？”

【折疑】

夫子有推尊之意，为此不定之辞。

通鉴

嬴秦始皇帝壬戌八年，有梵僧室利房等二十七人来秦。时帝方急其并吞，七雄争胜，甲兵相持，不遑崇信，反为谲诞，遂以房等陛而执之。夜有金甲神人①，从空而下，以金锤击锁，援僧而去。

【折疑】

始皇名政，吕氏子也。暴士坑儒，重于李斯，何暇敬信！几将夫子之道置于阴室，又何况僧人乎！

汉史

汉护左都水使刘向曰："吾搜检藏书，缅寻太史创造《列仙图②》，黄帝而下，六世迄今，得仙道者七百余人，检实得一百四十六人，其七十四人已见佛经矣。以此较之，自上古至今，而成佛者又不计算矣。"

【折疑】

刘向之言，可谓谬矣。然既七十四人见于佛经，其余七十二人见于何书，未具本末。其证仙成，必有方着，何以突云七百余人，检实得一百四十六人，见于佛经者七十四人？但未知仙籍曾有七十二人否？斯未题明，故曰其言谬矣。

---

① "神人"原讹"祖神"，据（元）释子成撰，（明）释师子述注《折疑论》卷四《先知第十七》改。
② "图"原讹"传"，据（元）释子成撰，（明）释师子述注《折疑论》卷四《先知第十七》改。

西域

前汉武帝元狩三年，于长安城西南凿昆明池，得黑炭，问东方朔。朔曰："此非臣能知，陛下问西域胡僧，必能知。"帝遂遣人往问，僧曰："乃劫坏时所积炭耳。"

【折疑】

世言仙近有，佛法无，更言道盛释，夫呼佛无应，求仙则向。斯言悖矣。今以此黑炭之难，道不能云，惟僧对之，此诚佛有应，而僧亦神；道不能云，而仙亦不向。故曰："释盛于仙，可以信夫！"

史记

后汉明帝永平三年四月八日，夜梦金人，长丈六，放大光明。次日，问群臣，丞相韩宪奏曰："此西方圣人也。周朝备云：千年之后，教来此土。"帝悦，遣蔡愔等一十八人赍敕西国，寻访圣典。至流沙，遇摩腾、竺法兰白马驮经箱。永平十年十月，到洛阳。帝大悦，重赏译经，于时方流入中国。

【折疑】

摩腾、竺法兰以白马驮经而来，中国始有佛教。而寺院亦自白马之名始矣，故为天下寺院之首。

三宝录

汉明帝永平十四年，五岳道士褚善信等上表灭佛，帝命二教于白马寺，以二教经置于二台，同时举火，道教皆毁，唯佛典独存。于是君臣愕然，愈加崇信。

【折疑】

火然二经，唯释典焉①，然可见佛法大矣哉。信夫！

三国志

吴孙权赤乌四年，康居国沙门僧会至，显大神异，广陈如来之玄妙。王求舍利，立坛祈三七，乃至。王试真伪，火焚砧锤，俱无所损。王乃建浮图，名曰建初。

【折疑】

建初，乃报恩寺之始名也。

晋史

晋孝武帝大元年间，闻远公法师道风，帝幸于山，修东林寺，以师礼之。

唐诗

诗曰"远公遁迹庐山岑，虚谷迢遥野鸟声。禅室从来云外赏，香台岂是镜中情"等句，即题远公之别居也②。

释氏通鉴

姚秦即姚兴也，都长安，因讨龟兹③，得罗什，于终南山赐立逍遥园，翻译众经，乃以香华敬礼待之，合国王臣事礼也。

---

① "焉"前疑脱"存"。

② 按，据（明）高棅《唐诗品汇》卷八十二（《文渊阁四库全书》本）、（明）李攀龙《唐诗选》卷五（明刻本）、《古今图书集成·职方典》卷一百二十五《岳州府部·艺文二》（中华书局、巴蜀书社1984年版）、《古今图书集成·神异典》卷一百十六《僧寺部·艺文五》等众多典籍，该诗实为（唐）张说《灉湖山寺》，而非本志所谓"题远公之别居"；各典籍收录《灉湖山寺》诗首句、末句亦与本志收录者有异；本志收录该诗，未见于其他典籍。

③ "兹"原讹"慈"，据（宋）释志磐《佛祖统纪》卷二十六《净土立教志第十二之一·十八贤传·法师佛驮耶舍》（《大正藏》本）、（元）释念常《佛祖历代通载》卷七（《大正藏》本）等改。

【折疑】

罗什，法号鸠摩，注经颇众，行于天下。

释鉴

宋文帝元嘉年间，帝见求那般摩法师云："弟子常欲斋戒，不遂，望师教之。"师曰："帝王与匹夫，修之各异。匹夫身贱名劣，帝王乃四海为家，与万民为王，不杀之德，亦为重矣。"帝曰："师言真开悟人心，明达物理。"帝深敬仰。

【折疑】

帝王尚且钦敬若是，亦以杀字为要，夫为民者，可不戒哉！然为僧家，犹宜要切。

齐史

齐世祖武成帝大宁三年，受上统法师，朝中大臣无不敬礼，创报德寺，请师居之。

会典

北齐武帝并无大宁年号，当书"永明三年乙丑"。此史误书"大宁"二字。

梁史

武帝三入金田舍身，百官以百万金珠赎帝归朝。因与达磨未洽，遂礼志公为师。□《梁皇忏》，度郗氏夫人。

【折疑】

世讥武帝之修，而不知帝弃尘纷，将入无为之境，与天地同休。□在此宝位，而系心乎？

隋史

昙延法师，中条山西宫寺僧，文皇同辇，帝以师礼之，封弘仁大师。

【折疑】

一昙延而光荣缁梵，何世僧不修正法？岂不愧哉！

唐史

太宗贞观年间，法师玄奘于西天求教回，亲迎于仪凤殿，对言西域胜境，奉诏于洪福寺译经，帝及公卿国戚皆倾心礼也，而缁素亦超用者若干。

【折疑】

崇信释教，莫过唐、明二季。其宋、元两朝，未见事迹，不敢辄云。夫前明已见斯志，不复重录。而以上历代释种，世人以为漫无考觉，今逐一注明，庶使释氏源流有证也。

《折疑梵刹志》卷之一终

卷　二

发明

【折疑】洪武初，赐长干寺戴子、腊真庄田地。至永乐大建，改额"报恩"，复赐芦洲，永供梵刹。嘉靖末①，寺经火荡然②，惟③塔及禅殿、香积厨④存焉，其寺遂废。至国朝康熙初，因寺宇圮败，孤塔荒凉，是以将前明各田地、洲场，题奉两江总督部堂傅奏准，改易民人，以广国赋，以整梵院，重新得垂永久。

---

① "嘉靖末"原讹"万历中"，据（明）葛寅亮撰，何孝荣点校《金陵梵刹志》（南京出版社2017年版）卷三十一《聚宝山报恩寺》改。

② "然"原脱，据（明）葛寅亮撰，何孝荣点校《金陵梵刹志》卷三十一《聚宝山报恩寺》补。

③ "惟"原讹"为"，据（明）葛寅亮撰，何孝荣点校《金陵梵刹志》卷三十一《聚宝山报恩寺》改。

④ "香积厨"原脱，据（明）葛寅亮撰，何孝荣点校《金陵梵刹志》卷三十一《聚宝山报恩寺》补。

附前明钦赐芦洲田地_{今一概俱无。}

戴子庄

丈过实在田、地、塘、荡共五千八百五十九亩七分三厘。坐落上元县长宁乡麒麟门外，对江相连一块。田多系膏腴，惟黑鱼荡、大圩二处，间有低洼。离寺水路一百八十里，陆路九十里。渡江至洲十里。

夏租银共一百五十五两四钱八分四厘，每两外加耗银三分。_{现今无。}

冬租米共一千五百四十二石六斗三升，每石外加脚耗^①米一斗。_{现今无。}

田四千一百一十亩九分七厘。_{现今无。}夏租银每亩三分，共银一百二十三两三钱二分九厘。_{现今无。}冬租米每亩三斗，共米一千二百三十三石二斗九升一合。_{现今无。}

上荡田四百九十九亩三分四厘。_{现今无。}夏租银每亩二分五厘，共银十二两四钱八分三厘。_{现今无。}冬租米每亩二斗五升，共米一百二十四石^②八斗三升五合。_{现今无。}

下荡田、圩、滩二百五十七亩八分四厘。_{现今无。}夏租银每亩一分，共银二两五钱七分八厘。_{现今无。}冬租米每亩一斗，共米二十五石七斗八升四合。_{现今无。}

地七百五十六亩九分二厘。_{现今无。}夏租银每亩二分，共银一十五两一钱三分八厘。_{现今无。}冬租米每亩二斗，共米一百五十一石三斗八升四合。_{现今无}^③。

塘七十三亩三分六厘。_{现今无。}冬租米每亩一斗，共米七石三斗三升六合。_{现今无。}

---

① "脚耗"原倒，据（明）葛寅亮撰，何孝荣点校《金陵梵刹志》卷五十《各寺租额条例·报恩寺常住·戴子庄》改。

② "一百二十四石"原讹"一千二百二十四石"，据（明）葛寅亮撰，何孝荣点校《金陵梵刹志》卷五十《各寺租额条例·报恩寺常住·戴子庄》改。

③ "地七百五十六亩九分二厘。现今无。夏租银每亩二分，共银一十五两一钱三分八厘。现今无。冬租米每亩二斗，共米一百五十一石三斗八升四合。现今无"原脱，据（明）葛寅亮撰，何孝荣点校《金陵梵刹志》卷五十《各寺租额条例·报恩寺常住·戴子庄》及前后文补。

草地三十二亩六分。现今无。夏租银每亩六分，共银一两九钱五分六厘^①。现今无。

沟埂、刬^②场一百二十八亩七分。免科。现今无。

芦课无。现今无。

本庄盘费，现今无。银共二十九两六钱。现今无。

一、夏季用银十四两八钱。现今无。正、副管庄僧连带跟^③，每日工食及费用银一钱八分，夏季限二个月，该银十两零八钱。现今无。甲首二名，工食银四两，冬季同。现今无。

一、冬季用银十四两八钱，船家饭食在内，俱夏租银扣用。现今无。

以上除盘费银外，实上寺夏租银（腊真庄盘费不足，代给银一十两九钱八分，系戴子庄贴用）净银一百一十四两九钱四厘。现今无。冬租米一千五百四十二石六斗三升。现今无。

以上各项，现今俱无。

腊真庄

丈过实在田、地、塘、沟共三千八十七亩七分四厘，与戴子庄相连。

夏租银共一百九十六两五钱七分七厘，每两外加耗银三分。现今无。

冬租米五百二十四石六斗九升五合，每石外加脚耗米一斗。现今无。

田二千三百一十八亩九厘。现今无。夏租银每亩七分，共银一百六十二两二钱六分六厘。现今无。冬租米每亩二斗，共米四百六十三石六斗一升八^④合。现今无。

地三百九十亩二厘。现今无。夏租银每亩四分，共银十五两六钱。现今无。

————————

①"五分六厘"原脱，据（明）葛寅亮撰，何孝荣点校《金陵梵刹志》卷五十《各寺租额条例·报恩寺常住·戴子庄》补。

②"刬"原讹"划"，据（明）葛寅亮撰，何孝荣点校《金陵梵刹志》卷五十《各寺租额条例·报恩寺常住·戴子庄》改。

③"跟"后原衍"随"，据（明）葛寅亮撰，何孝荣点校《金陵梵刹志》卷五十《各寺租额条例·报恩寺常住·戴子庄》删。

④"八"原讹"四"，据（明）葛寅亮撰，何孝荣点校《金陵梵刹志》卷五十《各寺租额条例·报恩寺常住·腊真庄》改。

冬租米每亩一斗五升，共米五十八石五斗三合。现今无。

塘二十五亩七分四厘。现今无。冬租米每亩一斗，共米二石五斗七升四合。现今无。

芦地二百三十三亩八分九厘。现今无。夏租银每亩八分①，共②银十八两七钱一分一厘。现今无。

沟埂、划③场、泥滩一百二十亩。免科。现今无。

芦课（腊真洲、腊真畔洲、新生洲共三票），现今无。银共一百八十五两五钱五分七厘。现今无。

一、正银一百六十八两六钱八分九厘，现今无。加耗并使费银一十六两八钱六分八厘。现今无。

本庄盘费，现今无。银共二十二两。本庄除纳芦课银外，止余银十一两二分，尚欠银一十两九钱八分，现今无。于④戴子庄借用。现今无。

一、夏季用银十一两。正、副管庄僧连带跟，每日工食及费用银一钱五分，夏季限二个月，该银九两。现今无。甲首一名，工食银二两。冬季同。现今无。

一、冬季用银十一两，船家饭食⑤在内。现今无。

以上除官课⑥、盘费外，实上寺夏租银无。现今无。冬租米五百二十四石六斗九升五合。现今无。

以上各项，现今俱无。

---

① "夏租银每亩八分"原脱，据（明）葛寅亮撰，何孝荣点校《金陵梵刹志》卷五十《各寺租额条例·报恩寺常住·腊真庄》补。

② "共"后原衍"地租"，据（明）葛寅亮撰，何孝荣点校《金陵梵刹志》卷五十《各寺租额条例·报恩寺常住·腊真庄》删。

③ "划"原讹"刬"，据（明）葛寅亮撰，何孝荣点校《金陵梵刹志》卷五十《各寺租额条例·报恩寺常住·戴子庄》改。

④ "于"前原衍"一腊真庄缺银"，据（明）葛寅亮撰，何孝荣点校《金陵梵刹志》卷五十《各寺租额条例·报恩寺常住·腊真庄》删。

⑤ "船家饭食"原讹"装载"，据（明）葛寅亮撰，何孝荣点校《金陵梵刹志》卷五十《各寺租额条例·报恩寺常住·腊真庄》改。

⑥ "课"原讹"锞银"，据（明）葛寅亮撰，何孝荣点校《金陵梵刹志》卷五十《各寺租额条例·报恩寺常住·腊真庄》改。

寺内菜地

五十四亩五分一厘。

夏租银每亩二钱①二分五厘，共银一十二两二钱六分四厘。

冬租银每亩二钱②二分五厘，共银一十二两二钱六分四厘。

共银二十四两五钱二分八厘上寺。

现今俱无。

寺内基地

基地一块。

夏租银一钱。

冬租银一钱。

实上寺租银二钱③。

现今俱无。

寺前浴堂

浴堂一所。

每年租银二十二两，内除僧众洗浴银七两④。

夏租银每年七两五钱。

---

① "二钱"原脱，据（明）葛寅亮撰，何孝荣点校《金陵梵刹志》卷五十《各寺租额条例·报恩寺常住·寺前房地》补。

② "二钱"原脱，据（明）葛寅亮撰，何孝荣点校《金陵梵刹志》卷五十《各寺租额条例·报恩寺常住·寺前房地》补。

③ "二钱"原讹"二十四两七钱二分八厘"，据（明）葛寅亮撰，何孝荣点校《金陵梵刹志》卷五十《各寺租额条例·报恩寺常住·寺前房地》改。按，（明）葛寅亮撰，何孝荣点校《金陵梵刹志》卷五十《各寺租额条例·报恩寺常住·寺前房地》将"号房四十二间半""浴堂房一所""菜地五十四亩五分一厘""基地一块"合为"寺前房地"一目，共计"实上寺夏租银共五十两四钱六分四厘，冬租银共五十两四钱六分四厘"，其中"寺内基地"计"实上寺"即为"二钱"。本志将"寺前房地"一目分立为"寺内菜地""寺内基地""寺前浴堂""廊房"四目，分别合计收入，"寺内基地"计"实上寺租银二十四两七钱二分八厘"实误。

④ "银七两"原脱，据（明）葛寅亮撰，何孝荣点校《金陵梵刹志》卷五十《各寺租额条例·报恩寺常住·寺前房地》补。

冬租银每年七两五钱。

现今无。

号^①房

计四十二间半^②。

夏租银每间七钱二分，共银三十两六钱；冬租银每间七钱二分，共银三十两六钱^③。

今无。

附宣德三年拨赐大报恩寺芦地、廊房、菜地敕谕

四月初十日，镇守南京襄城伯李钦奉敕书："洪武年间，太祖皇帝原拨赐大报恩寺当江沙洲等处芦场，砍斫芦柴，入寺应用。比闻为人所占，敕至，即照旧与之。及寺西越王台下，有空地一段，原做木厂，如今空闲不用，就拨与大报恩寺，种菜供众。如非原旧拨赐芦场及空闲，仍具奏来。故敕。钦此。"

计开：句容县拨下新洲芦场二十五顷，江浦县拨腊真洲尾二十顷，浦子口巡检司拨腊真洲一十七顷。坐落扬子江当江沙洲，通大四至：东至布裙套高资镇巡检^④司场，南至丝网港句容县场，北至龙骨洲马腰洪浦子口巡检司场，西至芹菜港及孝陵。

---

①"号"原讹"廊"，据（明）葛寅亮撰，何孝荣点校《金陵梵刹志》卷五十《各寺租额条例·报恩寺常住·寺前房地》改。

②"半"原脱，据（明）葛寅亮撰，何孝荣点校《金陵梵刹志》卷五十《各寺租额条例·报恩寺常住·寺前房地》补。

③"夏租银每间七钱二分，共银三十两六钱；冬租银每间七钱二分，共银三十两六钱"原讹"一间每年租银三两六钱银，共一百五十一两二钱"，据（明）葛寅亮撰，何孝荣点校《金陵梵刹志》卷五十《各寺租额条例·报恩寺常住·寺前房地》改。

④"检"后原衍"都"，据（明）葛寅亮撰，何孝荣点校《金陵梵刹志》卷二《钦录集》"宣德三年"条删。

　　六月十六日，御用监太监尚义于左顺门①奏："南京大报恩寺，洪武年间拨赐官廊房四十二间，与常住讨房钱用。永乐十年，盖寺展拆了。如今将本寺前面的廊房，照数拨与他。奏知。"奉圣旨："是。着工部、兵马司还拨与他。钦此。"

　　计开：拨廊房四十二间：三百一十六号至三百五十七号，房四十一间；"南"字七百八十五号，一间。每间一年租银三两六钱，共银一百五十一两二钱②。

附旧卷·拨还报恩寺芦洲③帖文

　　僧录司为礼仪事④。近奉礼部⑤札付，准户部咨，准中军都督府照会，准镇守南京襄城伯李咨，准本府咨该户部咨，承准本府照会，准本府爵咨，委官指挥同知徐仲善呈，及准⑥户部咨，承该差办事官龙克嵩，与同本寺僧善相前去，踏勘前项芦场及空地缘由，移咨户部，钦遵施行。照会到部，不见开到缘由，难以施行。照会⑦到部，咨呈该府定夺，希报备呈。查得先同户部钦奉敕书，钦遵各委官员踏勘，得前项芦场及空地缘由，转行户部，钦遵施行。照会到部，左侍郎郝咨，宣德三年四月初十日，同镇守南京襄城伯李节该钦奉敕书："洪武年间，太

---

①"左顺门"原衍作"左顺天门"，据《明史》卷六十八《舆服四》（中华书局1974年版）及本志本卷下文《附旧卷·拨赐报恩寺廊房帖文》改。按，《明史》载北京皇宫有"左顺门"，无"左顺天门"，《附旧卷·拨赐报恩寺廊房帖文》载此事亦作"左顺门"。

②按，"共银一百五十一两二钱"，（明）葛寅亮撰，何孝荣点校《金陵梵刹志》卷二《钦录集》"宣德三年"条收录该敕谕中无，然不误。

③"芦洲"后原衍"礼部执照"，据（明）葛寅亮撰，何孝荣点校《金陵梵刹志》卷五十《各寺租额条例·报恩寺常住·腊真庄》附录该帖文删。

④"礼仪事"原讹"礼部"，据（明）葛寅亮撰，何孝荣点校《金陵梵刹志》卷五十《各寺租额条例·报恩寺常住·腊真庄》附录该帖文改。

⑤"礼部"原脱，据（明）葛寅亮撰，何孝荣点校《金陵梵刹志》卷五十《各寺租额条例·报恩寺常住·腊真庄》附录该帖文补。

⑥"准"原脱，据（明）葛寅亮撰，何孝荣点校《金陵梵刹志》卷五十《各寺租额条例·报恩寺常住·腊真庄》附录该帖文补。

⑦"会"原脱，据（明）葛寅亮撰，何孝荣点校《金陵梵刹志》卷五十《各寺租额条例·报恩寺常住·腊真庄》附录该帖文补。

祖高皇帝原拨赐大报恩寺当江沙洲芦场等处，砍斫芦柴，入寺应用。比闻为人所占，敕至，即照旧与之。及寺西边越王台下，有空地一段，原作^①木厂，如今空闲不用，就拨与大报恩寺种菜供众。如非原旧拨赐芦洲，及非空闲之地，仍具奏来闻。故敕。钦此。"钦遵行。咨工部，咨开：洪武年间，本部拟定本寺岁拨芦柴三万六千束，移^②咨为无开到芦场原^③由，行准礼部咨，备僧录司申。

据大报恩寺管事僧善相^④呈，查得洪武二十年五月二十六日，鞍辔局大使黄立恭于大庖西等处，节该钦奉太祖皇帝圣旨："当江沙洲芦场，与天禧寺砍柴供众。"钦遵开差办事官龙克嵩，同镇守南京襄城伯李，差指挥同知徐仲善、应天府委官阴阳学^⑤正术薛仲得等，同本寺僧善相，指引到当江沙洲戴子洲前项芦场踏勘。得除高资镇巡检司等各衙门照旧采办官用外，余^⑥有六十二^⑦顷余亩，及寺西边越王台下有^⑧地一段空闲。据呈。钦遵将前项芦场、空地，拨^⑨与本寺砍柴、种菜供众已。镇^⑩守南京襄城伯李行该府，将原奉敕书奏缴外，合^⑪咨该

① "作"原讹"本细"，据（明）葛寅亮撰，何孝荣点校《金陵梵刹志》卷五十《各寺租额条例·报恩寺常住·腊真庄》附录该帖文改。

② "移"后原衍"文"，据（明）葛寅亮撰，何孝荣点校《金陵梵刹志》卷五十《各寺租额条例·报恩寺常住·腊真庄》附录该帖文删。

③ "原"原讹"缘"，据（明）葛寅亮撰，何孝荣点校《金陵梵刹志》卷五十《各寺租额条例·报恩寺常住·腊真庄》附录该帖文改。

④ "管事僧""善相"原倒，据（明）葛寅亮撰，何孝荣点校《金陵梵刹志》卷五十《各寺租额条例·报恩寺常住·腊真庄》附录该帖文改。

⑤ "学"原脱，据（明）葛寅亮撰，何孝荣点校《金陵梵刹志》卷五十《各寺租额条例·报恩寺常住·腊真庄》附录该帖文补。

⑥ "余"原讹"除"，据（明）葛寅亮撰，何孝荣点校《金陵梵刹志》卷五十《各寺租额条例·报恩寺常住·腊真庄》附录该帖文改。

⑦ "二"原脱，据（明）葛寅亮撰，何孝荣点校《金陵梵刹志》卷五十《各寺租额条例·报恩寺常住·腊真庄》附录该帖文补。

⑧ "有"后原衍"空"，据（明）葛寅亮撰，何孝荣点校《金陵梵刹志》卷五十《各寺租额条例·报恩寺常住·腊真庄》附录该帖文删。

⑨ "拨"原脱，据（明）葛寅亮撰，何孝荣点校《金陵梵刹志》卷五十《各寺租额条例·报恩寺常住·腊真庄》附录该帖文补。

⑩ "镇"前原衍"与"，据（明）葛寅亮撰，何孝荣点校《金陵梵刹志》卷五十《各寺租额条例·报恩寺常住·腊真庄》附录该帖文删。

⑪ "合"后原衍"行"，据（明）葛寅亮撰，何孝荣点校《金陵梵刹志》卷五十《各寺租额条例·报恩寺常住·腊真庄》附录该帖文删。

部，颁行僧录司，转行该寺，钦遵施行。准此。查得先准户部咨为前事，据僧录司申，已经备行去后①。今准前因，合行本司，该寺钦遵施行。奉此。案照②先于前事已行备申去后，今③奉前因，拟合就行。为此文书到日，仰寺钦遵，知会施行。须至帖者。

右帖下大报恩寺。准此。

宣德三年六月二十八日帖

附旧卷·拨赐报恩寺廊房帖文④

南京礼部祠祭清吏司文行到工部为廊房事。宣德三年六月二十日，该主事任礼于内府赍出白帖开：本月十六⑤日，御用监太监尚义于左顺门奏："南京大报恩寺，洪武间拨赐官廊房四十二间，与常住讨房钱用。永乐十年，盖寺殿宇拆了。如今合无前面的廊房，照数拨与他⑥？"圣旨："着⑦工部、兵马司拨与他。钦此。"揭帖开数，传奉到部，除钦遵外，欲行工部查照明白，转行该城兵马司，将前项廊房照数拨与他本寺，讨房钱用。原奉传奏事理，未敢擅便。宣德三年六月二十六日，本部官于右顺门题奏。奉圣旨："是。钦此。"钦遵。合行

---

① "去后"原讹"前去"，据（明）葛寅亮撰，何孝荣点校《金陵梵刹志》卷五十《各寺租额条例·报恩寺常住·腊真庄》附录该帖文改。

② "照"原脱，据（明）葛寅亮撰，何孝荣点校《金陵梵刹志》卷五十《各寺租额条例·报恩寺常住·腊真庄》附录该帖文补。

③ "今"前原衍"该"，据（明）葛寅亮撰，何孝荣点校《金陵梵刹志》卷五十《各寺租额条例·报恩寺常住·腊真庄》附录该帖文删。

④ 按，该帖文未见（明）葛寅亮撰，何孝荣点校《金陵梵刹志》收录，然记上奏、圣旨及拨赐报恩寺廊房事同于《金陵梵刹志》卷二《钦录集》"宣德三年"及本志本卷前文收录《附宣德三年拨赐大报恩寺芦地、廊房、菜地敕谕》，仅个别文字有所更动。

⑤ "十"前原衍"二"，据（明）葛寅亮撰，何孝荣点校《金陵梵刹志》卷二《钦录集》"宣德三年"及本志本卷前文收录《附宣德三年拨赐大报恩寺芦地、廊房、菜地敕谕》删。

⑥ "他"后原衍"钦此"，据（明）葛寅亮撰，何孝荣点校《金陵梵刹志》卷二《钦录集》"宣德三年"及本志本卷前文《附宣德三年拨赐大报恩寺芦地、廊房、菜地敕谕》删。按，"钦此"为皇帝诏旨结尾套语，不可能见于太监奏文结尾，除非其为引用皇帝诏旨。《附宣德三年拨赐大报恩寺芦地、廊房、菜地敕谕》载尚义奏文中亦无二字。

⑦ "着"原脱，据本志本卷前文《附宣德三年拨赐大报恩寺芦地、廊房、菜地敕谕》及（明）葛寅亮撰，何孝荣点校《金陵梵刹志》卷二《钦录集》"宣德三年"收录该敕谕补。

移咨该部，及行该城兵马司，照依奏奉钦依内府事理，钦遵施行。须至咨者。

计拨廊房四十二间："南"字三百十六号至三百五十七号，四十一间；"南"字七百八十五号，一间。每间一年房租银三两六钱。差办事官李信赍捧右咨工部。宣德三年六月二十八日，对同都吏贾晶。

古志新卷·礼部查复放生池、菜地札付

南京礼部为议复敕建寺迹事。祠祭清吏司案呈，奉本部送准南京内守备厅揭帖，内开准南京礼部手本前事。查报恩寺放生池一口，临池地二条，并库司小房三间缘由等因。准此。随行司礼监，查得放生池一口，临池地二条，先年池内淤填，地土抛荒，有提调官张润挑挖开垦，召人佃种，岁①取租钱。后故，退与奉御张喜。仍查库司小房三间，向系奉御侯朝居住，果属空闲。今各官将前项池、地、房屋，退让本寺内，其所议粮米，愿输常住公费，回报前来。看得前项②情由，虽谓③用过工夫，佃种多年，但系寺中之迹，其池塘照旧为放生之壑，房屋听凭修理。所议粮米十石贮收，稍助僧众之需，拟合回复缘由，到部送司。准此。案照先为前事，已经移文④内厂，行令退还去后。今准前因。看得放生池虽经退还，如看守不得其人，恐后又复湮没。今责委本寺禅堂僧管理，池塘仍旧放生，不许网鱼取利；房三间，仍归常住公用；菜地即与禅堂，种菜供众，租米不必给与，以成内监退让之美⑤。合给札刻碑，永远遵照。

---

① "岁"原脱，据（明）葛寅亮撰，何孝荣点校《金陵梵刹志》卷五十《各寺租额条例·报恩寺禅堂·寺内池地》附录《新卷·本部查复放生池、菜地札付》补。

② "项"原讹"向"，据（明）葛寅亮撰，何孝荣点校《金陵梵刹志》卷五十《各寺租额条例·报恩寺禅堂·寺内池地》附录《新卷·本部查复放生池、菜地札付》改。

③ "谓"原讹"未"，据（明）葛寅亮撰，何孝荣点校《金陵梵刹志》卷五十《各寺租额条例·报恩寺禅堂·寺内池地》附录《新卷·本部查复放生池、菜地札付》改。

④ "移文"原脱，据（明）葛寅亮撰，何孝荣点校《金陵梵刹志》卷五十《各寺租额条例·报恩寺禅堂·寺内池地》附录《新卷·本部查复放生池、菜地札付》补。

⑤ "美"原脱，据（明）葛寅亮撰，何孝荣点校《金陵梵刹志》卷五十《各寺租额条例·报恩寺禅堂·寺内池地》附录《新卷·本部查复放生池、菜地札付》补。

又经禀堂，奉批："准给①札镌碑，永远遵守②。"奉此。案呈③到部，拟合就行。为此札仰该寺官住持并禅堂主僧，照札事理，前池责委禅堂管理，照旧放生，不许网鱼取利；临池地二条，亦入禅堂，种菜供众；其库司房三间，仍归常住，永远遵照施行，俱毋违错。

一札付报恩寺官住，并禅堂主僧收执。

万历三十五年四月初四日

国朝大报恩寺公产

【折疑】所有前明之产俱无，今国朝本寺存有现在之田地、基址、房间、晒场、浴堂、东厕、沟渠等，或租钱则实，如银则虚，何也？凡书银一两，则折足钱七百文，如银一钱，折钱七十文。

大殿施舍田

其田，康熙中周姓者所施，丈过实在田地二十五亩八分，坐落江宁县城外牛首西塘堡地方，其田皆系山跟之瘠薄者，与大眼香庙相近，离寺陆路二十五里。夏租银每亩四钱，【折疑】共银约十两三钱奇。冬租米每亩四斗。【折疑】共米约一十石有奇。地丁、津漕正银每亩银四分九厘二忽，【折疑】共银约一两二钱八分。粮米每亩四升二合。【折疑】共米约一石一斗。皆系正租内完。

基地二条。佃户种菜，无租。

打场一方，庄房三间。

---

①"给"原脱，据（明）葛寅亮撰，何孝荣点校《金陵梵刹志》卷五十《各寺租额条例·报恩寺禅堂·寺内池地》附录《新卷·本部查复放生池、菜地札付》补。

②"守"前原衍"照"，据（明）葛寅亮撰，何孝荣点校《金陵梵刹志》卷五十《各寺租额条例·报恩寺禅堂·寺内池地》附录《新卷·本部查复放生池、菜地札付》删。

③"呈"原脱，据（明）葛寅亮撰，何孝荣点校《金陵梵刹志》卷五十《各寺租额条例·报恩寺禅堂·寺内池地》附录《新卷·本部查复放生池、菜地札付》补。

大报恩寺修藏社

永丰庄

丈过实在田、地、沟、坝共七百三十一亩，坐落安徽省庐州府无为州水溪渡永丰圩地方，其田多系圩荡低洼之产。离寺水路约二百六十里。

夏租银每亩四钱，【折疑】共银约二百九十四两四钱。冬租米每亩三斗五升。【折疑】共米约三百三十六石六斗六升。

地丁、津漕每亩八分二厘；【折疑】共银约五两九钱九分四厘。粮米每亩四升四合，【折疑】共米约三十二石一斗六升四合。装载水脚每石银三分；【折疑】共银约十两零九分九厘，连耗在内。管庄僧二员，跟随人二员，夏季每日工食银三钱。【折疑】夏六十日为限，共银约十八两整。管庄僧二员，跟随人二员，冬季每日工食银三钱；【折疑】冬六十日为限，共银约十八两整。夏季使费银四两，冬季使费银四两。【折疑】每一年用出银六十两零九分三厘有奇。【折疑】每一年用出米三十二石一斗六升四合。

除用外，实上社每年余银，【折疑】共余银二百三十四两三钱零七厘。每年余米。【折疑】共余米三百零四石四斗零六合。

瓦庄房全。

【折疑】以上所余银、米，仅足修板各项使用，并及修藏社内收拾。

大报恩寺前浴堂

浴堂一所，赁民贸易。每年租银二十八两五钱七分。【折疑】合七折制足钱二十千文。

东厕

东厕一所，系浴堂内。每年租银十两五钱一分。【折疑】合七折制足钱七千五百文。

寺内放生池

在行宫下。每年租银八两。【折疑】合七折制足钱五千六百文。

寺内地租

【折疑】共寺内地租一百四十二号有奇。每年一号租银二钱。【折疑】合七折制足钱十九千八百八十文。

南山门寺外基地

南山门至郭府园地租共八十四号，每年一号租银二钱。【折疑】合七折制足钱十一千七百六十文。

寺外东厕

在南山门外。每年租银一两。【折疑】合七折制足钱七百文。

官墙

官墙披及借寺址出水地租共七号，每年一号租银四钱。【折疑】合七折制足钱一千九百六十文。

北山门寺外基地

至扫帚巷内地租共七十三号，每年一号租银二钱。【折疑】合七折制足钱十千零二百文。

水路

借寺址水沟出路地租共三道有奇，每年一道租银四钱。【折疑】合七折制钱八百四十文。

寺外基地

重义桥至板门内共地租四十三号，每年一号租银一钱五分。【折疑】合七折制足钱四千五百一十五文。

寺外基地

板门外至虢国公神道共地租三十五号，每年一号租银一钱。【折疑】合七折制足钱二千四百五十文。

寺外东厕

在板门外，每年租银四钱。【折疑】合七折制[①]足钱二百八十文。

寺内晒场

【折疑】其地在寺之来宾桥南偏，即古前明钦赐本寺戴子庄、腊真庄所收租籽运寺晒场，因年久荒弛，且前产更易，而经理事僧又系轮流交代，其间勤惰不一，各项多被侵占难查，仅存碑瓦砌礓晒场一大方。于国朝康熙初，有民人开张怡怡酒坊，每年取租银二两八钱。嗣后乾隆间，怡怡改为静兴坊，仍租此以作晒场。其地广七丈，阔约七丈五尺。

每年租银一两二钱九分。【折疑】合七折制足钱九百文有奇。

大报恩寺岁修市房

【折疑】岁修市房共四十一号，计房六十五间，其中丛杂不一，或共值年而建，或与寺僧而启，不能悉历端详。今岁修房号，谨按千字文，以"天"字一号起编注，而值年以百家姓"赵"字起编注，则庶乎不致年远互相而成间错矣。

---

① "制"后原衍"九八"，据文意删。

【天】房一号。【地】房一号。【玄】房一号。【黄】房二号。【宇】房一号。【宙】房三号。【洪】房一号。【荒】房一号。【日】房一号。【月】房一号。【盈】房一号。前进系值年，后进岁修房。【昃】房四号。门面系值年，后进系岁修。【辰】房一号。【宿】房二号。门首二间兼二进、东首一间系值年，西首二间二进系岁修。【列】房二间。头进二间系值年，二进一间、三进二间系岁修。【张】房一号。【寒】房三号。【来】房三号。系寺内金刚殿南首下傍边横厦。【暑】房二号。【往】房三号。【秋】房一号。【收】房一号。【冬】房一号。【藏】房三号。【闰】房一号。前二进系①岁修，后二进北廊僧私。【余】房一号。前一间与下廊会合山中三厦，后一间与下廊会合山。【成】房一号。【岁】房一号。【律】房一号。【吕】房一号。【调】房一号。【阳】房一号。【云】房三号。系寺内金刚殿北首下傍边横厦。【腾】房二号。【致】房一号。【雨】房二号。【露】房一号。【结】房一号。【为】房三号。【霜】房一号。【金】房二号。

【披厦雨搭】系寺内岁修房披雨搭。【生】房披一厦。【丽】雨搭一号。

每年一号租银七两八钱有奇。【折疑】共银约三百一十九两八钱。【折疑】合七折制足钱二百二十三千八百六十文。

本寺提点市房

【折疑】按本寺值年轮次交代市房共十四号，其租则低，本寺各项差徭②使费。

【赵】房二进一间。与岁修"宿"字号合。【钱】房一号。【孙】房一号。【李】房一号。【周】房一号。【吴】房一号。【郑】房一号。与岁修"盈"字号合。【王】房一号。【冯】房一号。【陈】房二间。头进二间，后与岁修"列"字号合。【褚】房一号。【卫】房一号。【蒋】房门面四号。与岁修"昃"字号合。【沈】房一号。

每年一号租银七两有奇。【折疑】共银约九十八两。【折疑】合七折制足钱六十八千六百文。

①"系"原讹"修"，据文意改。
②"徭"原讹"猺"，据文意改。

东厕

在南碑亭下。每年租银八两五钱七分。【折疑】合七折制足钱五千九百九十九文。

东厕

在北山门内。每年租银二十二两八钱六分。【折疑】合七折制足钱一十五千四百九十八文。

东厕

在南山门内。每年租银二十一两四钱三分。【折疑】合七折制足钱十五千零一文。

提点公廨

【折疑】在寺之天王殿八字墙南，下房一号。

役夫房

【折疑】寺在前明，赐有内监三名守门，禁止游人入寺混杂。后于万历间撤回，另换汛役三名，以作晨昏启闭之胥。积年久，不能效古之遗，且亦稍蹈^①前朝之迹。今仍以役夫三名守门，伺其出入，更备早晚启闭之捷，各于门傍建立小房一号安止。

提点塔班

【折疑】值年之塔班，共有五班。其内有半班，另拆改租，而整班系四班半，又另出租。

每年四班半租银一十五两。【折疑】合七折制足钱一十三千五百文。每年半班租银一两零七分。【折疑】合七折制足钱七百四十九文。

---

① "蹈"原讹"韬"，据文意改。

附前明本寺各殿丈尺

附本寺各殿工竣文

宣德三年六月十六日，御用监太监尚义于左顺门奏："南京大报恩寺已完，殿宇①数多，合无存②留经手人匠五十六名，在寺修理。应天府拨人夫五十名，常川打扫，疏通沟渠。南城凤台街四铺总甲轮流巡缉，仍着原管工指挥刘勋带管提调。奏知。"奉圣旨："是。着该衙门拨用。钦此。"

金刚殿，高三丈一尺二寸，深三丈五尺二寸五分，长七丈六尺。

左碑亭，高四丈五分，深二丈一尺，长三丈三尺五寸。

右碑亭，高四丈五分，深二丈一尺，长三丈三尺五寸。

天王殿，高四丈六寸五分，深四丈八尺五寸，长八丈三尺五寸。

佛殿，高七丈一尺五寸，深十一丈四尺三寸，长十六丈七尺五寸。

穿廊，高二丈六尺，深二丈七尺二寸，长三丈二尺九寸。

游巡廊，高二丈四尺四寸六分，深三丈二尺九寸，长一丈七尺五寸。

观音殿，高四丈二尺四寸五分，深三丈六尺，长五丈九尺。

法堂，高三丈八尺，深四丈六尺五寸，长八丈一尺。

御亭，高三丈一尺二寸，深三丈五分，长七丈六尺。

祖师堂③，高二丈八尺五寸，深三丈三尺④，长四丈三尺⑤。

伽蓝殿，高二丈九尺，深三丈五尺五寸，长四丈六尺六寸五分。

经藏⑥殿，高四丈一尺八寸，深五丈三尺五寸，长五丈三尺五寸。

---

①"宇"原脱，据（明）葛寅亮撰，何孝荣点校《金陵梵刹志》卷二《钦录集》"宣德三年"补。

②"存"原脱，据（明）葛寅亮撰，何孝荣点校《金陵梵刹志》卷二《钦录集》"宣德三年"补。

③"堂"原讹"殿"，据（明）葛寅亮撰，何孝荣点校《金陵梵刹志》卷二《钦录集》"宣德三年"改。

④"三尺"原讹"五尺五寸"，据（明）葛寅亮撰，何孝荣点校《金陵梵刹志》卷二《钦录集》"宣德三年"改。

⑤"三尺"原讹"六尺六寸五分"，据（明）葛寅亮撰，何孝荣点校《金陵梵刹志》卷二《钦录集》"宣德三年"改。

⑥"经藏"原倒，据（明）葛寅亮撰，何孝荣点校《金陵梵刹志》卷二《钦录集》"宣德三年"改。

轮藏殿，高四丈一尺八寸，深五丈三尺五寸，长五丈三尺五寸。

画廊，共一百一十八间，高二丈二尺六寸，深二丈四尺五寸，每间长二丈四尺五寸。

禅堂，高四丈三尺五寸，深六丈四尺，长十一丈二尺。

厨房，高三丈三尺四寸，深五丈六尺三寸，长十一丈九尺。

库房，高二丈八尺一寸，深五丈一尺八寸，长七丈五尺。

经房，高二丈三尺五寸，深三丈五尺，长七丈二尺，两边房三十八间。

东方丈，高二丈八尺五分，深五丈一尺八寸，长七丈五尺。

西方丈，高二丈八尺五分，深五丈一尺八寸，长七丈五尺。

三藏殿，高二丈六尺五寸，深四丈三尺，长五丈五尺。

宝塔丈尺

宝塔一座，九层，通高地面至宝珠顶二十四丈六尺一寸九分，地面覆莲盆，口广①二十丈六寸。

宝塔并各殿香烛灯油数

宝塔点灯用油数，每一层十六盏，每一盏该油六两四钱，每一层见一日该油六斤六两四钱，八层共油五十一斤三两二钱，月大该油一千五百十三斤，月小该油一千四百八十一斤一十二两八钱。

红蜡烛，三斤重十二②枝，计六对；一斤重十六枝，计八对；八两重二十四枝，计十二对。

香油，月大用二千二百四十六斤四两，月小用二千一百斤：佛殿并两

---

① "广"原讹"高"，据（明）顾起元撰，谭棣华、陈稼禾点校《客座赘语》（中华书局1987年版）卷七《报恩寺塔》；（清）顾炎武《肇域志》（清抄本）卷五；（清）严书开《严逸山先生文集》（清初刻本）卷七《凤山寓言》等改。按，（明）葛寅亮撰，何孝荣点校《金陵梵刹志》（南京出版社2017年版）卷二《钦录集》"宣德三年"作"高"，不合情理且误，本志沿袭而误。

② "蜡"原讹"腊"，"二"原脱，据（明）葛寅亮撰，何孝荣点校《金陵梵刹志》卷二《钦录集》"宣德三年"补。

廊等处，月大用三百十五斤，月小用三百四斤八两；塔上点灯用，月大用一千九百三十一斤四两，月小用一千八百六十六斤十四两。灯草，一斤三两三钱一分。

告示点灯僧人

仰轮班点灯僧行各依牌次，该点灯日期，一一亲身早赴斜[①]廊门下，候领官油。上塔，务要各层灯盏添注平满，灯[②]心照旧[③]根数，不许奸计省克。每于申、未时分，该班会同上塔，添油剔灯，各要明亮，毋得[④]早晚昏炧蒙昧。仍令该班班头逐层点视，遇有此等，报知。次日决责。至若轮班已满之日，层扫抹干净器皿，见数交代。每月上下扫剔刮抹灯盏、油盘等处，巡有灯窗蜊壳处所，以及损坏，即着该修补，毋致延碍日久，递相支吾，临期决不容办，倍罚修理。自今之后，务要遵守常规不失。如有仍前奸计疏慢，蹈犯不遵者，各照该班挨名究治。

六月二十日早，御用监太监尚义递出揭帖，开于左顺门奏："南京大报恩寺预会诵经行童金胜保一千一十三名，告要关给度牒。"奉圣旨："着礼部南京关与他度牒，就着在那里各寺住坐诵经。钦此。"

国朝大报恩寺各殿丈尺

【折疑】本寺丈尺，岂能以任口而言？端非寻常有能知其事者。今谨依织造部堂曹所载图式丈尺，系

---

① "斜"原讹"邪"，据（明）葛寅亮撰，何孝荣点校《金陵梵刹志》卷二《钦录集》"宣德三年"改。

② "灯"原脱，据（明）葛寅亮撰，何孝荣点校《金陵梵刹志》卷二《钦录集》"宣德三年"补。

③ "旧"后原衍"灯"，据（明）葛寅亮撰，何孝荣点校《金陵梵刹志》卷二《钦录集》"宣德三年"删。

④ "得"原讹"许"，据（明）葛寅亮撰，何孝荣点校《金陵梵刹志》卷二《钦录集》"宣德三年"改。

命工人估量矣。其大殿、宝塔之工材，仍又列于大字丈尺之末，以备君子检阅。

金刚殿，高二丈三尺六寸四分，深一丈八尺，长六丈三尺。

左碑亭，高四丈五分，深二丈一尺，长三丈三尺五寸。

右碑亭，高四丈五分，深二丈一尺，长三丈三尺五寸。

御碑亭，高二丈八尺六寸九分，深一丈，方圆六丈四尺二寸。

天王殿，高五丈三寸八分，深三丈六尺，长八丈三尺五寸。

大佛殿，高七丈一尺五寸，深十一丈四尺三寸，长十六丈七尺五寸。

建殿缘启

上三同寸宫殿造法：

一、下檐、前檐至后檐共深九丈六尺五寸。一、下檐、中檐至前柱中深一丈八尺九寸，前后同。一、上檐、前檐中至后檐中共深七丈三尺七寸。一、前擎柱中至后擎柱中深五丈八尺七寸。一、通柱通高七丈四尺五寸五分，上至脊，下至柱顶石，通脊至吻，加七尺四寸。一、上吻至下柱顶石通共高八丈一尺九寸五分。一、擎柱通高四丈八尺二寸五分。一、上檐至下檐柱顶石通高四丈四尺五寸。一、上至下下檐通高二丈四尺四寸五分。一、正中阔二丈七尺七寸。一、左右中阔二丈四尺八寸五分。一、左右次阔二丈四尺四寸五分。一、左右山间阔一丈一尺四寸。

进深类

大过明梁十二根，中擎柱至前后擎柱长二丈九尺三寸五分，中至上檐柱中七尺五寸，至挑檐中三尺九寸九分，外加梁头一尺八寸，外加榫六寸，每根长四丈三尺二寸四分，高四尺，厚二尺四寸。

九架明梁六根，下步至副步长七尺五寸，外加梁头一尺八寸，外加榫一尺二寸，每根共长一丈五寸。

七架明梁六根，前副步中至后副步中长四丈零七寸中，外加梁头三尺七寸，每根共长四丈四尺三寸，高四尺，厚二尺三寸。

五架明梁六根，前正金至后正金共二丈五尺三寸中，外加梁头三尺六寸，每根共长二丈八尺九寸，高三尺六寸，厚二尺二寸。

三架明梁六根，前副金至后副金中长一丈三尺九寸，外加梁头三尺六寸，每根共长一丈七尺五寸，高三尺三寸，厚二尺二寸。

上檐两屇挑尖梁六根，每根长二丈四尺六寸，外带昂头长七尺五寸，共长三丈二尺一寸。

前后下檐一架明梁十二根，擎柱中至上檐中七尺五寸，上檐中至下副檐中五尺一寸，副檐中至下檐中六尺三寸，下檐中至挑檐中三尺一分，外加梁头一尺八寸，加榫二尺一寸，每根共长二尺八寸一分，高三尺，厚二尺二寸。

前后下副檐梁十二根，上檐柱至下副檐中五尺一寸，外加梁头一尺八寸，加榫二尺，每根共长八尺九寸，高二尺四寸，厚一尺六寸。

左右两屇挑檐梁六根，次擎柱至屇檐柱中长一丈一尺四寸，屇檐柱至挑檐中三尺一分，外加梁头一尺八寸，加榫二尺一寸，每根共长一丈八尺三寸一分，高二尺，厚二尺二寸。

左右两屇副檐梁六根，擎柱中至下副檐中五尺一寸，外加梁头一尺八寸，加榫二尺，每根共长八尺九寸，高二尺四寸，厚一尺八寸。

高低类

通柱柱顶石至脊高七丈四尺五寸五分，内除副脊木八寸五分，又除桁岭一尺七寸，顶石至桁岭底七丈二尺，内除瓜柱各长五尺九寸四分，顶石至正步四丈八尺二寸四分，内除三尺八寸空，从正步至上檐桁底又除桁湾木一尺二寸五分，又除枓栱六丈[①]四尺二寸，枓底三寸，平盘枋七寸。

中擎柱并前后擎柱共十八根，长三尺八寸，上径二尺四寸，下径二尺八寸。

---

① "丈"原讹"才"，据文意改。

下檐柱二十二根，共长二丈四尺四寸五分，内除桁岭八寸，又除桁湾一尺一寸五分，又除平盘枋七寸，又除枓栱五丈[①]三尺五寸，又除枓底三寸，净长一丈八尺。

上檐柱十二根，长一丈四尺三寸五分，上径二尺一寸，下径二尺二寸五分。

正脊瓜柱六根，长五尺九寸五分，上径同前，下径二尺一寸六分。

副金柱十二根，长同前，上、下径俱同前。

正金瓜柱十二根，长同前，上、下径俱同前。

副步瓜柱十二根，长同前，上、下径俱同前。

正步瓜柱十二根，长三尺八寸，上径二尺一寸，下径二尺一寸四分。

共各项瓜柱五十四根。

正中开间类

大额枋上下七根，长二丈七尺七寸中，外加榫一尺二寸，共长二丈八尺九寸，高二尺，厚一尺。

□□□□中，外加榫一尺二寸，共长二丈六尺零五分，高二尺，厚一尺。

小额枋四根，每根长同前，外加榫二尺五寸，共长二丈七尺三寸五分，高一尺，厚八寸。

承椽枋四根，每根长同前，榫同前，共长同前，高二尺，厚一尺二寸。

随梁枋十四根，每根长同前，外加榫一尺二寸，共长二丈六尺零五分，高一尺六寸，厚八寸。

平盘枋十四根[②]，每根长同前，榫同前，共长同前，阔一尺，高七寸。

通替枋十四根，每根长同前，高七寸，厚五寸。

下副檐机枋四根，每根长同前，高七寸，厚四寸二分。

前后上下正心枋七十根，每根长、高、厚俱同前。

枓口枋一百二十根，每根长同前，高七寸，厚三寸二分。

---

① "丈"原讹"才"，据文意改。
② "根"原讹"块"，据文意改。

擎柱垫板枋四块，每块长同前，高一尺二寸，厚五寸。

垫板枋十四块，每块长同前，高一尺，厚三寸。

又八块，长同前，高一尺二寸，厚五寸。

帽耳梁十六根，每根长同前，高七寸，厚三寸二分，加帽耳三寸八分，共厚七寸。

左右二次开间类

大额枋十根，小窍枋二根，长同前，加榫二尺五寸，共长三丈零二寸，高一尺六寸，厚八寸。

承椽枋二根，长同前，榫同前，共长三丈零二寸，高二尺，厚一尺。

随桁枋七根，长同前，榫同前，共长同前，高一尺六寸，厚八寸。

平盘枋七根，长同前，外加榫一尺二寸，共长二丈八尺九寸，高七寸，阔一尺。

正心挑檐枋一根，长三丈七尺六寸，高一尺四寸，厚一尺六寸。

通替枋七根，长二丈七尺七寸中，高七寸，厚五寸。

下副檐机枋二根，长同前，高七寸，厚四寸二分。

前后上下正心枋三十五根，长同前，高七寸，厚四寸二分。

下檐前后枡口枋八根[①]，长同前，高七寸，厚三寸二分。

上前后檐步共枡口枋四十根，每根长、高、厚同前。

上中道枡口枋共十二根，每根长、高、厚俱同前。

又枡口枋带帽耳梁八根，每根长、高、厚俱同前，加帽耳三寸八分，共厚七寸。

垫板枋七块，每块长同前，高一尺[②]二寸，厚三寸。

擎柱垫板四块，每块长同前，高同前，厚五寸。

---

① "根"原讹"枋"，据文意改。

② "尺"原讹"丈"，据文意改。

左右二中开间类

大额枋上下十四根，每根长二丈四尺四寸五分中，外加榫三尺，共长二丈七尺四寸五分，高二尺，厚一尺。

又大额枋四根[①]，每根长同前，加榫一尺二寸，共长二丈五尺六寸五分，高二尺，厚一尺。

小额枋四根，每根长同前，加榫三尺五寸，共长二丈七尺九寸五分，高一尺六寸，厚八寸。

承椽枋四根，每根长同前，加榫三尺五寸，共长二丈七尺九寸四分，高二尺，厚一尺。

随桁枋十根，每根长同前，加榫二尺六寸，共长二丈七尺零五分，高一尺六寸，厚八寸。

又随桁枋四根，每根长同前，加榫二尺六寸，共长二丈七尺零五分，高二尺，厚一尺六寸。

上、中步平盘枋六根[②]，每根长同前，加榫六寸，共长二丈五尺零五分，高七寸，阔一丈。

又下平盘枋四根，每根长同前，加榫一尺二寸，共长二丈五尺六寸五分，高、阔俱同前。

又平盘枋四根，每根长同前，加榫二尺五寸，共长二丈六尺九寸五分，高、阔俱同前。

通替枋十四根，每根长同前，加榫头二尺五寸，共长二丈六尺九寸五分，高七寸，厚五寸。

下副檐机枋四根[③]，每根长同前，加副檐五尺一寸，又加箍头二尺，共长三丈一尺五寸五分，高七寸，厚四寸二分。

下檐前后枅口枋八根，长同前，高七寸，厚三寸二分。

---

① "根"原讹"枋"，据文意改。
② "根"原讹"枋"，据文意改。
③ "根"原讹"枋"，据文意改。

上前后檐步共枓口枋四十根，每根高、厚、长同前。

上中道枓口枋共十二根，每根高、厚、长俱同前。

又枓口枋带帽耳梁八根，每根高、厚、长俱同前，加帽耳三寸八分，共厚七寸。

垫板枋七块，每块长同前，高一尺二寸，厚三寸。

擎柱垫板四块，每块长同前，高同前，厚五寸。

左右二中开间类

大额枋上下十四根，每根长二丈四尺八寸五分中，外加榫一尺二寸，共长二丈六尺零五分，高二尺，厚一尺。

小额枋四根，每根长同前，外加榫二尺五寸，共长二丈七尺三寸五分，高一尺六寸，厚八寸。

承椽枋四根，每根长同前，榫同前，共长同前，高二尺，厚一尺二寸。

随梁枋十四根，每根长同前，外加榫一尺二寸，共长二丈六尺零五分，高一尺六寸，厚八寸。

平盘枋十四块，每块长同前，榫同前，共长同前，阔一尺，高七寸。

通替枋十四根，每根长同前，高七寸，厚五寸。

下副檐机枋四根，每根长同前，高七寸，厚四寸二分。

前后上下正心枋七十根，每根长、高、厚俱同前。

枓口枋一百二十根，每根长同前，高七寸，厚三寸二分。

擎柱垫板枋四块，每块长同前，高一尺二寸，厚五寸。

垫板枋十四块，每块长同前，高一尺，厚三寸。

又八块，长同前，高一尺二寸，厚五寸。

帽耳梁十六根，每根长同前，高七寸，厚三寸二分，加帽耳三寸八分，共厚七寸。

左右二次开间类

大额枋十根，每根长二丈四尺四寸五分中，外加榫三尺，共长二丈七尺四寸五分，高二尺，厚一尺。

又大额枋四根，每根长同前，加榫一尺二寸，共长二丈五尺六寸五分，高二尺，厚一尺。

小额枋四根，每根长同前，加榫三尺五寸，共长二丈七尺九寸五分，高一尺六寸，厚八寸。

承椽枋四根，每根长同前，加榫三尺五寸，共长二丈七尺九寸五分，高二尺，厚一尺。

随桁枋十根，每根长同前，加榫二尺六寸，共长二丈七尺零五分，高一尺六寸，厚八寸。

又随桁枋四根，每根长同前，加榫二尺六寸，共长二丈七尺零五分，高一尺六寸，厚二尺。

上中步平盘枋六根，每根长同前，加榫六寸，共长二丈五尺零五分，高七寸，阔一丈。

又下平盘枋四根，每根长同前，加榫一尺二寸，共长二丈五尺六寸五分，高、阔俱同前。

又平盘枋四根，每根长同前，加榫二尺五寸，共长二丈六尺九寸五分，高、阔俱同前。

通替枋十四根，每根长同前，箍头二尺五寸，共长二丈六尺九寸五分，高七寸，厚五寸。

下副檐机枋四根，每根长同前，加副檐五尺一寸，又加箍头二尺，共长三丈一尺五寸五分，高七寸，厚四寸二分。

前后上檐正心枋带三才昂十根，每根长同前，加昂头四尺零六分，共长二丈八尺五寸一分，高七寸，厚四寸二分。

带四才昂正心枋十根，每根长同前，带四才昂五尺零四分，共长二丈九尺四寸九分，湾四寸，高、厚俱同前。

带称头木正心枋十根，每根长同前，加称头木五尺零四分，共长二丈九尺四寸九分，高、厚俱同前。

带实拔木正心枋十根，每根长同前，加实拔木三尺九寸九分，共长二丈八尺四寸四分，高、厚俱同前。

带挑桁底正心枋十根，每根长同前，加挑桁底三尺九寸九分，共长二丈八尺四寸四分，高、厚俱同前。

带桁湾正心枋十根，每根长同前，加长三尺零一分，共长二丈七尺四寸六分，高七寸，厚四寸二分。

正心枋十根，每根长同前，高七寸，厚四寸二分。

前后上檐带昂枓口枋四根，每根长同前，加五尺零四分，共长二丈九尺四寸九分，高七寸，厚二寸八分。

带称头木枓口枋十六根，每根长同前，加五尺零四分，共长二丈九尺四寸九分，高七寸，厚二寸八分。

带榫枓口枋二十四根，每根长同前，加二尺三分，共长二丈六尺四寸八分，高七寸，厚二寸八分。

带帽耳枓口枋十六根，每根长同前，加二寸八分，共长二丈四尺七寸三分，高七寸，厚二寸八分。

又中至中枓口枋七十二根，每根长同前，高七寸，厚二寸八分。

带随挑桁底枓口枋四根，每根长同前，高、厚俱同前。

垫板十四块，每块中至中长二丈四尺四寸五分，高一尺二寸，厚三寸。

垫板八块，每块长同前，高一尺二寸，厚五寸。

擎柱垫板四块，每块长同前，高、厚俱同前。

左右二厢开间类

大额枋四根，每根长一丈一尺四寸中，加箍头并榫木三尺，共长一丈四尺四寸，高二尺，厚一尺。

手擎枋六根，擎柱中至檐柱中每根长一丈一尺四寸中，加榫四尺，共长一丈五尺四寸，高一尺六寸，厚八寸。

平盘枋四根，每根长同前，加二尺六寸，共长一丈四尺，高七寸，阔一尺。

下檐带三寸出头昂正心枋四根，每根长同前，加四尺六分，共长一丈五尺四寸六分，七寸高，厚四寸二分。

下檐带称头木正心枋四根，每根长同前，加四尺六分，共长一丈五尺四寸六分，高七寸，厚四寸二分。

下檐带实拔木正心枋四根，每根长同前，加三尺一分，共长一丈四尺四寸一分，高七寸，厚四寸二分。

下檐带檐桁底正心枋四根，每根长同前，加三尺一分，共长一丈四尺四寸一分，高七寸，厚四寸二分。

下檐带桁湾正心枋四根，每根长同前，加二尺三分，共长一丈三尺四寸三分，高七寸，厚四寸二分。

带称头木枓口枋四根，每根长同前，加四尺六分，共长一丈五尺四寸六分，高七寸，厚二寸八分。

带实拔木枓口枋八根，每根长同前，加三尺一分，共长一丈四尺四寸一分，高七寸，厚二寸八分。

带机枋头枓口枋四根，每根长同前，加五尺一分，共长一丈六尺四寸一分，高七寸，厚二寸八分。

上檐进深类

承梁枋八根，每根中至擎柱中长二丈九尺三寸五分，擎柱中至上檐柱中长七尺五寸，外加榫二尺六寸，共长三丈九尺四寸五分，高二尺，厚一尺。

平盘枋八块，每块长同前，擎柱中长同前，加榫二尺六寸，共长三丈九尺四寸五分，高七寸，阔一尺。

大额枋四根，每根长同前，擎柱中长同前，加榫箍头三尺，共长三丈九尺八寸五分，高二尺，厚一尺。

下檐大额枋四根，每根长同前，擎柱中长同前，加榫一尺二寸，共长三丈八尺五分，高二尺，厚一尺。

平盘枋四根，每根长同前，擎柱中长同前，加榫三尺，共长三丈九尺八寸五分，高七寸，厚一尺。

下檐平盘枋四根，每根长同前，加榫一尺一寸，共长三丈五寸五分，高七寸，阔一尺。

厊山大额枋四根，每根擎檐柱中至角檐柱中长一丈八尺九寸，加箍榫三尺，共长二丈一尺九寸，高□尺，厚一尺。

厊山平盘枋四根，每根长同前，箍榫三尺，共长二丈一尺九寸，高七寸，阔一尺。

下檐前后守擎柱十二根，每根中至擎柱中长二丈九尺三寸五分中，加榫二尺五寸，共长三丈一尺八寸五分，高一尺六寸，厚八寸。

上檐进深前后小额枋四根，每根擎柱中至上檐柱中长七尺五寸，加榫三尺，共长一丈五寸，高一尺六寸，厚八寸。

上檐承椽枋四根，每根长七尺五寸，加榫三尺，共长一丈五寸，高二尺，厚一尺。

上檐桁香枓枋四根，每根中至擎柱中长二丈九尺三寸五分，高一尺，厚八寸。

上檐桁香枓枋四根，每根擎柱中至檐柱中长七尺五寸，高一尺六寸，厚八寸。

上檐垫板四块，每块中至擎柱中长二丈九尺三寸五分，高一尺二寸，厚五寸。

上檐垫四块，每块擎柱中至角檐柱中长七尺五寸，高一尺二寸，厚五寸。

进深枋口枋类

一、枋口枋共一百三十六根，每根中至擎柱中长二丈九尺三寸五分，高七寸，厚二寸八分。

一、枋口枋六十四根，每根擎柱中至檐柱中长七尺五寸，高七寸，厚二寸八分。

一、枡口枋四根，每根长七尺五寸，外带三才昂加四尺六分，共长一丈一尺五寸六分，高七寸，厚二寸八分。

一、枡口枋八根，每根长七尺五寸，外带称头木加四尺六分，共长一丈一尺六寸七分，高七寸，厚二寸八分。

一、枡口枋四根，每根长七尺五寸，外带挑檐底加四尺一寸七分，共长一丈一尺六寸七分，高七寸，厚二寸八分。

一、枡口枋共二十八根，每根长七尺五寸，外带实拔木加三尺九寸九分，共长一丈一尺四寸九分，高七寸，厚二寸八分。

一、帽耳枡口枋共二十根，每根中至擎柱中长二丈九尺三寸五分，高七寸，厚二寸八分。

一、枡口枋共二十根，每根擎柱中至檐柱中长七尺五寸，高七寸，厚二寸八分。

一、机枋七根，每根中至擎柱中长二丈九尺三寸五分，擎柱中至檐柱中长七尺五寸，檐柱中至副檐柱中长五尺一寸，加梁头一尺八寸，共长四丈三尺七寸五分。

一、带昂正心枋十二根，每根长同前，擎柱中长同前，檐柱中至昂头长四尺二□，加榫六寸，共长四丈一尺六寸五分。

一、带昂正心枋十二根，每根长同前，擎柱中长同前，檐柱中至昂头长六尺二寸四分，加榫六寸，共长四丈三尺六寸九分。

上檐桁条类

正中明间桁条共一十九根，每根长二丈七尺七寸，加榫一尺二寸，共长二丈八尺九寸，内正脊径一尺七寸。

挑檐副檐六根径一尺四寸，共十二根，一尺六寸。

左右中二间桁条共三十八根，每根长二丈四尺八寸五分，加榫六寸，共长二丈五尺四寸五分，正脊径同前。

　　左右次二间桁条二十二根，每根长二丈四尺四寸五分，正金步加出厊二尺五寸，共长二丈六尺九寸五分，正脊径一尺七寸，余径一尺六寸。

　　一、副檐桁条四根，每根长同前，加挑出山檐五尺一寸，出头一尺八寸，共长三丈一尺三寸五分，径一尺四寸。

　　一、挑檐桁条四根，每根长同前，老檐中至挑檐中长三尺九寸九分，加出头一尺八寸，共长三丈二寸四分，径一尺四寸。

　　一、下老檐桁条四根，每根长同前，加榫六寸，共长二丈五尺五分，径一尺□寸。

　　一、下挑檐桁条四根，每根长同前，加榫六寸，共长同前，径一尺四寸。

　　一、上檐前后挑檐桁条四根，每根中至中长七尺五寸，老檐至檐长三尺九寸九分，□头一尺八寸，共长一丈三尺九寸九分，径同前。

　　一、上檐前后老檐桁条四根，每根长同前，出头二尺，共长九尺五寸，径一尺六寸。

　　一、山间老檐桁条四根，每根中至中长一丈一尺四寸，加出山二尺二寸，共长一丈三尺六寸，径一尺六寸。

　　一、挑檐桁条四根，每根长同前，老檐至挑檐长三尺一分，加出头一尺八寸，共长一丈六尺二寸一分，径一尺四寸。

　　一、下挑檐桁条四根，每根长同前，加榫一尺二寸，共长三丈五尺五分，径一尺四寸。

　　一、下老檐桁条四根，每根中至中长一丈八尺九寸，加出头二尺，共长二丈九寸，径一尺六寸。

　　一、下前后挑檐桁条四根，每根长同前，老檐至挑檐长三尺一分，加出头一尺八寸，共长二丈三尺□寸一分，径一尺四寸。

　　一、下副檐桁条四根，每根长二丈九尺三寸五分，加副步七尺五寸，加出头一尺八寸，加榫六寸，共长三丈八尺六寸五分，径一尺四寸。

老角梁类

一、上檐老角梁四根，每根长二丈八尺二寸，高一尺六寸，厚一尺二寸。

一、檐子角梁四根，每根长三尺六寸六分，加套兽榫五寸，后压尾长一丈一尺，共长一丈五尺一寸六分，高一尺四寸，厚同前。

一、下檐老角梁四根，每根长三丈三尺六寸，高□尺六寸，厚一尺二寸。

一、下檐子角梁四根，每根长一丈五尺一寸六分，高一尺四寸，厚同前。

一、承海梁二根，每根长五丈九尺，高一尺六寸，厚一尺。

一、正中副脊木一根，长二丈七尺七寸，加榫一尺二寸，共长二丈八尺九寸，高八寸五分，六方做。

一、左右中二间副脊木二根，每根长二丈四尺八寸五分，加榫六寸，共长二丈五尺四寸五分，高八寸五分，六方做。

一、左右次间副脊木二根，每根长二丈四尺四寸五分，加出头二尺五寸，共长二丈六尺九寸五分，高八寸五分，六方做。

一、漫屈壁枕中二根，每根长一丈九尺，方一尺，横桄四十八根，每根长五尺九寸。

一、副金柱壁枕二根，每根长一丈三尺，方一尺，横桄二十四根，每根长六尺七寸。

一、下金柱壁枕二根，每根长七尺二寸，方一尺，横桄十二根，每根长七尺七寸。

一、扑风板四块，每块长四丈，阔六尺，厚五寸。

一、漫厄板二厄，每厄长二丈一尺，阔六尺，厚三寸。

一、望板深一十六丈，阔十八丈五尺，共该净板二百九十六丈。

正中椽花里口木连檐数类

一、正中上下檐椽花四根，每根长二丈七尺七寸中，阔七寸，厚三寸五分。

一、正中上下檐里口木四根，每根长二丈七尺七寸中，阔六寸，厚同前。

一、正中上下檐连檐四根，每根长同前，阔、厚俱同前。

一、左右中上下檐连椽花八根，每根长二丈四尺八寸五分中，阔七寸，厚同前。

一、左右中上下檐里口木八根，每根长同前，阔六寸，厚同前。

一、左右中上下檐连檐八根，每根长同前，阔、厚俱同前。

一、左右次上下檐椽花八根，每根长二丈四尺四寸五分中，阔七寸，厚同前。

一、左右上檐里口木四根，每根长三丈二尺，阔六寸，厚同前。

一、左右上檐连檐四根，每根长三丈五尺，阔、厚俱同前。

一、左右下檐里口木四根，每根长二丈四尺四寸五分中，阔、厚俱同前。

一、左右下檐连檐四根，每根长同前，阔、厚俱同前。

一、左右山间下檐椽花四根，每根长一丈一尺四寸，阔七寸，厚同前。

一、左右山间下檐里口木四根，每根长一丈八尺五寸，阔六寸，厚同前。

一、左右山间下檐连檐四根，每根长二丈三尺，阔、厚俱同前。

一、两厢上檐前后角椽花四根，每根长七尺五寸，阔七寸，厚同前。

一、两厢上檐前后角里木四根，每根长一丈五尺五分，阔六寸，厚同前。

一、两厢连檐前后角上檐四根，每根长一丈八尺五寸，阔、厚俱同前。

一、两厢下檐前后里椽花四根，每根长一丈八尺九寸，阔七寸，厚同前。

一、两厢下檐前后里口木四根，每根长二丈六尺，阔六寸，厚同前。

一、两厢下檐前后连檐四根，每根长二丈九尺，阔、厚俱同前。

椽子类

一、上架椽共二百八十根，每根长八尺九寸。

一、中架椽共二百八十根，每根长九尺五寸。

一、下架椽共二百八十根，每根长一丈一尺四寸。

一、花架椽共二百八十根，每根长一丈三寸。

一、上檐正椽共二百四十八根，每根长一丈七尺三寸。

一、上胁厢椽共一百三十根，每根长一丈七尺三寸。

一、上飞檐椽共一百三十根，每根长三尺，带尾四尺五寸，共长七尺五寸。

一、下檐前后并胁屼正椽共四百四十四根，每根长二丈一尺。

一、下檐前后并胁屼飞椽共四百四十四根，每根长三尺，带尾四尺五寸，共长七尺五寸。

上檐扇骨椽类

一、一号八根，每根长二丈三尺，折一寸。

一、二号八根，每根长二丈二尺七寸，折九分。

一、三号八根，每根长二丈二尺一寸七分，折八分。

一、四号八根，每根长二丈七尺一寸九分，折七分。

一、五号八根，每根长二丈一尺八分，折六分。

一、六号八根，每根长二丈五寸，折五分。

一、七号八根，每根长二丈一寸五分，折四分。

一、八号八根，每根长一丈九尺七寸三分，折三分。

一、九号八根，每根长一丈九尺三寸四分，折二分。

一、十号八根，每根长一丈八尺九寸八分，折一分。

一、十一号八根，每根长一丈八尺六寸五分。

一、十二号八根，每根长一丈八尺三寸五分。

一、十三号八根，每根长一丈七尺八寸四分。

一、十四号八根，每根长一丈八尺三分。

一、十五号至二十二号止，每号十六根，各长二丈三尺。

窍飞类每号十六根

一、一号，每根长四尺五寸六分，折一寸四分。

一、二号，每根长四尺三寸二分，折一寸三分。

一、三号，每根长四尺一寸，折一寸二分。

一、四号，每根长三尺九寸，折一寸一分。

一、五号，每根长三尺七寸九分，折一寸。

一、六号，每根长三尺五寸六分，折九分。

一、七号，每根长三尺四寸二分，折八寸。

一、八号，每根长三尺三寸，折七分。

一、九号，每根长三尺二寸，折六分。

一、十号，每根长三尺一寸二分，折五分。

一、十一号，每根长三尺零六分，折四分。

一、十二号，每根长三尺零二分，折三分。

一、十三号，每根长三尺，折二分。

一、十四号，每根长三尺，折一分。

一、十五号至二十二号止，每号十六根，各长三尺，无折。

枓料类

计上檐前后进正、中、右、左两厢开间共料三百二十座，每料长九寸，阔一尺二寸，高七寸，一五扣算，四六开口凹，定其高下。

内进深正、中、左、右两厢开间，每料长九寸六分，阔一尺二寸，高七寸，四六开口凹。

前后檐正、中、左、右两厢进深开间，柱头料枋阔、高、开口凹俱同前。

上檐前后料六十座，每座用正心瓜栱一枝，长二尺二寸，高七寸，厚三寸二分，共十六枝。

正心方栱一枝长三尺，高、厚、枝俱同前。

头窍一枝长二尺三寸六分，高、厚、枝俱同前。

一材头昂一枝里带麻叶长五尺一寸，高、厚俱同前。

二材二昂一枝里带要头长七尺五寸三分，高、厚、枝俱同前。

三材三昂一枝里带云头长一丈零五寸六分，高、厚、枝俱同前。

四材称头木一枝里带蒲头长九尺六寸，高、厚、枝俱同前。

五材挑檐桁湾一枝里带蒲头长一丈一尺九寸四分，高、厚、枝俱同前。

六材三扑头一枝里带蒲头长一丈一尺三寸四分，高、厚、枝俱同前。

七材桁湾一枝里外三扑头，长五尺，高一尺四寸，厚、枝俱同前。

单材瓜栱四枝长二尺二寸，高五寸一分，厚三寸二分，共二百四十枝。

单材万栱四枝，高、厚、枝同前，长三尺。

单材香栱二枝长二尺六寸，高、厚俱同前，共一百二十枝。

槽枓四个长四寸，阔六寸，高三寸二分，共二百四十枝。

实拔枓科六个，方阔五寸一分，高同前，共三百六十个。

单材枓二十个，长四寸，阔、高俱同前，共一千二百个。

上檐两厢科三十二座。

上檐前后柱头科八座。

上檐两厢柱头科六座。

上檐四角柱头科四座。

上檐内进深正中左右两次前擎至后擎共科四十座。

上檐前后开间共科四十座。

上檐中开间科二十座。

上檐擎柱头科前后共八座，四面带科四座，共科四十座。

擎柱头科周围带科四座，共三十二座。

上檐正中擎柱头科四座，周围带科四座，共科二十座。

上檐正中柱头带科四座，共十六座。

九龙八挂顶三座。

前面枋三根，中一根长二丈二尺一寸，次二根长一丈八尺四寸，厚□寸二分，高一尺四寸四分。

抹角枋二十四根，每根长七尺三寸六分，高、厚同前。

抹角平盘枋二十四根，长同前，阔七尺二分，高四寸三分。

象眼枋二十四根，长、高、厚俱同前。

象眼平盘枋二十四根，长、高、厚同前。

井口枋二十四根，长四尺四寸，高、厚同前。

井口平盘枋二十四根，长、高、厚同前。

正面顶龙三条。

垂莲柱二十四根，长一丈零五寸，径七寸二分。

垂莲盘龙二十四条。

面枋科二十四座，高四寸三分，长六寸。

象眼科九十六座，高、长同前。

拱窍秤三材井口二十四座，中七材，次五材。

槅窗类

菱花槅三十扇。

又窗四扇。

后方眼槅十八扇。

木料类

紫椿一十二株段。

松木一千三百八十株根。

樟木一百五十四株段。

楠木二十二块段。

柏树四十五株段。

白果树四株。

□木五百五十一株段。

栗木八株。

□木三十七株段。

毛竹四百五十根。

鱼胶六十斤。

工八万九百二十四工半。

石作

□条云梯宽窄厚薄不等，共用石条一百五十九丈。

垫脚生熟铁片一百六十九斤，工二千九百零五工半。

砖瓦作

大吻一副。

铁桩四根。

正脊五十三段。

小兽上下共十二个。

铁桩五十三根。

马鞍二百八十四个。

披水条砖七万五千三百六十块。

方砖九十块。

驳脊铁桩三百二十四根。

尺板砖七万五千三百六十块。

垂带脊共一百二十四段。

铁索二十四丈。

万年铁桩共五十二根。

挑角铁条上下八根。

驳脊共六百五十四段。

合脊同瓦共一百二十二块。

蟹脐一千二百一十个。

盖瓦四万九百四十四块。

底瓦六万五千二百三十块。

钩头一千二百一十块。

滴水一千二百一十块。

强出头二个。

上下套兽八个。

剑靶共上下十个。

小兽铁桩八根。

鸡子砖七万五千三百六十块。

滚子砖七万五千三百六十块。

鸡子滚砖共七万五千三百六十块。

外郎帽一千二百一十个。

抱捅一千四百三十八块。

檐前后共二百四十四行，每行底瓦九十五块，盖瓦五十七块。

下檐前后共二百四十四行，每行底瓦六十二块，盖瓦三十五块。

上下两厢共二十九丈六尺，计□百九十六行，每行底瓦六十二块，盖瓦三十五块。

上下八攒共二百四十四行，每行底瓦二十块，盖瓦十块。

上下铜刨钉一千七百零八个。

上下平头钉一千二百一十根。

上下底瓦钉六万二千七百二十根。

正脊长十二丈二尺。

下檐前后通脊二十四丈二尺。

上檐两厢通脊十四丈八尺。

下檐两厢通脊十四丈八尺。

垂带盖瓦二百零四块。

瓦条七万五千三百六十块。

墁地大方砖三千零四十块。

墁地城砖一万七千四百四十块。

鏒脚城砖三千九百二十块。

阶沿城砖二千块。

厢边琉璃滚砖七百块。

墁拜单白玉石二百零四块。

厢扉等项杂用城砖二万九千六百块。

桐油八十三石。

石灰二千三百石。

纸筋一百八十石。

水胶五十斤。

麻筋五十石。

大小绳索二百五十根。

大小挑箕、秧篮①四百一十副。

土笆八十个。

挽子一百八十个。

提桶二十个。

水桶十石。

兜土稍布十匹。

大工九千八百六十九工半。

小工七千三百零八工。

搭材

芦席大小不等一万二千五百领，大小长短不等麻绳共三百三十石，杂用麻六十斤，篾一百四十三万九千五百八十根，捎棍七千二百根，工七千一百三十一工半。

锯作

工二万四千八百四十四工。

---

① "篮"原讹"蓝"，据文意改。

铁作

铁八万九千六百八十斤，煤四百二十石，除化工外做三百七十一工。

漆作

番硃三十斤，密陀生五斤，桐油九十斤，水胶二十斤，工八十七工。

捐银类

一、内外执事行人，四年辛力借银，俱沈自办交纳，不开于左。

一、自顺治十七年庚子兴工，至康熙三年甲辰正月工竣，通共收过捐银二万八千零三十二两四钱六分五厘九毫一丝。

一、内色银一千五百七十四两九钱三分二厘八毫六丝。

一、折净纹银二万六千九百五十七两五钱一分三厘三毫八丝。

一、自顺治十七年至康熙三年正月完工，共卖过柴板、木屑等项银三千二百二十九两八钱一分二厘三毫八丝。

一、内耗色银一百五十二两六钱二分九厘七毫五丝。

一、折净纹银三千零七两一钱八分二厘六毫三丝。

建殿序

夫报恩寺者，其由来久矣。始自后汉，而名建初。历晋宋齐梁陈隋唐宋，并于元，又复归于明。及成祖尚而封之，极千百余年，而绵长如旧，岂非如来之精灵不昧斯可哉！无如大劫于嘉靖癸亥，或罹天灾，斯亦非佛法无灵，而实如来轮回之运限也！

及我国家定鼎，一统华夷，无思不服，虽山谷修炼之沙门，亦睹太平而欣庆余，亦奔驰仕路历有年矣。后休林下，见其寺倾圮难兴，而无一大护法者，因慨然发大慈之念，稽首受如来三摩之戒，志愿兴崇，而无和者。又因独力难支，故嘱督使管公，及都使危相共营之，而二公亦喜而乐之。后值海氛飘忽，管公去任，此事复为寝矣。己亥春，织造周公复为建议。时三宜和尚暨本师华山见老人、科长黄、内翰邓、监司鲁、协镇陈等诸绅，力赞其举。比都使危公云："此第一善事，数年来惟虑工浩费繁，非可以时日计，非可以钱谷计。且现前之功德不及数千，而约费金钱何啻数万！谋之始者必计其终，与其中道而废，莫若慎之于始。譬如成衣者，先有身材，后配摆袖，未闻始得其袖即欲置衣，恐难成耳。"三宜老人亦曰："是时本师和尚曰：'不然。护法所言，功合世法，而于佛法则未当也。且僧家之名衲衣者，得一尺缝一尺，得五寸缝五寸，终久凑成。况佛法有不思议者乎！惟在监督者行愿坚固，自无不成之理，非世间成衣之可喻也。'"

斯时，周护法辈踊跃欢呼，大声疾言曰："今日缝衲头了。"众议以此任付余董理，余亦因屡经举而复为中阻，且难得周护法之欢倡捐助，又属本师和尚之委令，敢惜身命？敢避怨嫌？勉为承荷。随于本年正月十五日开工，至壬寅秋竖柱，冬上梁。癸卯冬，上自佛像、幡幢、供器，下及甬道、街沿，焕然一新。昔之劫灰瓦砾，今之栋宇檐阿；昔之莓苔尘土，今之金碧琉璃。所费不足四万，时日仅以四年。而木植之采办，瓦石之收集运用，则有城南五百余姓，力行三年，不取一值。经营则有善姓缁素，躬亲四载，不间一时。其中风波险阻，折挫坎坷，忧思脆腕之事，种种不一，始信危公之云难也。每当其会，或然香，或打七，益加精进，非谋之于宰官檀越，即祷之于护法韦驮。凡至绝处逢生、转逆为顺之际，皆非人力之能为，实有得于神助，咸赖诸佛菩萨六时成就之慈威，仗大檀善信十方子来之乐助，乃得厥成，以遂初愿。

随卜甲辰正月，延请诸山戒德五十三位，恭就大殿，自初八日为始，至十八日云终，讽经礼忏，安谢圆满。毕，将现在庄严器具，及所存料物，并书过未完钱粮，备造清册，交付本寺住持，听其焚修。余仍归楼下，以待余生。今将建殿之始末，工用之多寡，料物若干，价值若干，所入功德若干，竹头木屑变价若干，暨殿之方广尺寸，刊成一册，以为后鉴。惟愿本寺当来僧众，须知此殿成于不思议境也。

康熙甲辰仲春，

建殿行人、致仕信官沈豹恒文述。

首建捐助大护法功德主

平南王尚，靖南王耿，两广总督部院王国光，江南总督部院郎廷佐，江南漕抚部院蔡士英。

共捐大护法功德主各信官姓氏：

周公天成，危公列宿，黄公国琦，曾公延孔，邓公旭，李公翀霄，张公思明，陈公世昌，薛公必科，王公端，魏公书仪，黄公旋相，姜公鼎，张公光，马公显功，魏公之都，陈公光祖，黄公僎，李公如柏，陈公应龙，各绅士等。

比丘

华山见和尚字读体，报恩寺三宜字逸州，性天和尚字休然。

发愿助修协办十大功各行僧名讳：

普行字未度，辅义字助可，性受字依雪，庸之字然敬，崇存字慧扆，如林字法一，成源字颖白，大弘字非圹，信然字融宗，恒忠字莲月。

率众运力行人

戴世俊，王士圣，方成业，温绍吉，殷世臣，夏书成，崔廷乾，李一。

监造执事行人

李良桂，郎国贤，徐起元，詹日永，严坤元，沈天瑞，方建侯，王之瑞，郭士英，姚世昌，马行式，倪虎，马天华，方登庸，刘云程，周显，邹升。

木作作头

吴嘉相，吴嘉勋，吴嘉瑞，朱华，朱应昌，陶继太，陆鼎臣，吴宗圣，张茂生，潘生，陈洪。

石作作头

范明元。

瓦作作头

张应魁，田国祥，龚得贵。

搭材作头

阮印科，杨明，徐奉。

锯作作头

吕爱连，唐禹稷。

铁作

汪奉宇，陈祥宇，夏仁甫，曹坤，沈桂宇，韩道人。

漆作

李琨。

五墨

陈坤明。

穿廊，高二丈六尺，深二丈七尺二寸，长三丈二尺九寸。

无量殿，高四丈二尺四寸，深三丈六尺，长五丈九尺。

万佛阁，高四丈六尺，深二丈三尺半分，长八丈一尺。

七佛阁，高四丈六尺，深一丈，长八丈一尺。

伽蓝殿，高二丈九尺，深三丈五尺五寸，长四丈六尺五分。

祖师殿，高二丈三尺六寸，深三丈五尺，长四丈六尺六寸五分。

大常住，高三丈八尺七寸，深二丈五尺，长四丈九分。

钟楼，高二丈九尺六寸八分，四圆仅四丈八尺八寸四分。

西方殿，即古建初寺正殿。高三丈一尺八寸，深五丈三尺五寸，长五丈三尺五寸。

　　藏经殿，高三丈一尺八寸，深五丈三尺五寸，长五丈三尺五寸。

　　修藏社，高三丈三尺五寸，深一丈八尺二寸，长五丈二尺。

　　三藏禅堂，高三丈六尺五寸，深五丈四尺，长七丈七尺七分。

宝塔丈尺

　　宝塔一座，九层，通高地面至宝珠顶二十四丈六尺一寸九分，地面覆莲盆，口广^①二十丈六寸。

实录

　　康熙三十七年岁在戊寅四月初九日夜，天火焚塔，级内罄燃一空。复于五月十八日，内搭茑架，扫除零碎木石。又于六月初八日，外搭茑架。至八月初六日，下顶。十二日，上梁。十八日，竖柱。九月十一日，上顶。而顶内供奉各件：

　　乌丝藏金佛一十三尊，银法身佛六尊，铜法身佛九尊，香法身佛四尊；皇上御书《心经》一卷，御书《金刚经》一部，《仁王护国般若经》一部，《大报恩经》一部，《大灌顶神咒》十二卷，《大方广佛华严经》八十一卷，《大佛顶首楞严经》一部，《佛说守护国王大千经》一部，《大乘妙法莲华经》一部，《阿弥陀经》一部，《大悲神咒》一卷，诸经皆系泥金书写；古香一段，沉香一块，坚固子二粒，镜光一面，金簪一支，沉檀香八段，万历钱五十个，珍珠二十一粒，宝石二十一颗，本国制钱十一千文。诸经皆用黄缎包裹，内用倭缎大红经袱

---

　　①“至”原衍，“广”原讹“高”，据本志本卷前文《附前明本寺各殿丈尺·宝塔丈尺》及（明）顾起元撰，谭棣华、陈稼禾点校《客座赘语》（中华书局1987年版）卷七《报恩寺塔》；（清）顾炎武《肇域志》（清抄本）卷五；（清）严书开《严逸山先生文集》（清初刻本）卷七《凤山寓言》等改。按，（明）葛寅亮撰，何孝荣点校《金陵梵刹志》（南京出版社2017年版）卷二《钦录集》“宣德三年”记宝塔丈尺无“至”，有则不合情理；“广”作“高”，不合情理且误。

十三个，盛贮楠木箱四只之内。

塔顶高一丈一尺，圆二丈三尺六寸，径八尺，风波铜镀金。

一、绕塔八方殿内地面至檐口高二丈三尺。

一、殿外八方石座高四尺四寸，阔三丈七尺五寸。

一、殿外石栏杆高四尺四寸。

一、殿内八方，每方阔三丈二尺六寸，接塔深一丈五尺。

第一层

正门首上扁额，圣祖御书"一乘慧业"，高宗御书"真入觉路"。

一、塔身连须弥座底共高四丈一尺三寸六分。

一、塔身连墙径过四丈五尺，墙厚一丈一尺一寸。

一、塔外八方每方阔一丈八尺六寸五分。

一、塔底须弥座高二尺八寸八分，八方每方阔一丈九尺八寸，深檐一尺八寸八分。

一、塔内地面至天花板高二丈二尺九寸。

一、塔内径过四方二丈二尺六寸。

一、塔身八面八门，暗、明各四，每门各高一丈，阔五尺。暗门四方，每方门中大佛一尊，四方共四①尊。每方门两旁墙上，菩萨各四尊，共八尊，四方共三十二尊。明门四方，每门两旁墙上金刚像各一尊，共二尊，四方共八尊。

一、八方塔门外，每方门头墙上五方佛像五尊，八面共四十尊。

一、八面塔门外，每方门外边上，正中雕画大鹏金翅鸟一个，共八个；两旁龙子龙孙二个，共十六个；羚羊二个，共十六个；青狮二个，共十六个；白象二个，共十六个。一级至九级，俱照一样。

一、塔内墙四方，除楼梯一方，余三方每方墙上大佛二尊，共六尊。塔内塔跰墙上小佛三百二十八尊。

---

① "四"后原衍"四"，据文意删。

一、塔内中心装金舍利塔一座，塔内四面每面供释迦佛一尊，四方共四尊。

一、塔内明门四方，每方阁内左右壁上诸天像共四尊，四面共十六尊。每面门阁内顶上彩画坛场一座，共四座，每座圆光三个。二级至九级，俱照一样。

一、楼梯曲折三架，共四十层。

第二层

正中龛内供大阿弥陀佛像一尊，龛上悬供扁额，圣祖御书"二仪有象"，高宗御书"化城资福"。

一、塔身高一丈九尺六寸八分。

一、塔身连墙径过四丈一尺，墙厚一丈三尺。

一、塔外八方，每方各阔一丈七尺一寸五分。

一、塔内门板砖面至天花板高二丈三尺。

一、塔内四方径过二丈四寸。

一、塔身八方八门，明、暗各四，每门各阔四尺五寸，高六尺二寸五分。

一、塔外八方，每方沿深五尺四寸八分。

一、每方琉璃砖栏杆连下脚飞沿通阔二丈二寸。

一、塔内墙壁佛像共三百二十八尊。

一、塔内明门四面阁墙内，左右壁上各有小阁门，曲通长方小洞二个，一在明门旁，一在暗门旁。外罩铁架明瓦灯各一盏，悬于塔外，在墙洞内然灯，八方共灯一十六盏。此级至九级，俱照一样，共灯一百二十八盏。

一、楼梯曲折二架，二十三层。

第三层

正中龛内供大释迦牟尼佛像一尊，龛上悬供扁额，圣祖御书"三空胜地"，高宗御书"舍卫庄严"。

一、塔身高一丈九尺三寸八分。

一、塔身连墙径过三丈九尺五寸，墙厚一丈。

一、塔外八方，每方阔一丈六尺五寸二分。

一、塔内阁板砖面至天花板高一丈六尺九寸二分。

一、塔内四方径过二丈二尺六寸。

一、塔身八方八门，明、暗各四，每门各阔四尺，高五尺八寸五分。

一、塔外八方，每方沿深五尺四寸七分。

一、每方琉璃砖栏杆连下脚飞沿通阔一丈九尺二寸。

一、塔内墙壁佛像二百五十四尊。

一、塔内明门四面闇墙内佛像共一百二十尊。

一、楼梯曲折二架，共二十一层。

第四层

正中龛内大悲佛像一尊，龛上悬供扁额，圣祖御书"四海无波"，高宗御书"天际丹梯"。

一、塔身高一丈八尺八寸八分。

一、塔身连墙径过三丈八尺，墙厚九尺六寸。

一、塔外八方，每方阔一丈五尺八寸九分。

一、塔内四方径过一丈八尺八寸。

一、塔内阁板砖面至天花板高一丈五尺四寸五分。

一、塔身八方八门，明、暗各四，每门各阔三尺七寸五分，高五尺五寸。

一、塔外八方，每方沿深五尺四寸四分。

一、每方琉璃砖栏杆连下脚飞沿通阔一丈八尺二寸。

一、塔内墙壁佛像二百五十一①尊。

一、塔内明门四方闇墙内佛像一百二十八尊。

一、楼梯曲折二架，共二十层。

---

① 按，据前后文，"一"疑为"四"之讹。

第五层

正中龛内供大牟尼佛像一尊，龛上悬供扁额，圣祖御书"五律精严"，高宗御书"揽妙鬘云"。

一、塔身高一丈八尺四寸三分。

一、塔身连墙径过三丈六尺一寸五分，墙厚九尺。

一、塔外八方，每方阔一丈五尺一寸。

一、塔内径过一丈八尺四寸五分。

一、塔内阁板砖面至天花板高一丈五尺。

一、塔身八方八门，明、暗各四，每门各阔一丈五寸，高五尺一寸五分。

一、塔外八方，每方沿深五尺四寸二分。

一、每方琉璃砖栏杆连下沿脚飞沿通阔一丈八尺。

一、塔内墙壁佛像二百五十四尊。

一、塔内明四方阇墙内佛像一百二十八尊。

一、楼梯曲折二架，共二十二层。

第六层

正中龛内供观音大士像一尊，龛内悬供扁额，圣祖御书"六通真谛"，高宗御书"心游万仞"。

一、塔身高一丈八尺一寸一分。

一、塔身连墙径过三丈四尺一寸五分，墙厚八尺五寸。

一、塔外八方，每方阔一丈四尺二寸九分。

一、塔内阁板砖面至天花板高一丈五尺五寸二分。

一、塔内四方径过一丈七尺一寸七分。

一、塔身八方八门，明、暗各四，每门各阔三尺二寸七分，高四尺三寸八分。

一、塔外八方，每方沿深五尺四寸。

一、每方琉璃砖栏杆连下脚飞沿通阔一丈七尺四寸。

一、塔内墙壁佛像二百五十四尊。

一、塔内明门四方闇墙内佛像九十六尊。

一、楼梯曲折二架，共二十二层。

第七层

正中龛内供缨络大士像一尊，龛上悬供扁额，圣祖御书"七宝莲花"，高宗御书"空外风涛"。

一、塔身高一丈七尺七寸八分。

一、塔身连墙径过三丈一尺八寸五分，墙厚七尺九寸五分。

一、塔外八方，每方阔一丈四尺。

一、塔内阁板砖面至天花板高一丈五尺一寸八分。

一、塔内四方径过一丈五尺九寸五分。

一、塔身八方八门，明、暗各四，每门各阔三尺，高四尺六寸。

一、塔外八方，每方沿深五尺三寸。

一、每方琉璃砖栏杆连下脚飞沿通阔一丈六尺二寸。

一、塔内墙壁佛像二百四十八尊。

一、塔内明门四方闇门内佛像四十八尊。

一、楼梯曲折二架，共二十层。

第八层

正中龛内供佛像四面，每面各供佛一尊，龛上悬供扁额，圣祖御书"八表同风"，高宗御书"手扪星斗"。

一、地面上对角安大横木二根，中载塔心柱一根，直至宝珠顶，共长七丈五尺三寸七分。

一、塔身高一丈七尺六寸三分。

一、塔身连墙径过二丈九尺，墙厚七尺。

一、塔外八方，每方阔一丈二尺四寸。

一、塔内阁板砖面至天花板高一丈四尺九寸五分。

一、塔内四方径过一丈四尺二寸九分。

一、塔身八方八门，明、暗各四，每门各阔二尺二寸五分，高四尺四寸五分。

一、塔外八方，每方沿深五尺二寸。

一、每方琉璃砖栏杆连下脚飞沿通阔一丈四尺五寸。

一、墙壁佛像一百七十尊。

一、塔内明门四方闇门墙内佛像共四十尊。

一、楼梯曲折二架，共二十层。

第九层

正中龛内供佛像四面，每面各供佛一尊，龛上悬供扁额，圣祖御书"九有弘观"，高宗御书"无上法轮"。

一、地面中载塔心柱一根，直至宝珠顶，共长六丈八尺四分。

一、塔身高一丈三尺三寸三分。

一、塔身连墙径过二丈八尺，墙厚七尺。

一、塔外八方，每方阔一丈一尺二寸。

一、塔内阁板砖面至八极天花板高一丈二尺三寸。

一、塔内四方径过一丈三尺一寸六分。

一、塔身八方八门，明、暗各四，每门各①阔二尺一寸二分，高四尺二寸四分。

一、塔外八方，每方沿深五尺。

一、每方琉璃砖栏杆连下脚飞沿通阔一丈二尺二寸。

一、塔内墙壁佛像一百五十六尊。

一、塔内明门四方圈墙内佛像四十八尊。

---

① "门各"原阙，据前后文补。

嘉庆五年岁在庚申五月十五日寅时，大雨滂沱，雷击塔，至伤九级，瓦石皆被陨落。复于辛酉二月上旬，大兴工役。至四月下浣，克成。

嘉庆丁卯六月二十九日未时，大雨如注，雷复损塔，其内受伤若干处。遂于克日兴工，经月而竣。

【折疑】《实录》出自内卷，然岁久必亡，后无一知其事者，则有负前人建始之劳。寺虽在目，而其役未有知者，使后世茫然。即如前有十大功，皆建始之僧也。无如及今，事方百年，殄灭其裔，辄另更换，何不令附而行之？其选督者又不知根源之役，如瞽者行于野，有叩其径者，而瞽目嘿焉。诚现在之事，皆随而和之。人或曰可，彼亦曰可。或曰："近日缺材。"答曰："果然缺矣。"并不能巧设一法，而另画一策，徒有其名，枉负建始之力。若果能蹈①前人之迹，精勤不懈，始终无惰，其工师皆悦而欣之，共羡督役者，是寺得其人欤！或曰："何耶？"曰："诸师督吾工者，量才而用木尔，赏罚均平，吾侪何以不庆！"众曰："然。如斯方可以称督工也，岂不贤乎哉！又何必徒受虚名，而无一技，仍被他人涎詈，其声名又何加焉！"

塔灯油数

每一层十六盏，每一盏该油四两，每一层见一夜该油四斤，八层该油三十二斤。塔下琉璃灯八盏，每一盏该油二斤，见一夜该油一十六斤。塔心琉璃灯四盏，每一盏该油二斤，见一夜该油八斤。月大该油一千六百八十斤，月小该油一千六百二十六斤。

红素烛，一斤重八枝，计四对；四两重四十四枝，计二十二对。

灯草一斤五两。

佛殿并各殿等处

【折疑】佛殿则正佛殿，各殿则金刚殿、天王殿、圆通殿、大悲殿、西方殿、三藏殿、藏经殿、修藏

---

① "蹈"原讹"韬"，据文意改。

社、伽蓝殿等处是。

素烛，一斤重六枝，计三对系大佛殿；四两重二百八十八枝，计一百四十四对。见一日该素烛二百九十四枝，计三十九斤。月大烛计八千六百二十枝，重该一千一百七十斤；月小烛计八千三百二十六枝，重该一千一百三十一斤。

附历代^① 御制记敕碑文及修寺记

御制黄侍郎立恭^②完塔记
洪武戊辰十二月□日

京南关左厢朱雀桥之左首有浮图，层高九级，根入厚坤。塔之由来，乃孙吴开创、金陵建邦之时。纪年赤乌，而有异人康僧者，抱释迦之道至斯，以说吴主权，权乃悦。塔之所建，金陵之客山也。其山自西南来，滨江^③一带，或蜿或蜒，或起或伏，或蹲或立，低昂俯仰之态，仿佛若人之状，以朝钟山，毓秀磅礴，川野结帝王之居，若是也。其康僧指谓权曰："是山之麓，深若干丈，下有如来真身舍利。""何谓之舍利？"曰："佛行周圆，精魂运化，结实如珠，水火不避。昔如来入涅槃之时，天上人间，龙宫海藏，天人鬼神，各持以去，建塔以安之，故有天上人间龙宫之塔。塔有八万四千，皆阿育王始。此间鬼神将至，佛法未施，塔未建也。"权乃信，刳山以验之，果得舍利。权故难之："此虽有验，难以敷诚。既有大神通，必以神力，更致一颗，方乃是信。"僧于是设坛，

---

① "历代"原讹"前明"，据后文改。按，本目下前大半部分各篇皆为明代皇帝"御制记敕碑文及修寺记"，但最后一篇则为梁武帝《长干寺设无碍法喜食诏》，故"前明"不准确，兹改为"历代"。

② "黄侍郎立恭"原倒作"侍郎黄立恭"，据（明）葛寅亮撰，何孝荣点校《金陵梵刹志》卷三十一《聚宝山报恩寺》收录该文改。

③ "江"原脱，据（明）葛寅亮撰，何孝荣点校《金陵梵刹志》卷三十一《聚宝山报恩寺》收录该文补。

虔恭斋沐①，遥望西乾，役己之躯，运己之神，七昼夜。佛之威灵所至，乃降一粒。权乃大悦，许建浮图于是。今之观浮图者，岂知其来远矣？始孙吴，至今一千一百余年。缘及历代，废弛叠叠。塔之颓坏，凡经革故，而及葺理者②，修德施功③之人，又非一人而已。

　　洪武十三年，胡④、陈乱政，朕观七朝居是土者⑤，皆臣愚君者多矣⑥。考⑦山川之形势，大江西来，淮山弼之，山庞川巨，右势足矣。以此观之，龙虎均停，择帝居者，宜其然也⑧。夫何故臣下之不臣？无乃虎方坤位，浮图太耸之故。于是命构架，将移塔于钟山之左。工将完，塔将毁，有来告者："工人有坠于塔下⑨者绝。"于是罢役。未几，今工部侍郎黄立恭稽首顿首，再拜入奏，其辞曰："臣立恭寓于世，而无益于世，群于人⑩，而无善于人。生无名于宇宙之间，死不能同聪明之神游于上下。臣切慕之，故思欲有为，未知可否？"朕谓曰："丈夫天地间，五欲不生，十恶不作，何为而不可也哉？"对曰："臣见南关有如来真身舍利之塔，经兵被火，周回栏楯，并九层图画仙灵，俱各颓坏。欲

---

①"沐"原讹"沐"，据（明）葛寅亮撰，何孝荣点校《金陵梵刹志》卷三十一《聚宝山报恩寺》收录该文改。

②"者"原脱，据（明）葛寅亮撰，何孝荣点校《金陵梵刹志》卷三十一《聚宝山报恩寺》收录该文补。

③"功"后原衍"者"，据（明）葛寅亮撰，何孝荣点校《金陵梵刹志》卷三十一《聚宝山报恩寺》收录该文删。

④"胡"前原衍"故"，据（明）葛寅亮撰，何孝荣点校《金陵梵刹志》卷三十一《聚宝山报恩寺》收录该文删。

⑤"者"后原衍"多矣"，据（明）葛寅亮撰，何孝荣点校《金陵梵刹志》卷三十一《聚宝山报恩寺》收录该文删。

⑥"多矣"原脱，据（明）葛寅亮撰，何孝荣点校《金陵梵刹志》卷三十一《聚宝山报恩寺》收录该文补。

⑦"考"原讹"攻"，据（明）葛寅亮撰，何孝荣点校《金陵梵刹志》卷三十一《聚宝山报恩寺》收录该文改。

⑧"然也"原讹"矣"，据（明）葛寅亮撰，何孝荣点校《金陵梵刹志》卷三十一《聚宝山报恩寺》收录该文改。

⑨"塔下"原脱，据（明）葛寅亮撰，何孝荣点校《金陵梵刹志》卷三十一《聚宝山报恩寺》收录该文补。

⑩"人"前原衍"世"，据（明）葛寅亮撰，何孝荣点校《金陵梵刹志》卷三十一《聚宝山报恩寺》收录该文删。

完之，特请旨以施为。"朕许之。

立恭再拜而退，诣所在，经方定向，若山则高益下损，故基则增微壮广，施财劢工以营缮。京之军民，闻立恭作佛之善事，有施财以阿之者，有诚然为生死①而布施者②。一时从者，如流之趋下③。诸费折黄金二万五千两。三年以来告，塔已完矣。大雄之殿，僧房两庑，重门楼观，亦皆备矣。群僧会集④，有僧录司右讲经守仁者，书通东鲁，经备西来，于是命住持是寺。仍敕礼部并光禄寺馔素馐，以饭诸人。

时机冗，未暇亲至。逾半载，敕礼部曹召僧录司首官左善世弘道、右善世夷简等五人，朕谓曰："塔完寺备，数年以来，征讨弗停，阵没军将，欲报其忠，仗佛愿力，作大善事。"期日，朕至，仰视则塔穿鸟道，平视则殿宇巍然，俯看绮砌，无不精专，游目殿塔，所在金碧荧煌。虽至愚而至鲁者，入其门首，作为建如是功，可谓罕矣。且立恭职工部，掌诸名材，诸匠属焉，一一皆佣其工，未尝上烦于朕，下挟于工者。其佣工之资皆厚之，世人有所不及者。若立恭操愚夫之智，日侍左右，言颇信行，倘有所需，安不有微助？今绝然⑤无需，入其门，观其境，孰不为之起敬？

噫！方今智士，居官食禄，不能起造民福之心，乃以禄不足，上乱朝政，下虐生民。其黄立恭昔本技艺，所得者甚微，然而设心为善，夫妇异处，三十余年，朝出暮归，其妻送迎，若宾礼焉，未尝有间。以一夫之智，赤手成此善事，是其美也。然而事成则成矣，又其妻与闺内者尽皆为尼。呜呼！立恭之诚，

---

① "死"后原衍"者"，据（明）葛寅亮撰，何孝荣点校《金陵梵刹志》卷三十一《聚宝山报恩寺》收录该文删。

② "者"原脱，据（明）葛寅亮撰，何孝荣点校《金陵梵刹志》卷三十一《聚宝山报恩寺》收录该文补。

③ "从者，如流之趋下"原讹"从流如之者趋下"，据（明）葛寅亮撰，何孝荣点校《金陵梵刹志》卷三十一《聚宝山报恩寺》收录该文改。

④ "会集"原倒，据（明）葛寅亮撰，何孝荣点校《金陵梵刹志》卷三十一《聚宝山报恩寺》收录该文改。

⑤ "然"原讹"不"，据（明）葛寅亮撰，何孝荣点校《金陵梵刹志》卷三十一《聚宝山报恩寺》收录该文改。

岂止外成于塔寺，于家化及闺门？然而一家修善，处于是方①，将必②成矣。佛之愿力，所处③之处，非至善而必至险。谚云："天下名山，惟僧所居，而乃佛处也。"今南关之山，俯伏于钟④山之前，峰拱岗伏，所以钟来气之精英，雄一千一百余年，法轮常转。今立恭增辉佛日，岂偶然哉！故述记尔。

游寺记

朕因忧虑既多，特入寺中，与禅者盘桓，暂释几冗之⑤一时。入寺，既行，凡所到处，无不有佛。及至方丈，平视两壁，皆悬水墨高僧，凡四轴六人，一轴《三禅海水》，一轴《了经松下》，一轴《抚鹿溪边》，一轴《乐水于岩前》。呜呼！住持者志哉！所以设此，意在感动心怀，坚立寂寞之机，甚得其宜也。何以见之？如《三禅海水》者，其海泼天飞浪，烟海四际，其高僧凝然举麈⑥而挥，鼎足而坐，可谓奇矣。动修者一也。又《了经松下》，对月于昊穹，可谓清之至极矣。复有一僧，前抚鹿于溪，后山神以密护，可谓行至矣。又坦然而无虑，乐然而忘忧，乐水于山根，可谓寂寞而已。斯四轴六人，足可坚修者之心。朕为斯而乐，至暮而归。

余月，复⑦至寺。由东廊而入，见画像图形，皆男女夹杂，浓梳艳裹者纷然，将谓动小乘而坚大乘也。徐至苑中，见有数架修上⑧蔷薇，朕亦谓非宜也。少时，憩方丈，顾左右壁，亡前日所有高人四轴，不觉兴叹焉。何哉？所以

---

①"方"原讹"于"，据（明）葛寅亮撰，何孝荣点校《金陵梵刹志》卷三十一《聚宝山报恩寺》收录该文改。

②"必"原脱，据（明）葛寅亮撰，何孝荣点校《金陵梵刹志》卷三十一《聚宝山报恩寺》收录该文补。

③"处"原讹"深"，据（明）葛寅亮撰，何孝荣点校《金陵梵刹志》卷三十一《聚宝山报恩寺》收录该文改。

④"钟"原讹"终"，据（明）葛寅亮撰，何孝荣点校《金陵梵刹志》卷三十一《聚宝山报恩寺》收录该文改。

⑤"之"原脱，据（明）葛寅亮撰，何孝荣点校《金陵梵刹志》卷一《御制集》收录该文补。

⑥"麈"原讹"尘"，据（明）葛寅亮撰，何孝荣点校《金陵梵刹志》卷一《御制集》收录该文改。

⑦"复"原脱，据（明）葛寅亮撰，何孝荣点校《金陵梵刹志》卷一《御制集》收录该文补。

⑧"上"原讹"竹"，据（明）葛寅亮撰，何孝荣点校《金陵梵刹志》卷一《御制集》收录该文改。

叹者，不惟画于①蔷薇不合有②而有，四轴高僧当悬除去，皆非所宜，故兴叹息焉。

报恩寺修官斋敕
永乐五年十月十五日

敕谕天下赴会僧众：朕惟③佛氏之道，清净慈仁，弘深广大，包含万有，贯彻妙微，利益幽明，功德无量。比者仁孝皇后崩逝，举荐扬之科，启无遮之会，广集僧伽，讽扬经典。百日之间，嘉祯翕集，慧灯降于金刹，法云覆于绀园。绣绚五纹，辉灿诸品，毫光累现，众彩毕呈。天花雨空，满祇林之宝树；缟鹤飞舞，绕碧落之幡幢。佛之舍利，或辉流于梵宫，或腾耀于宝塔，开照空之④菡萏，烂涌地之摩尼，动若骊珠，炳焕午夜，晃如虹⑤彩，烛影丹霄。宝塔之前，园⑥结金梅之果；长干之境，秀产琼⑦芝之祥。若斯显灵，难以悉举。皆由尔众，毗尼克谨，梵行清修，澜翻八⑧藏之文，悟解三乘之旨，秉至⑨诚以奉朕命，摅精义以叩佛慈。其中亦有至人，道化高妙，飞行变化，隐显莫测，感朕诚心，来临法会，证盟善功。朕德薄，有不能知。藉兹众善，遂致感通，睹瑞应之

---

① "于"原讹"与"，据（明）葛寅亮撰，何孝荣点校《金陵梵刹志》卷一《御制集》收录该文改。

② "有"原脱，据（明）葛寅亮撰，何孝荣点校《金陵梵刹志》卷一《御制集》收录该文补。

③ "惟"原讹"为"，据（明）葛寅亮撰，何孝荣点校《金陵梵刹志》卷三十一《聚宝山报恩寺》收录该敕谕改。

④ "之"原讹"于"，据（明）葛寅亮撰，何孝荣点校《金陵梵刹志》卷三十一《聚宝山报恩寺》收录该敕谕改。

⑤ "虹"原讹"红"，据（明）葛寅亮撰，何孝荣点校《金陵梵刹志》卷三十一《聚宝山报恩寺》收录该敕谕改。

⑥ "园"原讹"圆"，据（明）葛寅亮撰，何孝荣点校《金陵梵刹志》卷三十一《聚宝山报恩寺》收录该敕谕改。

⑦ "琼"原讹"灵"，据（明）葛寅亮撰，何孝荣点校《金陵梵刹志》卷三十一《聚宝山报恩寺》收录该敕谕改。

⑧ "八"原讹"入"，据（明）葛寅亮撰，何孝荣点校《金陵梵刹志》卷三十一《聚宝山报恩寺》收录该敕谕改。

⑨ "至"原讹"其志"，据（明）葛寅亮撰，何孝荣点校《金陵梵刹志》卷三十一《聚宝山报恩寺》收录该敕谕改。

蕃臻，想神灵之①济度，超游极乐，信有明征。朕实欢愉，故特加褒奖。夫观百川之流者，必至海乃止；亏一篑之功者，则为山不成。尔等益勤精进，庶永谢于尘缘；究竟真空，期早登于觉地。利生助化，翼我皇家。钦哉！故谕。

重修报恩寺敕

永乐十一年

天禧寺旧名长干寺，建于吴赤乌年间。缘及历代，屡兴屡废。宋真宗天禧年间，尝经修建，遂改名曰天禧寺。至我朝洪武年间，寺宇稍坏。工部侍郎黄立恭奏请募众财，略为修葺。朕即位之初，遂敕工部修理，比旧加新。比年有无籍②僧本性，以其私愤，怀杀人之心，潜于僧室放火，将寺焚毁。崇③殿修廊④，寸木不存，黄金之地，悉为瓦砾，浮图煨烬，颓裂倾欹。周览顾望，丘虚草野⑤。

朕念皇考、皇妣罔极之深恩，无⑥以报称。况此灵迹，岂可终废？乃用军民人等，勤劳其力，趋事赴工者，如水之流下，其功莫御，一新创建，充广殿宇，重作浮图，比之于旧，工力⑦万倍。以此胜因，上荐父皇、母后在天之灵，下为天下生民祈福，使雨旸时若，百谷丰登，家给人足，妖孽不生，灾沴不作，乃名曰"大报恩寺"。表兹胜刹，垂耀无穷。告于有众，咸使⑧知之。

---

① "之"原脱，据（明）葛寅亮撰，何孝荣点校《金陵梵刹志》卷三十一《聚宝山报恩寺》收录该敕谕补。

② "籍"原讹"藉"，据（明）葛寅亮撰，何孝荣点校《金陵梵刹志》卷三十一《聚宝山报恩寺》收录该敕谕改。

③ "崇"后原衍"庙竣"，据（明）葛寅亮撰，何孝荣点校《金陵梵刹志》卷三十一《聚宝山报恩寺》收录该敕谕删。

④ "修廊"原脱，据（明）葛寅亮撰，何孝荣点校《金陵梵刹志》卷三十一《聚宝山报恩寺》收录该敕谕补。

⑤ "草野"原脱，据（明）葛寅亮撰，何孝荣点校《金陵梵刹志》卷三十一《聚宝山报恩寺》收录该敕谕补。

⑥ "无"前原衍"朕"，据（明）葛寅亮撰，何孝荣点校《金陵梵刹志》卷三十一《聚宝山报恩寺》收录该敕谕删。

⑦ "力"原脱，据（明）葛寅亮撰，何孝荣点校《金陵梵刹志》卷三十一《聚宝山报恩寺》收录该敕谕补。

⑧ "使"原讹"始"，据（明）葛寅亮撰，何孝荣点校《金陵梵刹志》卷三十一《聚宝山报恩寺》收录该敕谕改。

御制大报恩寺左碑

朕惟佛氏之道，清净坚固以为体，慈悲利济以为用，包含无外，微妙难名，匪色相之可求，无端倪之可测，圆明普遍①，显②化无方，有③不可思议者焉。朕皇考圣神文武钦明启运俊德成功统天大孝太祖高皇帝、皇妣孝慈昭宪至仁文德承天顺圣高皇后，开创国家，协心致理，德合天地，功在生民，至盛极大，无以复加也。朕以菲德，统承大宝，负荷不易，夙夜惟勤，惕惕兢兢，祗循成宪，重惟大恩罔极，末由报称。且圣志惓惓，惟欲斯世斯民，暨一切有情，咸得其所。继述之重，其在朕躬。

仰惟如来万法之祖，弘济普度，慈誓甚深，一念克诚，宜无不应，增隆福德，斯有赖焉。南京聚宝门之外有寺，旧名长干，吴赤乌之岁所建。历世既远，兴替相因。宋真宗时，改寺额为天禧。国朝洪武中，撤而新之。岁月屡更，将复颓圮。永乐乙酉，尝命修葺。未几，厄于回禄。今特命重建，弘拓故址，加于旧规，像貌尊严，三宝完具，殿堂廊庑，辉焕一新，重造浮图，高壮坚丽，度越前代，更名曰"大报恩寺"。所以祈灵迎贶，上资福于皇考、皇妣，且祈普祐海宇生灵，及九幽滞爽，咸获济利，用仰承我皇考、妣之圣志，而表朕之孝诚。今将竣事，特志其本末④于碑，用昭示如来之道化。我皇考、皇妣之功德，配天地之广大，同日月之光明，而相为悠久于万万年。

永乐二十二年二⑤月囗日

---

①"遍"原讹"偏"，据（明）葛寅亮撰，何孝荣点校《金陵梵刹志》卷三十一《聚宝山报恩寺》收录该文改。

②"显"原讹"现"，据（明）葛寅亮撰，何孝荣点校《金陵梵刹志》卷三十一《聚宝山报恩寺》收录该文改。

③"有"原脱，据（明）葛寅亮撰，何孝荣点校《金陵梵刹志》卷三十一《聚宝山报恩寺》收录该文补。

④"末"后原衍"志"，据（明）葛寅亮撰，何孝荣点校《金陵梵刹志》卷三十一《聚宝山报恩寺》收录该文删。

⑤"二"原脱，据（明）葛寅亮撰，何孝荣点校《金陵梵刹志》卷三十一《聚宝山报恩寺》收录该文补。

御制大报恩寺右碑

夫大觉之道，肇自西域，入中国，行于天下，其要归于导民为善，一切撤其迷妄之蔽，而内诸清净安隐之域，以辅翼国家之治。而功化之①妙，下至幽冥沦滞，靡不资其开济，是以功超天地，泽及无穷。历代人主，咸崇奖信。

我国家自太祖高皇帝受命为君，功德广大，同乎覆载。太宗皇帝奉天中兴，大德丰功，海宇悦服。仁宗皇帝嗣临大宝，功隆继述，远迩归仁。三圣之心，与天为一，与佛不二，是以道高帝王，恩周普覆，四方万国，熙皥同春。朕承天序，寅奉鸿图，惟祖宗之心，操存不越；惟祖宗之道，率履弗违。至于事神爱民，一惟先志。

南京聚宝门之外，故有天禧寺，我太祖皇帝加修葺之致，清理之功。岁久而毁。太宗皇帝更新作之，名曰"大报恩寺"。上以伸圣孝，下以溥仁恩，经营之精深，规模之广大，极盛而无以加焉。垂成之日，龙舆上宾。仁宗皇帝临御，用竟厥功，制作之备，峛焉焕焉，踔立宇宙，光映日月。于以奉万德之尊，会三乘之众，永宣灵化，弘建福德，显幽万类，覆被无穷，盖自古所未有者也。其兴造之由，已见永乐甲辰御制之碑，龙章丽天②，本末完具。兹谨述三圣所以嘉厚象教之盛③心，刻文贞石，昭示悠久。

于戏！钟山巍巍，大江洋洋。圣德常存，慧化不息。亿万万年，与天同寿。

宣德三年三月十五日

广弘明集·长干寺设无碍法喜食诏

大同四年八月，月犯五车，老人星见。改造长干寺阿育王塔，出佛舍利、

①"之"原脱，据（明）葛寅亮撰，何孝荣点校《金陵梵刹志》卷三十一《聚宝山报恩寺》收录该文补。

②"天"原讹"法"，据（明）葛寅亮撰，何孝荣点校《金陵梵刹志》卷三十一《聚宝山报恩寺》收录该文改。

③"盛"原讹"圣"，据（明）葛寅亮撰，何孝荣点校《金陵梵刹志》卷三十一《聚宝山报恩寺》收录该文改。

发、爪。阿育①，铁轮王也，王阎浮一天下，一日夜役鬼神造八万四千塔。此其一焉。乘舆幸长干寺，设无碍法喜食。

诏曰：天地盈虚，与时消息，万物不得齐其蠢生，二②仪不得恒其覆载。故劳逸异年，欢惨殊日。去岁失稔，斗粟贵腾，民有困穷，遂臻斯滥。原情察咎，或有可矜。下车问罪，闻诸往诰，责归元首，实在朕躬③。若皆以法绳，则自新无路。《书》不云乎："与其④杀不辜，宁失不经。"《易》曰："随时之义，大矣哉！"今真形舍利复现于世，逢希有之事，起难遭之想。今出阿育王寺，设无碍会，耆年童齿，莫不欣悦，如积饥得食，如久别见亲，幽显归心，远近驰仰，士女霞布，冠盖云集。因时布德，允叶人灵。凡天下罪无轻重，皆赦⑤除之。

附历代⑥各名臣记

长干寺众食碑

陈·徐陵

昔炎皇肇训，稷正修官，信矣民天之言，诚哉国宝之义。自非道登正觉，安住于大般涅槃；行在真空，深入于无为般若。则菩萨应化，咸同色身；诸佛净

---

①"阿育"后原衍"王"，据（唐）释道宣《广弘明集》卷十五《出古育王塔下佛舍利诏》（《大正藏》本）删。

②"二"前原衍"二消息万物归"，据（唐）释道宣《广弘明集》卷十五《出古育王塔下佛舍利诏》删。

③"躬"原讹"弸"，据（唐）释道宣《广弘明集》卷十五《出古育王塔下佛舍利诏》改。

④"其"原脱，据《尚书·大禹谟》补。

⑤"赦"原讹"悉"，据（唐）释道宣《广弘明集》卷十五《出古育王塔下佛舍利诏》改。

⑥"历代"原讹"前明"，据后文改。按，本目下前二篇为南朝陈、宋时名臣寺记，故"前明"不准确，兹改为"历代"。

土，皆为搏①食。证常住者爰乞②乳糜，补尊者位犹假香饭。亦有三心未灭，七反余生，应会天宫，就赏龙海。况③复缮居地转，咸憩珠庭；固以皆种仙禾，并资灵粟者矣。

法师常④愿，以智慧火，烧烦恼薪，普施众生，同餐甘露。况复安居自恣，愿学高年，或次第于王城，犹栖惶于贫里。迦留乞饼，若用神通；须提请饭⑤，致贻豪贵⑥。于是思营众业，愿造坊厨，庶使应供之僧，皆同自然之食。升堂济济，无劳四辈之频⑦；高廪峨峨，恒有千食之糒⑧。其外铁市铜街，青楼紫陌，辛家黑白之里，甲第王侯之门，莫不供施相高，资储转众。法师善巧方便，沤合含⑨罗，教授滋生，随年增长。假使桑林不雨，瓠水扬波，犹厌稻粱，永无饥乏。加以五味具足，七饭芳软，饼类天厨，果同香树。羹鼎之大，殷王未逢；糜镬之深，齐都非拟。昆吾在次，皆鸣鹫岭之钟；旸谷初升，同洗龙池之钵。

---

① "搏"原讹"揣"，据（陈）徐陵撰，（清）吴兆宜注《徐孝穆集笺注》卷四（《文渊阁四库全书》本）收录该文改。

② "乞"原讹"讫"，据（陈）徐陵撰，（清）吴兆宜注《徐孝穆集笺注》卷四收录该文改。

③ "况"原讹"泛"，据（陈）徐陵撰，（清）吴兆宜注《徐孝穆集笺注》卷四收录该文改。

④ "常"原脱，据（陈）徐陵撰，（清）吴兆宜注《徐孝穆集笺注》卷四收录该文补。

⑤ "饭"原讹"饼"，据（陈）徐陵撰，（清）吴兆宜注《徐孝穆集笺注》卷四收录该文改。

⑥ "豪贵"原讹"辞责"，据（陈）徐陵撰，（清）吴兆宜注《徐孝穆集笺注》卷四收录该文改。

⑦ "频"原讹"虑"，据（陈）徐陵撰，（清）吴兆宜注《徐孝穆集笺注》卷四收录该文改。

⑧ "糒"原讹"备"，据（陈）徐陵撰，（清）吴兆宜注《徐孝穆集笺注》卷四收录该文改。

⑨ "合含"原讹"和舍"，据（陈）徐陵撰，（清）吴兆宜注《徐孝穆集笺注》卷四收录该文改。

天禧寺新建法堂记①

宋·李之仪

天禧寺及②长干道场，旧③葬释迦真身舍利。后寺废。至南唐时，为营，庐舍杂比，汗秽蹂践，无复伽蓝绪余。国初，营废，鞠为榛莽。久之，舍利数表见感应④。祥符中，僧可政状其迹并感应舍利投进，有诏复为寺。政即其表见之地⑤建塔，赐号圣感舍利宝塔。至天禧中，又赐今额。

寺拘山水形势，坐乙向辛，以越王台为案，塔之后，地势倾下。政失于迁就，不能培筑相因。始以北廊造院，为安僧之地。虽规模仅足，而狭陋劣能庇风雨。事既不正，位亦不安，以故事不复立振。元符二年，知府事温陵吕公升卿曰："是一大丛林，特主之未得其人耳。"遂请于朝廷，改十方住持。既报可，即迎致大导师永公为初祖。永，法云圆通禅师高弟，缘契都城，大作佛事，名震四方，朝廷赐方袍，加号慧严。受请入寺，顾瞻太息曰："真福地也。所以不振者，正坐不正耳。"乃于塔后增筑高垣，坛址层叠，凡下而上，积二丈三尺，深入四十尺，横亘二十丈。将起法堂，次第以正其位。

---

① 按，据（宋）李之仪《姑溪居士前集》卷三十七《天禧寺新建法堂记》（《文渊阁四库全书》本），本志收录本文其实仅为李文开头两句，叙天禧寺史文字之节略，而无新建法堂内容，且衍"按《梁书》……即高祖所开者也"一段。

检索可知，本志本文抄录自《景定建康志》或（明）葛寅亮《金陵梵刹志》。查《景定建康志》卷四十六《祠祀志三·寺观·天禧寺》（《文渊阁四库全书》本），于"政和六年，建法堂"正文后，以小字附录李之仪文，然实仅节录开头两句，其后则接以"按《梁书》，……即高祖所开者也"一段，引《梁书》记载作为"按语"叙天禧寺舍利塔、刘萨诃事迹等内容，补充寺史，而脱漏新建法堂内容。再查（明）葛寅亮撰，何孝荣点校《金陵梵刹志》卷三十一《聚宝山报恩寺》，以"天禧寺新建法堂记"为题，抄录《景定建康志》之文，而未知其实为节文且脱漏新建法堂内容，又误将与李文无关之《景定建康志》"按语"（《梁书》一段）混录入文，致文不对题，使人不知所云。本志本文文、误同于（明）葛寅亮《金陵梵刹志》，颇疑其抄录自《景定建康志》或（明）葛寅亮《金陵梵刹志》，尤其是后者。

② "及"原讹"者乃"，据（宋）李之仪《姑溪居士前集》卷三十七《天禧寺新建法堂记》改。

③ "旧"原脱，据（宋）李之仪《姑溪居士前集》卷三十七《天禧寺新建法堂记》补。

④ "后寺废。……久之，舍利数表见感应"原脱，据（宋）李之仪《姑溪居士前集》卷三十七《天禧寺新建法堂记》补。

⑤ "僧可政状其迹并感应舍利投进，有诏复为寺。政即其表见之地"原脱，据（宋）李之仪《姑溪居士前集》卷三十七《天禧寺新建法堂记》补。

　　已而，信士南昌魏德宝同其妻王氏见而喜曰："如此更易，方见形胜。"慧严因道历其详，而德宝顾其妻曰："此地不植福，更将何之？"独许作堂，且曰："不计其资，惟成是务。"慧严即鸠材庀工。未几，堂成，高明静深，万象俱发，宏丽雄特，为一方丛林之冠。俯视畴昔，无异发覆破龕，如出云霄之外。凡甓甃髹绘，总用钱五百万。慧严又建寝堂、方丈，尽所增之胜，资藉缔构。又建僧堂、厨库，移经藏于故院，随向展衍，各适其正，焕然一新，直一大丛林矣。

　　异时，德宝再至，踊跃称赞曰："非师正眼照彻，道力超异，则不能有举。非我信闻经始，则众缘何从而应！"遂请僧众转《大藏经》，修水陆斋，落成其事。又曰："丛林既新，将不下五六百众，其将何以备斋粥？"慧严曰："子于此地信有缘，而我与子殆非今日相遇者。倘如斋粥必继，则功德圆满，亦在子耳。"德宝曰："请为师买田产，买芦场，收其所入之利以继之。"慧严曰："子果有是愿，我将为子记之，以信不朽。"乃遣其徒道之走太平，属余为之记。余从慧严游久矣，又始终亲睹其事，当抑扬表发，以侈其甚盛之举。而余老且病，文思衰耗，故直书以报之。自余兴废本末，则有塔记存焉[1]。

　　按《梁书》[2]："大同三年，高祖改造阿育王塔，出旧塔下舍利及爪、发，发青绀色，众僧以手伸之，随手长短，放之则屈形如蠡形[3]。始吴时，有尼居之是地，为小精舍。孙琳寻毁除之，塔亦同泯。吴平后，诸道人复于旧处建立焉。中宗渡江，更修饰之。至简文帝咸安中，使沙门安法师程造小塔，未及成而亡。弟子僧显继而修之。至孝武太元九年，上金相轮及承露。其后，西河离石县有胡人刘萨诃，遇疾暴亡，而心下犹暖，未敢便殓。经七日，更苏，说云：'有两吏见录，至十八地狱，随报重轻，受诸毒苦。见观世音，语云：汝缘未尽。若得活，可作沙门。洛下、齐城、丹阳、会稽，并有阿育王塔，可往礼拜，则不复堕地狱。'因

───────────

　　① "至天禧中，又赐今额。……自余兴废本末，则有塔记存焉"原脱，据（宋）李之仪《姑溪居士前集》卷三十七《天禧寺新建法堂记》补。

　　② "按《梁书》"至段末原为《景定建康志》引《梁书》记载作为"按语"，误混入李之仪文，据（宋）李之仪《姑溪居士前集》卷三十七《天禧寺新建法堂记》、《景定建康志》卷四十六《祠祀志三·寺观·天禧寺》改为小字，以与李文区隔。

　　③ "如蠡形"后原衍"如鸣蚓"，据《景定建康志》卷四十六《祠祀志三·寺观·天禧寺》、《梁书》卷五十四《诸夷·海南诸国·扶南国》删。

此出家，游行礼塔，次至丹阳，未①知塔处，乃登越城，望见长干里有异气色②，因就礼拜，果是阿育王塔所放光明。由是定知有舍利，乃集众掘之。入一丈深，得三石碑，中一碑有铁函，函中有银函，银函中有金函，盛三③舍利及爪、发各一枚，长数尺。即迁舍利，近北对简文所造塔，造一层塔。十六年，沙门僧尚加为三层，即高祖所开者也。"

琉璃塔记
明行太仆寺卿鄞陈沂

南都城之南有大佛宇，孙吴时云神僧所居，南朝始有寺，因地长干，曰长干寺。赵宋改名天禧寺。国朝永乐初，大建之，准宫阙规制，名大报恩寺。故有舍利塔，文皇诏天下尽甄工之能者，造五色琉璃，备五材④百制，随质呈色，而陶埏为象，品第甲乙，钩心斗角，合而甃之，为大浮图。下周广四十寻，重屋九级，高百丈，外旋八面，内绳四方。外之门牖，实虚其四，不施寸木，皆埏埴而成。连大宫后，叠玉砌数级。上为五色莲台座，高拥寻丈。乃列朱楹八面，辟为四门，悬十有六牖于八隅，门绕以曼陀优钵昙花，壁刻以天王金刚四部大神，具头目手足异相⑤，冠簪缨胄、衣带锁甲⑥异制，戈戟轮铎器饰异执，种种不类。载以狮象，承以棼橑，井拱翔起，光彩璀璨。覆以碧瓦鳞次，螭头豹尾，交结上下。又蔽以镂槛雕楹，青锁绣闼于外。二级至九级，不设锁闼，惟楹槛皆朱，壁

---

①　"未"原讹"考"，据《景定建康志》卷四十六《祠祀志三·寺观·天禧寺》、《梁书》卷五十四《诸夷·海南诸国·扶南国》改。

②　"气色"原讹"色形"，据《景定建康志》卷四十六《祠祀志三·寺观·天禧寺》、《梁书》卷五十四《诸夷·海南诸国·扶南国》改。

③　"三"原脱，据《景定建康志》卷四十六《祠祀志三·寺观·天禧寺》、《梁书》卷五十四《诸夷·海南诸国·扶南国》补。

④　"材"原讹"彩"，据（明）葛寅亮撰，何孝荣点校《金陵梵刹志》卷三十一《聚宝山报恩寺》、康熙《江宁府志》卷三十一《寺观上》（题作"报恩寺琉璃浮图记"）各收录该文改。

⑤　"相"原脱，据（明）葛寅亮撰，何孝荣点校《金陵梵刹志》卷三十一《聚宝山报恩寺》、康熙《江宁府志》卷三十一《寺观上》（康熙刻本）（题作"报恩寺琉璃浮图记"）各收录该文补。

⑥　"甲"原脱，据（明）葛寅亮撰，何孝荣点校《金陵梵刹志》卷三十一《聚宝山报恩寺》、康熙《江宁府志》卷三十一《寺观上》（题作"报恩寺琉璃浮图记"）各收录该文补。

皆黝。至榱拱则间以玄朱①，其花萼旋绕，牖户悬辟之制，皆如初级焉。

尽九级之上，为铁轮盘。盘上轮相叠起数刃，冠以黄金宝珠顶，维以铁緤，坠以金铃。每级飞檐，皆悬鸣铎，明牖以蚌蛎薄叶②障之，胃出楹外，凡百四十有四。昼则金碧照耀云际，夜则百四十有四篝灯，如火龙自天而降，腾焰数十里，风铎相闻数里，响振雨夜。舍利如火珠数颗，次第出入轮相间有声。浮图之内，悬梯百蹬，旋转而上。每层布地以金，四壁皆方尺小释像，各具诸佛如来因缘，凡百种，极致精巧，眉发悉具，布砌周遍。井拱叠起，皆青碧穹覆如华盖。列牖设篝灯处，若蜗壳③宛转，一窍穿出。门至绝级，亦洞敞，首不低缩。出檐槛外，则心神惶怖，不能久伫。四顾群山、大江，关阻旁达，无远不在；近观宫城、廨舍、陆衢、水道、民居、巷市、人物，往来动息，罔不毕见。飞鸟流云，常俯视在下矣。

游报恩寺塔记略
明南刑部尚书王世贞

寺之二山门、前后殿、周庑，久委劫火，独一塔在。塔，故文皇下京师，篡④大宝，倾天下之财力焉，为高帝及后营福者也。其雄丽冠于千⑤浮图，金轮耸出云表，与日竞丽。余剧欲一登之，而僧颇尼以不任。余乃易便服、行縢，凭小吏肩而上。甫三级，则已下视万雉矣。级益高，阶益峻，两股蹜蹜者久之。强

---

①"朱"原讹"珠"，据（明）葛寅亮撰，何孝荣点校《金陵梵刹志》卷三十一《聚宝山报恩寺》、康熙《江宁府志》卷三十一《寺观上》（题作"报恩寺琉璃浮图记"）各收录该文改。

②"叶"原讹"业"，据（明）葛寅亮撰，何孝荣点校《金陵梵刹志》卷三十一《聚宝山报恩寺》、康熙《江宁府志》卷三十一《寺观上》（题作"报恩寺琉璃浮图记"）各收录该文改。

③"壳"原讹"角"，据（明）葛寅亮撰，何孝荣点校《金陵梵刹志》卷三十一《聚宝山报恩寺》、康熙《江宁府志》卷三十一《寺观上》（题作"报恩寺琉璃浮图记"）各收录该文改。

④"篡"原讹"纂"，据（明）王世贞《弇州山人四部续稿》卷六十四《游牛首诸山记》（《文渊阁四库全书》本）；（明）葛寅亮撰，何孝荣点校《金陵梵刹志》卷三十一《聚宝山报恩寺》收录该文改。按，本文抄录自《金陵梵刹志》，《金陵梵刹志》之文则为节略《游牛首诸山记》中游报恩寺塔部分，故取名《游报恩寺塔记略》，题后注"《游牛首诸山记》内摘出"。

⑤"千"原脱，据（明）王世贞《弇州山人四部续稿》卷六十四《游牛首诸山记》；（明）葛寅亮撰，何孝荣点校《金陵梵刹志》卷三十一《聚宝山报恩寺》收录该文补。

自奋，尽九级，宫殿樛郁，万栋节历，与平畴相映。长江如白龙蜿蜒而来，惟钟山紫气，与天阙、方山不相伏，余无所不靡。塔四周镌四[①]天王、金刚[②]护法神，中镌如来像，俱用白石，精细巧致若鬼工，余摩娑久之。

大报恩寺徐府汇善庵缘启

永乐二十二年，有南京僧录司右觉义妙乘，系南京大功坊中山王府下人也。于洪武十九年舍送天禧寺出家，投礼僧玹清为师。洪武二十一年二月内，魏国公徐辉祖于奉天门口奏："臣父亲在时，有个小的，愿舍与天禧寺，替臣父亲出家。"奉圣旨："着他天禧寺出家。钦此。"当年披剃，请给礼部"宙"字七十号度牒。洪武二十二年三月内，给到僧录司"地"字一百六十三号半印勘合。洪武二十三年，游方至凤阳搓[③]芽山修行。洪武二十五年，魏国公徐辉祖于奉天门奏："臣家有个出家的小和尚，在凤阳搓芽山归山。"钦奉圣旨："仍着他回来，天禧寺盖庵，与他住。钦此。"洪武二十九年二月十七日，右军左都督徐增寿晚朝于奉天门奏："臣天禧寺有个和尚，是臣父亲舍出家的。"钦奉圣旨："是，着他天禧寺住。钦此。"永乐六年正月二十六日，僧妙乘于灵谷寺口奏："臣僧有师父清古涧，仁孝皇后曾请礼为师，现今年老，无处养老。有北门桥乌龙潭，原系古刹白塔永庆寺。"钦奉圣旨："与你修盖，着你师父养老。钦此。"永乐二十二年十月初二日，于右顺门钦奉圣旨："妙乘与你僧录司做右觉义，住持汇善庵，到任管事。钦此。"是僧由此庵之始也。

当开国时，君臣咨诹，霭若家人。而今将二百年后，犹存此残石。回思当日之立庵、剃度，岂非绍隆三宝之一大因缘也哉！自今而往，守此庵者，其毋忘傚

①"四"后原衍"壁"，据（明）王世贞《弇州山人四部续稿》卷六十四《游牛首诸山记》；（明）葛寅亮撰，何孝荣点校《金陵梵刹志》卷三十一《聚宝山报恩寺》收录该文删。

②"刚"后原衍"之"，据（明）王世贞《弇州山人四部续稿》卷六十四《游牛首诸山记》；（明）葛寅亮撰，何孝荣点校《金陵梵刹志》卷三十一《聚宝山报恩寺》收录该文删。

③按，"搓"疑应作"槎"。检索史籍，未见"搓牙山"；"槎芽山"，据（明）宋濂《护法录》卷九《蒲庵禅师画像赞》（《嘉兴藏》本），洪武十六年，僧录司左觉义来复"钦发凤阳府槎芽山圆通院修寺住坐"。

始，勉之可也。

崇祯己卯孟冬朔日，

前军都督同知、荫袭魏国公徐久爵重刊

国朝名臣记

报恩寺重建万佛阁记_{万佛阁即宋之法堂址}

报恩浮图之胜，名甲寰中。其下有阿育王舍利之灵异之迹，时时显见，任人耳目。其左为大禅殿，后为万佛阁，相传故少师姚恭靖①公说法堂址也。规制闳杰，香烟秘馣，远近赡礼，鹫院伟观，旧矣。戊子孟夏，行者不戒于火，遂使巍峨丹碧，立成煨烬。如是者八年所，荒榛满目，景象瑟然，游人惝恍咨嗟，孰不咤为胜地缺事！值时方俶扰，间左空匮，无计复睹峥嵘。休然长老发大愿力，跏趺蓬席者匝岁，宰官长者尚公檀施护法，十方信善云委源输，金縠不胫而集，爰庀材鸠工，丁丁翁翁，鳞鳞翼翼，兴役于壬辰夹钟，以甲午阳月落成。梓础轮奂②，翚革壮丽，一准原式，丹雘晶彩，金碧荧煌。阁上下像设，以及净室、斋堂、厨库，一还旧观。阁后垣门，更辟余地，创维摩、文殊、庞居士像其中。两厢为翻藏屋，左右承隅缘溜，合十二楹，则昔无而今有者。

是役也，费白镪三千余金，米若干石，咸因闻而喜舍，未尝持钵沿门，顿变焦墟为灵境。焕乎诸佛，于人天异哉！夫建寺者，岂得以一手一足办？自非本真实心，行真实行，欲其感孚捷应如此，何可得也！以此知尚公诚信协人，仁声著特。加之五老，戒律精严，慈悲普度，故能胜因化愚，而慧力摄悭，使贫者不有其力，富者不有其财，当凋③敝之秋，一旦共然成就大因缘功德，璀灿崧峉，

---

①"靖"原讹"请"，据《明太宗实录》卷一百九十八永乐十六年三月戊寅条改。按，《明太宗实录》记载，永乐十六年三月戊寅，太子少师姚广孝卒，明成祖"悼惜之"，赐祭葬，赠官，"谥恭靖"。

②"奂"原缺，据文意补。

③"凋"原讹"周"，据文意改。按，"凋敝"意为衰败、破败、困乏，"周敝"不通顺。

庄严圆满，赞叹具足，无少毛发亏欠①，且复有心于前，诚所谓一人发心归圆，十方尽皆回向者乎？从此四时梵呗，二六香灯，传少林之心印，作东土之津梁，千百年永永无穷，利益佛事，不愧此山第一香火。奚若能更传一法，则有不住一相，而行布施？法在如此，则大师、长者、檀信，禅悦福德，性又安在乎？

长老法讳性天，河南祥符人。宰官尚公讳三畏，山西蒲州人。记其事者，前史氏蜀人陈盟也。诸布施善信、长者居士，法俱得列②名碑阴。

顺治乙未季夏月之吉，
前吏部侍郎兼翰林院侍读学士、蜀人陈盟撰

《折疑梵刹志》卷之二终

---

① "欠"原讹"久"，据文意改。
② "列"原讹"利"，据文意改。

卷 三

附前明《钦录集》

【折疑】志内所有各上谕，皆系藩司内卷。今悉行采入，不致后世有负本朝之恩沐矣。

癸丑洪武六年

普给天下僧度牒。前代多计僧鬻牒，名曰免丁钱。诏特蠲之。

丙辰洪武九年

试经，给沙门度牒。

丁巳洪武十年

三月十三日，礼部尚书张等奉天门奏准，奉圣旨："就批本着落礼部知道，一切南北僧、道，不论头陀人等、有道善人，但有愿归三宝，或受五戒，或受十戒，持斋戒酒，习学经典，明心见性，僧俗善人，许令赍持戒牒，随身执照，不论山林城郭，乡落村中，恁他结坛上座，拘集僧人俗众，日则讲经说教，度化一方，夜则取静修心。钦此。"

戊午洪武十一年

礼部郎中袁子文建言度僧，诏许之。

五月十三日，赐僧诰命。

辛酉洪武十四年

六月二十四日，礼部为钦依开设僧、道衙门事。照得释、道二教，流传已久，历代以来，皆设官以领之。天下寺观僧道数多，未有总属，爰稽宗制，设置①僧、道衙门，以掌其事，务在恪守戒②律，以明教法。所有事宜，开列于后：

一、在京设置僧录司、道录司，掌管天下僧、道，选精通经典、戒行端洁者铨之。其在外布政、府、州、县，各设僧纲、僧正、僧会、道纪等司衙门，分掌其事。

僧录司掌天下僧教事。善世二员，正六品：左善世、右善世；阐教二员，从六品：左阐教、右阐教；讲经二员，正八品：左讲经、右讲经；觉义二员，从八品：左觉义、右觉义。各府僧纲司掌本府僧教事务，都③纲一员，从九品；副都纲一员。各州僧正司掌本州僧教事务，僧正一员。各县僧会司掌本县僧教事务，僧会一员。

一、各府、州、县寺观僧道，并从僧录司、道录司取勘，置文册，须要开写某僧、某道姓名、年甲、某布政司某府某州某县籍、某年于某寺观出家、受业某

---

① "置"原讹"制"，据（明）葛寅亮撰，何孝荣点校《金陵梵刹志》卷二《钦录集》（南京出版社2017年版）洪武十四年辛酉条改。

② "戒"原脱，据（明）葛寅亮撰，何孝荣点校《金陵梵刹志》卷二《钦录集》洪武十四年辛酉条补。

③ "都"前原衍"正"，据（明）葛寅亮撰，何孝荣点校《金陵梵刹志》卷二《钦录集》洪武十四年辛酉条删。

师、先为行童几载、至某年至某施主披剃簪戴、某年给受度牒，逐一开报。

一、供报各处有额寺、观，须要明白开写本寺、本观始于何朝，何僧、何道启建，或何善人施舍。

一、僧、道录司衙门，全依宋朝，官不支俸，吏与皂隶合用人数，并以僧、道及佃仆人等为之。

一、僧、道录司官体统，与钦天监相同①。出入许依合用本品伞盖，遇官高者即敛之。

一、各处寺、观住持，从本处僧、道衙门举保有戒行、老成、谙通经典者，申送本管衙门，转申僧录司、道录司考试，中式，具申礼部奏闻。

一、各府、州、县未有度牒僧、道，许本管僧、道衙门具名，申解僧纲司、道纪司，转申僧录司、道录司考试，能通经典者具申礼部，类奏出给。

一、在京、在外僧、道衙门，专一检束僧、道，务要恪守戒律，阐扬教法。如有违犯清规，不守戒律，及自相争讼者，听从究治，有司不许干预。若犯奸盗非为，但与军民相涉，在京申礼部酌审，情重者送问，在外即听有司断理。

壬戌洪武十五年

三月初六日，曹国公钦奉圣旨："天下僧、道的田土，法不许买。僧穷寺穷，常住田土，法不许卖。如有似此之人，籍②没家产。钦此。"

四月二十二日，准吏部咨，除授各僧、道录司，咨本部知会：

僧录司：左善世戒资，右善世宗泐，左阐教智辉，右阐教仲羲，左讲经玘太璞③，右讲经仁一初，左觉义来复，右觉义宗邑。

---

①"同"原讹"通"，据（明）葛寅亮撰，何孝荣点校《金陵梵刹志》卷二《钦录集》洪武十四年辛酉条改。

②"籍"原讹"藉"，据（明）葛寅亮撰，何孝荣点校《金陵梵刹志》卷二《钦录集》洪武十五年条改。

③按，"璞"，（明）葛寅亮撰，何孝荣点校《金陵梵刹志》卷二《钦录集》洪武十五年条作"朴"。据（明）释如惺《大明高僧传》卷三《杭州演福寺沙门释如玘传》（上海古籍出版社1991年版），释如玘，字具庵，别号太朴，或作太璞。

四月二十五日，礼部为钦依开设僧、道衙门事。今将定列本司官员职掌事理开坐前去①，仰照验遵依施行：

一、戒资掌印，宗泐封印。凡有施行诸山，须要众僧官圆坐署押，眼同用印。但有一员不到，不许辄用。差、故者，不在此限。

一、戒资②提督众僧坐禅，参悟公案，管领教门之事。

一、智辉、仲羲亦督修者坐禅。

一、如玘、守仁接纳各方施主，发明经教。

一、来复、宗㘭检束诸山僧行，不入③清规者，以法绳之。并掌天界寺一应钱粮产业，及④各方布施财物，置立文簿，明白稽考。其各僧官职掌⑤之事，宗㘭皆须兼理。

一、考试天下僧人能否，公同圆议，具实奏闻。

命鞍辔局大使黄立恭修天禧寺塔。

五月二十一日，礼部照得佛寺之设⑥，历代⑦分为三等，曰禅，曰讲，曰教。其禅，不立文字，必见性者，方是本宗。讲者，务明诸经旨义。教者，演佛利济之法，消一切见造⑧之业，涤死者宿作之愆，以训世人。

六月十七日，本部官于奉天门钦奉圣旨："各处府分止设僧纲司、道纪司，就管附郭县僧、道⑨，附郭县⑩不必再设僧会司、道会司。钦此。"本部钦遵

---

① "去"原脱，据（明）葛寅亮撰，何孝荣点校《金陵梵刹志》卷二《钦录集》洪武十五年条补。

② "戒资"后原衍"宗泐"，据（明）葛寅亮撰，何孝荣点校《金陵梵刹志》卷二《钦录集》洪武十五年条删。

③ "入"前原衍"许污"，据（明）葛寅亮撰，何孝荣点校《金陵梵刹志》卷二《钦录集》洪武十五年条删。

④ "及"原脱，据（明）葛寅亮撰，何孝荣点校《金陵梵刹志》卷二《钦录集》洪武十五年条补。

⑤ "掌"原脱，据（明）葛寅亮撰，何孝荣点校《金陵梵刹志》卷二《钦录集》洪武十五年条补。

⑥ "之设"原倒，据（明）葛寅亮撰，何孝荣点校《金陵梵刹志》卷二《钦录集》洪武十五年条改。

⑦ "代"原讹"化"，据（明）葛寅亮撰，何孝荣点校《金陵梵刹志》卷二《钦录集》洪武十五年条改。

⑧ "造"原讹"在"，据（明）葛寅亮撰，何孝荣点校《金陵梵刹志》卷二《钦录集》洪武十五年条改。

⑨ "僧、道"原脱，据（明）葛寅亮撰，何孝荣点校《金陵梵刹志》卷二《钦录集》洪武十五年条补。

⑩ "附郭县"原脱，据（明）葛寅亮撰，何孝荣点校《金陵梵刹志》卷二《钦录集》洪武十五年条补。

施行。

癸亥洪武十六年

五月二十一日早朝，僧录司官于奉天门钦奉圣旨："即今瑜伽显密法事仪式，及诸真言密咒，尽行考较稳当，可为一定成规，行于天下诸山寺院，永远遵守，为孝子顺孙慎终追远之道，人民州里之间祈禳伸情之用。恁僧录①司行文书，与诸山住持，并各处僧官知会，俱各差僧赴京，于内府关领法事仪式，回还习学。后三年，凡持瑜伽教僧赴京试验之时，若于今定成规仪式通者，方许为僧；若不省解，读念且生，须容周岁再试。若善记诵，无度牒者，试后就当官②给与。如不能者，发为民庶。钦此。"

甲子洪武十七年③

礼部为减繁事。照得本部出给僧、道度牒，自洪武十五年五月内设僧、道衙门，至洪武十七年闰十月终，给过僧、道度牒二万九百五十四④名，即日申请⑤不绝，妨占有司差役。本部议得一次出给，庶得其便益。洪武十七年闰十月二十九日，本部尚书赵瑁等官于奉天门奏，奉圣旨："三年一次出给的是⑥。照旧日试他⑦那几般经，通晓得与他度牒。恁礼部行个令与他知道。钦此。"除外，令将榜文随此前去，合下仰照验，即便行移⑧各处僧、道衙门，自洪武十七

---

①"录"原讹"纲"，据（明）葛寅亮撰，何孝荣点校《金陵梵刹志》卷二《钦录集》洪武十六年条改。

②"官"原脱，据（明）葛寅亮撰，何孝荣点校《金陵梵刹志》卷二《钦录集》洪武十六年条补。

③"甲子洪武十七年"原脱，据文意及《明太祖实录》卷一百六十七洪武十七年闰十月癸亥条补。

④"四"原脱，据（明）葛寅亮撰，何孝荣点校《金陵梵刹志》卷二《钦录集》洪武十七年甲子条补。

⑤"请"原讹"许"，据（明）葛寅亮撰，何孝荣点校《金陵梵刹志》卷二《钦录集》洪武十七年甲子条改。

⑥"是"原脱，据（明）葛寅亮撰，何孝荣点校《金陵梵刹志》卷二《钦录集》洪武十七年甲子条补。

⑦"他"后原衍"是"，据（明）葛寅亮撰，何孝荣点校《金陵梵刹志》卷二《钦录集》洪武十七年甲子条删。

⑧"行移"原讹"宜"，据（明）葛寅亮撰，何孝荣点校《金陵梵刹志》卷二《钦录集》洪武十七年甲子条改。

年十一月初一日截日住罢，候至洪武二十一年为始^①，方许^②请给。其考试僧、道，务要依奉榜文内事理施行，毋得将不识经典僧、道朦胧申请，违错不便。

乙丑洪武十八年

三月初五日，本部官于奉天门钦奉圣旨："云南来的那十个僧人，恁礼部依先的僧人一般，与他文书，着他去浙江地面里游玩。所至寺院，即令随堂。钦此。"本^③部给批，付僧妙闻等钦遵前去游方，仰各处僧纲、僧会司，如遇各僧到寺，即令随堂。咨兵部应付脚力，送至镇江交卸，听从游玩。

十月二十八日，本部官于奉天门钦奉圣旨："金齿来的僧，恁礼部与文书，着他去浙江地面里游玩。钦此。"札付应天府应付脚力，递送至镇江府，听从游玩。

丙寅洪武十九年

敕天下寺院有田粮者设砧基道人，一应差役，不许僧膺。

八月初八日，礼部奏："据僧性海等告给护持山门榜文。"钦奉圣旨："出榜与寺家张挂，禁治诸色人等，毋许轻慢佛教，骂詈僧人，非礼搅扰。违者，本处官司约束。钦此。"钦遵出给^④榜文，颁行天下各寺，张挂禁约。

八月十六日，本部官于奉天门钦奉圣旨："云南僧人性海等回还，与他递运船只。钦此。"咨兵部钦遵施行。该驿传送来京。钦此^⑤。

---

①"始"原讹"许"，据（明）葛寅亮撰，何孝荣点校《金陵梵刹志》卷二《钦录集》洪武十七年甲子条改。

②"许"原讹"始"，据（明）葛寅亮撰，何孝荣点校《金陵梵刹志》卷二《钦录集》洪武十七年甲子条改。

③"本"前原衍"钦遵前去游方"，据（明）葛寅亮撰，何孝荣点校《金陵梵刹志》卷二《钦录集》洪武十八年乙丑条删。

④"给"原脱，据（明）葛寅亮撰，何孝荣点校《金陵梵刹志》卷二《钦录集》洪武十九年丙寅条补。

⑤按，"该驿传送来京。钦此"，（明）葛寅亮撰，何孝荣点校《金陵梵刹志》卷二《钦录集》洪武十九年丙寅条无此句。以"钦此"看，此句当为"圣旨"，然句前无"钦奉圣旨"字样，故颇显突兀。疑其为衍文，或本志另有所据，待考。

丁卯洪武二十年

四月十一^①日，礼部尚书崔等复奉圣旨："将戒牒颁行天下，重出晓谕。钦此。"

五月二十六日，鞍辔局大使黄立恭于大庖西钦奉圣旨："当江沙芦场，你天禧寺与灵谷寺平分。钦此。"

戊辰洪武二十一年

迁僧录司于天禧寺。试经度^②僧，给与度牒。

三月十四日，僧录司左善世弘道等于中右门钦奉圣旨："恁僧录司行文书各处僧司去，有讨度牒的僧，二十已上的发去乌蛮、曲靖等处，每三十里造一座^③庵，以自耕自食，就化他一境的人。钦此。"

四月二十六日，僧录司左善世弘道等于奉天门钦奉圣旨："天禧^④等寺，系京刹大寺，今后缺大住持，务要丛林中选举有德行僧人，考试各通本教，方许着他住持，毋得滥举^⑤。钦此。"

己巳洪武二十二年

八月初九^⑥日，僧录司申："该本月初一日早，本司左善世弘道等于奉天门钦奉圣旨：'西河洮州等处，多有不曾开设僧司衙门，恁僧录司差汉僧、番僧去

---

① "一"原讹"五"，据（明）葛寅亮撰，何孝荣点校《金陵梵刹志》卷二《钦录集》洪武二十年条改。

② "度"原脱，据（明）葛寅亮撰，何孝荣点校《金陵梵刹志》卷二《钦录集》洪武二十一年戊辰条补。

③ "座"原脱，据（明）葛寅亮撰，何孝荣点校《金陵梵刹志》卷二《钦录集》洪武二十一年戊辰条补。

④ 按"天禧"，（明）葛寅亮撰，何孝荣点校《金陵梵刹志》卷二《钦录集》洪武二十一年戊辰条原作"灵谷、天界、天禧、能仁、鸡鸣"。

⑤ "举"后原衍"人"，据（明）葛寅亮撰，何孝荣点校《金陵梵刹志》卷二《钦录集》洪武二十一年戊辰条删。

⑥ "九"原讹"六"，据（明）葛寅亮撰，何孝荣点校《金陵梵刹志》卷二《钦录集》洪武二十二年条改。

打点，着本处官司就举选通佛①法的僧人，发来考试，除授他去。钦此。'选到有汉僧、番僧一十名。本月初八日，本司左善世弘道等于奉天门奏，奉圣旨：'着礼部出札付，恁僧录司出文书与他，八月二十日起程去。钦此。'当即将僧花名申部，钦遵施行。"

八月十七日，僧录司左善世弘道等于奉天门丹陛奏："天禧寺管塔和尚福兴带铁牌点灯不便。"奉圣旨："舒了他。钦此。"

庚午洪武二十三年②

三③月二十三日，僧录司蒙给事中差力士钦依宣："天禧寺僧官明日早朝来，先取知帖回报。"

辛未洪武二十四年

五月初九日，左讲经守仁又奏："天禧等寺廊房开铺的，多是句容县人。"奉圣旨："教他起去，着苏、杭人来开铺，教他把旧日的文书照出关去。钦此。"

附前明《申明佛教榜册》

六月初一日，钦奉圣旨："佛教之始，自东汉明帝夜有金人入梦。是后法自西来，明帝敕臣民愿崇敬者许。于是臣民从者众，所在建立佛刹。当时好事者，在法入之初，有去须发而舍俗出家者，有父母以儿童子出家者。其所修也，本苦空，甘寂寞，去诸相欲，必欲精一己之英灵。当是时，佛教大彰，群修者虽不能尽为圆觉实在修行，次第之间，岂有与俗混淆，与常人无异者？今天下僧寺，以

①"佛"原脱，据（明）葛寅亮撰，何孝荣点校《金陵梵刹志》卷二《钦录集》洪武二十二年条补。

②"庚午洪武二十三年"原脱，据（明）葛寅亮撰，何孝荣点校《金陵梵刹志》卷二《钦录集》洪武二十三年条补。

③"三"原讹"八"，据（明）葛寅亮撰，何孝荣点校《金陵梵刹志》卷二《钦录集》洪武二十三年条改。

上古刹，皆^①列圣相继而兴^②者。

　　佛之教，本中国之异教也。设使尧舜禹汤之时，遇斯阐演，未审兴止何如哉？今佛法自汉入中国，历历数者一千三百三十年，非一姓为君而有者也。所以不磨灭者为何？以其务生不杀也，其本面家风，端在苦空寂寞。今天下之僧，多与^③俗混淆，尤不如俗者甚多，是皈^④其教而^⑤败其行，理当清其事而成其宗。令一出，禅者禅，讲者讲，瑜伽者瑜伽，各承宗派，集众为寺。有妻室愿还俗者听，愿弃离者听。僧录司一如朕命，行下诸山，振扬佛法以善世。仍条于后：

　　一、自经兵之后，僧无统纪。若府若州，合令僧纲司、僧正司验倚^⑥郭县分，僧会司验本县，僧人杂处民间者，见其实数，于见有佛刹处，会众以成丛林，守清规以安禅。其禅者，务遵本宗公案，观心目形，以证善果。讲者，务遵释迦四十九秋妙音之演，以导愚昧。若瑜伽者，亦于见佛刹处，率众熟演显密之教，应供是方，足孝子顺孙报祖父母劬劳之恩。以世俗之说，斯教可以训世；以天下之说^⑦，其佛之教阴翊王度可也。

　　一、令之后，敢有不入丛林，仍前私有眷属，潜住民间，被人告发到官，或官府拿住，必枭首以示众。容隐窝藏者，流三千里。

　　一、显、密之教，轨^⑧范科仪，务遵洪武十六年颁降格式。内其演唱者，除

---

　　①"皆"原脱，据（明）释幻轮《释鉴稽古略续集》卷二（江苏广陵古籍刻印社1992年版）洪武二十四年条；（明）葛寅亮撰，何孝荣点校《金陵梵刹志》卷二《钦录集》洪武二十四年条补。

　　②"兴"原讹"较"，据（明）释幻轮《释鉴稽古略续集》卷二洪武二十四年条；（明）葛寅亮撰，何孝荣点校《金陵梵刹志》卷二《钦录集》洪武二十四年条改。

　　③"与"原讹"有以"，据（明）释幻轮《释鉴稽古略续集》卷二洪武二十四年条；（明）葛寅亮撰，何孝荣点校《金陵梵刹志》卷二《钦录集》洪武二十四年条改。

　　④"皈"原讹"等"，据（明）释幻轮《释鉴稽古略续集》卷二洪武二十四年条；（明）葛寅亮撰，何孝荣点校《金陵梵刹志》卷二《钦录集》洪武二十四年条改。

　　⑤"而"原讹"有"，据（明）释幻轮《释鉴稽古略续集》卷二洪武二十四年条；（明）葛寅亮撰，何孝荣点校《金陵梵刹志》卷二《钦录集》洪武二十四年条改。

　　⑥"倚"后原衍"强"，据（明）释幻轮《释鉴稽古略续集》卷二洪武二十四年条；（明）葛寅亮撰，何孝荣点校《金陵梵刹志》卷二《钦录集》洪武二十四年条删。

　　⑦"说"原脱，据（明）释幻轮《释鉴稽古略续集》卷二洪武二十四年条；（明）葛寅亮撰，何孝荣点校《金陵梵刹志》卷二《钦录集》洪武二十四年条补。

　　⑧"轨"原讹"仪"，据（明）释幻轮《释鉴稽古略续集》卷二洪武二十四年条；（明）葛寅亮撰，何孝荣点校《金陵梵刹志》卷二《钦录集》洪武二十四年条改。

内外部真言难以字译，仍依西夷之语，其中最密者，惟是所以曰密。其余番译经①及道场内接续词情，恳切交章，天人鬼神，咸可闻知者，此其所以曰显。于兹科仪之礼，明则可以达人，幽则可以达鬼。不比未编之先，俗僧愚士，妄为百端②，讹舛规矩，贻笑智人，鬼神不达。此令一出，务谨遵，毋增减，为词讹舛紊乱。敢有违者，罪及首僧及习讹谬者。

一、令出之后，有能忍辱，不居③市廛，不混时俗，深入崇山，刀耕火种，侣影俦灯，甘苦空寂寞于山林之下，意在以英灵出三界者听。

一、瑜伽僧既入佛刹，已集成众。赴应世俗，所酬之资，验日验僧，每一日每一僧钱五百文。假若好事三日，一僧合得钱一千五百文。主④磬、写疏⑤、召请三执事，凡三日道场，每僧各一⑥千文。

一、道场诸品经咒布施则例：《华严经》一部，钱一万文；《般若经》一部，钱一万文；内外部真言，每部钱二千文；《涅槃经》一部，钱二千文；《梁武忏》一部，钱一千文；《莲华经》一部，钱一千文；《孔雀经》一部，钱一千文；《大宝积经⑦》一部，钱一万文；《水忏》一部，钱五百文；《楞严咒》一会，钱五百文。已上诸经施钱，诵者三分得一，二分与众均分，云游暂遇者同例。若有好事者额外布施，或施主亲戚邻里朋友乘斋下衬者，不在此限。

一、陈设诸佛像及香灯供给阇黎等项劳役，钱一千文。

---

①"经"原讹"之"，据（明）释幻轮《释鉴稽古略续集》卷二洪武二十四年条；（明）葛寅亮撰，何孝荣点校《金陵梵刹志》卷二《钦录集》洪武二十四年条改。

②"端"原脱，据（明）释幻轮《释鉴稽古略续集》卷二洪武二十四年条；（明）葛寅亮撰，何孝荣点校《金陵梵刹志》卷二《钦录集》洪武二十四年条补。

③"不居"原脱，据（明）释幻轮《释鉴稽古略续集》卷二洪武二十四年条；（明）葛寅亮撰，何孝荣点校《金陵梵刹志》卷二《钦录集》洪武二十四年条补。

④"主"后原衍"疏"，据（明）释幻轮《释鉴稽古略续集》卷二洪武二十四年条；（明）葛寅亮撰，何孝荣点校《金陵梵刹志》卷二《钦录集》洪武二十四年条删。

⑤"写疏"原脱，据（明）释幻轮《释鉴稽古略续集》卷二洪武二十四年条；（明）葛寅亮撰，何孝荣点校《金陵梵刹志》卷二《钦录集》洪武二十四年条补。

⑥"一"原讹"五"，据（明）释幻轮《释鉴稽古略续集》卷二洪武二十四年条；（明）葛寅亮撰，何孝荣点校《金陵梵刹志》卷二《钦录集》洪武二十四年条改。

⑦"经"原讹"忏"，据（明）释幻轮《释鉴稽古略续集》卷二洪武二十四年条；（明）葛寅亮撰，何孝荣点校《金陵梵刹志》卷二《钦录集》洪武二十四年条改。

　　一、凡僧与俗斋，其合用文书务依修斋行移体式，除一表、三申、三牒、三帖、三疏、三榜外，不许文繁，别立名色，妄费纸札，以耗民财。

　　一、今后所在僧纲、僧正、僧会去处，其诸散寺应供民间者，听从僧、民两便。愿请者，愿往任从之。僧纲、僧正、僧会毋得恃以上司，出帖非为拘钤，假此为名，巧取散寺民施。此等之例，自宋①、元无大概。只因曩者，天下兵争之日，朕居金陵，军士在征者多，金陵在城巨细僧寺庵观数多，当是天界一寺，重门楼观，金碧荧煌，可谓寺之大者矣，其斋僧布施者②鲜入其内。其房一间为庵，三五间为寺。道观如之，朝天宫亦然。金碧荧煌，重门楼观，人皆不入③。其香火灯烛，昼夜不息，施于小庵小舍，何也？实非求福，乃构淫佚，败常乱俗。

　　当是时，朕将诸寺院庵观一概屏除之，僧不分禅、讲、瑜伽④，尽入天界寺；道不分正一、全真，俱入朝天宫。于斯之时，僧、道出入，颇有可观。然一二载间，天界首僧慧昙信从群小不才，如忘瑜伽诸僧，假以出入有验，凡有经斋去处，验帖验⑤僧而出，其归也，巧取民施，以为常例，如此剥削瑜伽诸僧。近年以来，分寺清宗，禅者禅，讲者讲，瑜伽者瑜伽，天界不复斯例矣。

　　即今能仁寺首僧，不悟天界寺首僧为非，仍前拘散⑥寺僧人，出入是为不便，巧取是为贪财。出帖一节，验本寺出入则可，取财则不可。此令一晓谕，悉令改过，从各有缘僧有道高行深者，或经旨精通者，檀越有所慕，从其斋礼，毋

---

　　①"宋"原讹"宗"，据（明）释幻轮《释鉴稽古略续集》卷二洪武二十四年条；（明）葛寅亮撰，何孝荣点校《金陵梵刹志》卷二《钦录集》洪武二十四年条改。

　　②"者"原脱，据（明）释幻轮《释鉴稽古略续集》卷二洪武二十四年条；（明）葛寅亮撰，何孝荣点校《金陵梵刹志》卷二《钦录集》洪武二十四年条补。

　　③"人皆不入"原讹"入皆见"，据（明）释幻轮《释鉴稽古略续集》卷二洪武二十四年条；（明）葛寅亮撰，何孝荣点校《金陵梵刹志》卷二《钦录集》洪武二十四年条改。

　　④"伽"原脱，据（明）释幻轮《释鉴稽古略续集》卷二洪武二十四年条；（明）葛寅亮撰，何孝荣点校《金陵梵刹志》卷二《钦录集》洪武二十四年条补。

　　⑤"凡有经斋去处，验帖验"原脱，据（明）释幻轮《释鉴稽古略续集》卷二洪武二十四年条；（明）葛寅亮撰，何孝荣点校《金陵梵刹志》卷二《钦录集》洪武二十四年条补。

　　⑥"散"原讹"首"，据（明）释幻轮《释鉴稽古略续集》卷二洪武二十四年条；（明）葛寅亮撰，何孝荣点校《金陵梵刹志》卷二《钦录集》洪武二十四年条改。

以法拘。敢有仍前倚势拘钤者，其僧纲、僧正、僧会杖一百，工役三年。

一、瑜伽之教，显、密之法，以清净持守，字无讹谬，呼召之际，幽冥鬼趣，咸始闻知，即时而至，非垢秽之躯世俗所持者。曩者民间世俗多有仿僧瑜伽教者，呼为善友，为佛法不清，显、密不灵，为污浊之所污，有似前如此者。今①后止许僧为之，敢有似前如此者，罪以游食。

一、令出之后，所有禁约事件，限一百日内，悉令改正。敢有仍前污染不遵者，许诸人捉拿赴官，治以前罪。

七月初一日，本部官于奉天门钦②奉圣旨："恁礼部出批，着落僧录司差僧人将榜文去，清理天下僧寺。凡僧人不许与民间杂处，务要三十人以上聚成一寺，二十人以下者听令归并成寺。其原非寺额，创立庵堂寺院名色，并行革去。钦此。"本部当差僧人善思等五名，赍榜前去各布政司③，清理僧人，归并成寺，仰各处僧寺遵守。

八月十八日，锦衣卫差力士何旺赍到手敕："着善世、天禧、能仁三寺僧官宗泐等，明早有雨不要来。若无雨天晴，早赴奉天门。钦此。"

壬申洪武二十五年

试经，给僧度牒。

敕僧录司行移天下僧司，造僧籍④册，刊布寺院，互相周知，名为《周知板册》。

三月十六日，本部官于华盖殿钦奉圣旨："今春雨少，恁礼部去天禧寺，着僧官洁净坛场祈祷，户部与斋米一百石、盐一百斤、酱八十斤。钦此。"移咨户

---

① "今"前原衍"非"，据（明）释幻轮《释鉴稽古略续集》卷二洪武二十四年条；（明）葛寅亮撰，何孝荣点校《金陵梵刹志》卷二《钦录集》洪武二十四年条删。

② "钦"原脱，据（明）释幻轮《释鉴稽古略续集》卷二洪武二十四年条；（明）葛寅亮撰，何孝荣点校《金陵梵刹志》卷二《钦录集》洪武二十四年条补。

③ "五名，赍榜前去各布政"原脱，据（明）释幻轮《释鉴稽古略续集》卷二洪武二十四年条；（明）葛寅亮撰，何孝荣点校《金陵梵刹志》卷二《钦录集》洪武二十四年条补。

④ "籍"原讹"藉"，据（明）葛寅亮撰，何孝荣点校《金陵梵刹志》卷二《钦录集》洪武二十五年壬申条改。

部，钦遵施行。

当日，本部官又于奉天门题奏："天禧寺启：'明早用香，就部祠部关油赍去？'"奉圣旨："是。再与他清油一百斤，着就库里支。钦此。"咨工部关油，祠部放香。

四月十七日，礼部祠部试员外郎何呈于奉天门奏："礼部出给僧、道度牒，止凭僧录司来文，照名出给，并①不见开称'曾无揭籍②明白'，恐一时出给不便。"奉圣旨："都教他揭籍③明白时给与他。钦此。"

五月初四日，僧录司左善世夷简等，同本部官于奉天门钦奉圣旨："各处差去④清理佛教僧多，又不停当。恁僧录司好生省会与他，要将寺宇完全有僧去处拆毁了的，着他改正了，体察出来不饶。钦此。"

八月初六日，本司左善世了达等于右顺门钦奉圣旨："各处僧、道，多有假托⑤化缘，骗人钱钞的，恁僧、道录司拿将来，将疏头来看，料治他。钦此。"

十二月二十一日，钦依关领《清教录》一百四十五本，发与各处僧纲司，依本刊板印造，俵散所属寺院僧人。

闰十二月十八日，礼部据僧录司申："该僧录官等本月十四日，于奉天殿钦奉圣旨：'各处僧寺多隐⑥逃军逃囚，好生不停当。只如南关外百福寺，止有僧人四名，为隐藏刺字逃囚，寺都废了。前日说与僧录司，行文书各处僧司，

①"并"前原衍"照式"，据（明）葛寅亮撰，何孝荣点校《金陵梵刹志》卷二《钦录集》洪武二十五年壬申条删。

②"籍"原讹"藉"，据（明）葛寅亮撰，何孝荣点校《金陵梵刹志》卷二《钦录集》洪武二十五年壬申条改。

③"籍"原讹"藉"，据（明）葛寅亮撰，何孝荣点校《金陵梵刹志》卷二《钦录集》洪武二十五年壬申条改。

④"去"前原衍"人"，据（明）葛寅亮撰，何孝荣点校《金陵梵刹志》卷二《钦录集》洪武二十五年壬申条删。

⑤"托"前原衍"名"，据（明）葛寅亮撰，何孝荣点校《金陵梵刹志》卷二《钦录集》洪武二十五年壬申条删。

⑥"隐"原讹"应"，据（明）葛寅亮撰，何孝荣点校《金陵梵刹志》卷二《钦录集》洪武二十五年壬申条改。

着落寺院编号造册。如今定下格式，不用多费纸札，火速催①并他造将来。钦此。’”当日，蒙力士萧贵送到册式样一纸，钦依写一二名来看。本月十九日早，钦依将本司官并善世、天禧、能仁三寺僧一百二十八名，开写二纸进呈。

本月二十七日，本司官于右顺门钦奉圣旨："前日册式刊板了，着人印与僧录司，照依天下僧司寺院数目，颁降与他，着他依式刊板印造，务要天下僧籍②互相周知。钦此。"

当日，又题奏："各处清理册内，未请度牒僧人合无如何？"奉圣旨："也着他入册。钦此。"当年十一月初五日，本司官于奉天门钦奉圣旨："如今定册式好生停当，僧录司差僧去，说与各处僧司并寺院，这回造册，好生要清切。有容隐奸诈等人朦胧入册的，事发时连那首僧都不饶他性命。各处僧人都要于原出家处，明白供报俗家户口入籍③，不许再在挂搭处入籍④。待造册成了，方许游方挂搭。钦此。"除行各处僧司所属寺院钦遵造册外，具申到部，立案遵守。

癸酉洪武二十六年

六月初五日，僧录司官一同礼部官于奉天门钦奉圣旨："近日各处进来僧册，多有不知朝庭礼体。今后着他将原印板僧名上面边栏增高三个字来，地位好写，进呈册前头由中间休动。"当又礼部官题奏："其余给散天下僧册？"奉圣旨："准他。钦此。"

七月二十二日，僧录司官左善世夷简等于奉天门钦奉圣旨："各处寺院原设砧基道人，本着他寺家管事当门户，如今多有人来告他好生无礼，戴帽穿圆领衣，行坐要在僧人之上，凌压众僧，恼害寺家。僧录司行文书去，今后各处

---

① "催"后原衍"提"，据（明）葛寅亮撰，何孝荣点校《金陵梵刹志》卷二《钦录集》洪武二十五年壬申条删。

② "籍"原讹"藉"，据（明）葛寅亮撰，何孝荣点校《金陵梵刹志》卷二《钦录集》洪武二十五年壬申条改。

③ "籍"原讹"藉"，据（明）葛寅亮撰，何孝荣点校《金陵梵刹志》卷二《钦录集》洪武二十五年壬申条改。

④ "籍"原讹"藉"，据（明）葛寅亮撰，何孝荣点校《金陵梵刹志》卷二《钦录集》洪武二十五年壬申条改。

砧基道人敢有仍前无礼，凌压众僧，恼害寺家的，拿来杖一百，发边远充军。钦此。"

八月十九日，抄蒙钦依天禧、天界①、能仁、灵谷、鸡鸣大住持、僧官，二十日早将引有见识的僧来赴内府。

九月二十六日，本司左善世夷简等晚朝于奉天门题奏："钦蒙拨与各寺芦柴，合无就僧录司出批文，与各寺去砍斫？"奉圣旨："是。钦此。"

十月初三日，前军都督府都督同知陈逊奉圣旨："着他自雇倩人夫砍斫，行文书工部知道，免他抽分。钦此。"

甲戌洪武二十七年

命僧录司行十二布政司选僧补官，于是居顶、道成、净戒等应召除授。

正月初八日，钦奉圣旨："释迦佛发大悲愿心，历无量劫，至于成道，说法度人，一切来历，备载《大藏》。愚者安能知一切义？聪者未能尽②目。有佛以来，效佛之修者无量。自汉入中国，至今一千三百余年，其教不治而不乱，不化而自化，凡所说法，人天会听，愚者虽无知，补于时君者多矣。自佛去世之后，诸祖踵佛之道，所在静处，不出户牖，明佛之旨，官民趋向者，累代如此。效佛宣扬者，智人也。所以佛道永昌，法轮常转。

迩年以来，踵佛道者未见智人，但见奸邪无籍③之徒，避患难以偷生，更名易姓，潜入法门，以其修行之道，不足以动人，一概窘于衣食，岁月实难易度。由是奔走市村，无异乞觅者，致使轻薄小人，毁辱骂詈，有玷佛门。特敕礼部条例所避所趋者，榜示之：

---

① "天界"原脱，据（明）葛寅亮撰，何孝荣点校《金陵梵刹志》卷二《钦录集》洪武二十六年癸酉条补。

② "尽"原脱，据（明）葛寅亮撰，何孝荣点校《金陵梵刹志》卷二《钦录集》洪武二十七年甲戌条补。

③ "籍"原讹"藉"，据（明）葛寅亮撰，何孝荣点校《金陵梵刹志》卷二《钦录集》洪武二十七年甲戌条改。

一、僧合避者，不许奔走市村，以化缘为由，致令无籍[①]凌辱，有伤佛教。若有此等，擒拿到官，治以败坏祖风之罪。

一、寺院庵舍，已有砧基道人，一切烦难答[②]应官府，并在此人。其僧不许具僧服入公厅跪拜，设若己身有犯，即预先去僧服，以受擒拿。敢有连僧服跪公厅者，处以极刑。

一、钦赐田地，税粮全免。常住田地，虽有税粮，仍免杂派，僧人不许充当差役。

一、凡住持并一切散僧，敢有交结官府，说俗为朋者，治以重罪。

一、凡僧之处于市者，其数照归并条例，务要三十人以上聚成一寺，二十[③]人以下者悉令归并。其寺宇听僧拆改，并入大寺。如所在官司有将寺没入官，及改充别用者，即以赃论。

一、可趋向者，或一二人幽隐于崇山深谷，必欲修行者听，三四人则不许。山虽有主，阻当者以罪罪之。若近市井，十五里内不许。山主阻之，勿罪。十五里以外，许之。其幽隐者，游居于山，或一年，或半年，或两三月，或栖岩[④]，或屋树，或庐野，止许容身，不许创聚。刀耕火种，于丛林中只许勾食而已。若有好善之家，入山送供者听。

一、若欲游方问道，所在云水者亲赍路费，循道而行，往无定止者听。民有善德之家，一见如此，礼而斋之者受，施财者纳之。

一、除游方问道外，禅、讲二宗止守常住，笃遵本教，不许有二，亦不许散居，及入市村。其瑜伽，各有故旧檀越所请作善事，其僧如科仪，教为孝子顺孙，以报劬劳之恩，在上而追下者得舒慈爱之意。此民之所自愿，非僧窘于衣

---

①　"籍"原讹"藉"，据（明）葛寅亮撰，何孝荣点校《金陵梵刹志》卷二《钦录集》洪武二十七年甲戌条改。

②　"答"原脱，据（明）葛寅亮撰，何孝荣点校《金陵梵刹志》卷二《钦录集》洪武二十七年甲戌条补。

③　"十"后原衍"六"，据（明）葛寅亮撰，何孝荣点校《金陵梵刹志》卷二《钦录集》洪武二十七年甲戌条删。

④　"岩"原讹"崖"，据（明）葛寅亮撰，何孝荣点校《金陵梵刹志》卷二《钦录集》洪武二十七年甲戌条改。

食，而干求者也。一切官民敢有侮慢是僧者，治之①以②罪。

一、僧有妻室者，许诸③人捶辱之，更索钞五十锭。如无钞者，打死勿论。

一、僧④人有妻室，愿还俗者听，愿弃离者亦听。若不还俗，又不弃离，许里甲邻人擒拿赴官。徇私容隐不拿者，发边远充军。

一、今⑤后一切僧人，敢有将手卷⑥并白册，称为题疏，所在强求人为之者，拿获到官，谋首处斩，为从者黥⑦刺充军。

一、僧寺庵院，一切高明之人本欲与僧攀话，显扬佛教，奈何僧多不才，其人方与和狎，其僧便起求布施之心，为此人远不近。

一、今后秀才并诸色人等无故入寺院，坐食僧人粥饭者，以罪罪之。

呜呼！僧若依朕条例，或居山泽，或守常住，或游诸方，不干于民，不妄入市村，官民欲求僧以听经，岂不难哉？如此则善者慕之，诣所在焚香礼请，岂不⑧高明⑨者也？行之岁久，佛道大昌。榜示之后，官民僧俗人等敢有妄论乖为者，处以极刑。钦此。”

---

① “治之”原讹“考”，据（明）葛寅亮撰，何孝荣点校《金陵梵刹志》卷二《钦录集》洪武二十七年甲戌条改。

② “以”后原衍“前”，据（明）葛寅亮撰，何孝荣点校《金陵梵刹志》卷二《钦录集》洪武二十七年甲戌条删。

③ “诸”原脱，据（明）葛寅亮撰，何孝荣点校《金陵梵刹志》卷二《钦录集》洪武二十七年甲戌条补。

④ “僧”前原衍“有”，据（明）葛寅亮撰，何孝荣点校《金陵梵刹志》卷二《钦录集》洪武二十七年甲戌条删。

⑤ “今”原讹“令”，据（明）葛寅亮撰，何孝荣点校《金陵梵刹志》卷二《钦录集》洪武二十七年甲戌条改。

⑥ “卷”原讹“本”，据（明）葛寅亮撰，何孝荣点校《金陵梵刹志》卷二《钦录集》洪武二十七年甲戌条改。

⑦ “黥”原讹“点”，据（明）葛寅亮撰，何孝荣点校《金陵梵刹志》卷二《钦录集》洪武二十七年甲戌条改。

⑧ “不”原脱，据（明）葛寅亮撰，何孝荣点校《金陵梵刹志》卷二《钦录集》洪武二十七年甲戌条补。

⑨ “明”后原衍“示之”，据（明）葛寅亮撰，何孝荣点校《金陵梵刹志》卷二《钦录集》洪武二十七年甲戌条删。

附前明《清教录》内禁约条例

一、诸山僧寺庵院，务要天下诸僧名籍①造册在寺，互相周知。遇僧人游方到来，即问本僧系某处某寺某僧、年若干，然后揭册验实，方许挂搭。如是册内无名，及年貌不对者，即是诈伪，许擒拿解官。

一、僧寺今后不许收养民间儿童为僧。儿童无知，只由父母之命，入寺披剃。及至年长，血气方刚，欲心一动，能甘寂寞、诚心修行者少。所以僧中多有泛滥不才者，败坏祖风，取人轻慢。令出之后，敢有收留儿童为僧者，首僧凌迟处死，儿童父母迁发化外。若有出家者，务要本人年二十、三十者，令本人②父母将户内丁口、事产，及③有何缘故，情愿出家为僧，供报入官，奏闻朝廷，允奏，方许披剃。过三年后，赴京验其所能，禅者问以禅理，讲者问以诸经要义，瑜伽者试以瑜伽法事，果能精通，方给度牒。如是不通，断还为民，应当重难差役。

乙亥洪武二十八年

命僧录司设上、中、下三科④，考试天下沙门。

赐善世、天禧等寺粮米各三千石，以给其食。赐僧录司官大祐袈裟、衣衾。

丙子洪武二十九年

三月初一日，本部官钦奉圣旨："天下僧、道，已前屡曾出榜晓谕，务要遵本宗教法，不许混同世俗，干犯宪章。近来僧录司、道录司考试天下僧、道，其

---

①"籍"原讹"藉"，据（明）葛寅亮撰，何孝荣点校《金陵梵刹志》卷二《钦录集》洪武二十七年甲戌条改。

②"年二十、三十者，令本人"原脱，据（明）葛寅亮撰，何孝荣点校《金陵梵刹志》卷二《钦录集》洪武二十七年甲戌条补。

③"及"前原衍"并年二十三十者"，据（明）葛寅亮撰，何孝荣点校《金陵梵刹志》卷二《钦录集》洪武二十七年甲戌条删。

④"科"原脱，据（明）葛寅亮撰，何孝荣点校《金陵梵刹志》卷二《钦录集》洪武二十八年乙亥条补。

中多有不通经典者。盖是平日不遵清理榜谕，其于①本教祖风，茫②然无知，以此不知趋善惩恶之方。恁礼部将已前出的榜文编集成书，颁示天下僧道寺观，申明周知。三年后，再来考试，不中者发边远充军。钦此。"本部今将节次圣旨、榜文、条例刊布，务要人各③一本，永为④鉴戒。

丁丑洪武三十年

命僧录司行十二布政司，凡有寺院处所，俱建禅堂，安禅集众。

天竺泥巴喇国造秘密⑤图像，敕僧录司会议焚之。

十一月二十九日，住持溥洽于右顺门题："原奏准⑥化米道人一十名，二十九年、三十年病故了三名。今有羽林左卫水军千户所百户刘旺下替役老军周文荣，情愿到寺打勤劳。"奉圣旨："这个准他。钦此。"当又奏："再有一名上元县住坐脚夫康祖生，年六十四岁，见有亲男应当夫役，也情愿到寺打勤劳，化米供众。"奉圣旨："这般行好，用他。钦此。"

戊寅洪武三十一年

二月二十九日，僧录司左善世大祐等于右顺门钦奉圣旨："江东驿、江淮驿两处，盖两座接待寺，着南北游方僧、道往来便当。你们明日去看定地方基址了，来回话。钦此。"

---

① "于"原脱，据（明）葛寅亮撰，何孝荣点校《金陵梵刹志》卷二《钦录集》洪武二十九年条补。

② "茫"前原衍"于"，据（明）葛寅亮撰，何孝荣点校《金陵梵刹志》卷二《钦录集》洪武二十九年条删。

③ "人各"原倒，据（明）葛寅亮撰，何孝荣点校《金陵梵刹志》卷二《钦录集》洪武二十九年条改。

④ "为"原讹"远"，据（明）葛寅亮撰，何孝荣点校《金陵梵刹志》卷二《钦录集》洪武二十九年条改。

⑤ "密"原脱，据（明）葛寅亮撰，何孝荣点校《金陵梵刹志》卷二《钦录集》洪武三十年丁丑条补。

⑥ "准"原脱，据（明）葛寅亮撰，何孝荣点校《金陵梵刹志》卷二《钦录集》洪武三十年丁丑条补。

壬午建文四年①

礼部为申明教化等事。照得洪武三②十五年十一月二十一日早，本部官同五府、各部官于奉天门钦奉圣旨："朕自即位以来，一应事务，悉遵旧制，不敢有违。为何？盖因国初，创业艰难，民间利病，无不周知。但凡发号施令，不肯轻易，必思虑周密，然后行将出去，皆是为军为民好勾当。所以三十一年天下太平，人受其福。允炆不守成宪，多有更改，使诸司将洪武年间榜文不行张挂遵守。恁衙门查将出来，但是申明教化、禁革弊奸、劝善惩恶、兴利除害、有益于军民，都依洪武年间的圣旨，申明出去，教天下官吏军民③人等遵守，保全身命，共享太平。敢有故违者，治以重罪。钦此。"

癸未永乐元年④

九月二十九日午时，本司官左善世道衍一同工部侍郎金忠、锦衣卫指挥赵曦，于武英殿题奏："天禧寺藏经板，有人来印的，合无要他出些施利⑤？"奉圣旨："问他取些个。钦此。"

丁亥永乐五年

二月初六日，文武等官于奉天门早朝奏准，奉圣旨："着落礼部知道，重

---

①"壬午建文四年"原讹"癸未永乐元年"，据文意及（明）葛寅亮撰，何孝荣点校《金陵梵刹志》卷二《钦录集》建文四年壬午条校注改。按，（明）葛寅亮撰，何孝荣点校《金陵梵刹志》卷二《钦录集》将此条原置于"洪武三十一年"条内。然细读其文，可知为明成祖"圣旨"，言洪武"三十一年天下太平，人受其福"，斥责建文帝"不守成宪，多有更改"云云。故其文端"照得洪武十五年十一月二十一日早"云云，则为"照得洪武三十五年十一月二十一日早"之误，脱"三"字。因明成祖不承认建文帝统治，夺位后令将建文四年改为洪武三十五年。笔者点校《金陵梵刹志》，已作校改、校注。

②"三"原脱，据文意及（明）葛寅亮撰，何孝荣点校《金陵梵刹志》卷二《钦录集》建文四年壬午条校注补。

③"民"原脱，据（明）葛寅亮撰，何孝荣点校《金陵梵刹志》卷二《钦录集》建文四年壬午条补。

④"癸未永乐元年"原脱，据（明）葛寅亮撰，何孝荣点校《金陵梵刹志》卷二《钦录集》永乐元年条补。

⑤"施利"原讹"布施"，据（明）葛寅亮撰，何孝荣点校《金陵梵刹志》卷二《钦录集》永乐元年条改。

新出榜晓谕，该行脚僧、道①，持斋受戒，恁他结坛说法。有人阻挡，发口外为民。钦此。"

癸巳永乐十一年

七月十七日，工部尚书吴中于奉天门早朝，钦奉圣旨："如今京城起盖大报恩寺，那军夫人匠每好生用心，务出气力，勤紧做工程，我心里十分喜欢。恁部家便出榜去，分豁等第赏他，仍免他家下差拨。钦此。"本部今将钦定事例备榜前去，钦遵施行。须至榜者：

一、军夫人匠做工一年以上，始终不曾离役者，每名赏钞十锭，赏布二匹，夫匠免户下杂②差役，旗军免余丁差拨各二年；做工半年以上，始终不曾离役者，每名赏钞八锭，赏布一匹，夫匠免户下杂拨差役，旗军免余丁差泛各一年③；做工三月以上，始终不曾离役者，赏钞五锭，夫匠免户下余丁杂泛差役，军免余丁差拨各半年；做工中间曾离役一次，复自来上工者，再计其上工月日，或有一年以上，或半年以上，或三月以上，俱照前例给赏、优免；做工中间曾离役二次以上者，不赏，不免差拨；有做本名下工程已了，再情愿出力做工者，赏钞二十锭，赏布四匹，免其差拨三年。

一、为事军民官吏人等上工始终逃不④者，原犯笞、杖罪名，盖寺满日，官吏复其职役，军还原伍，民发宁家；原犯徒、流罪名，盖寺满日⑤，军官复其原职，民官降等叙用，吏役人等差役宁家；原犯死罪者，盖寺完日，俱宥其死。

右榜谕众通知。

---

① "道"原脱，据（明）葛寅亮撰，何孝荣点校《金陵梵刹志》卷二《钦录集》永乐五年条补。

② "杂"前原衍"差拨"，据（明）葛寅亮撰，何孝荣点校《金陵梵刹志》卷二《钦录集》永乐十一年条删。

③ "年"原讹"名"，据前后文及（明）葛寅亮撰，何孝荣点校《金陵梵刹志》卷二《钦录集》永乐十一年条改。

④ "不"原讹"宦"，据（明）葛寅亮撰，何孝荣点校《金陵梵刹志》卷二《钦录集》永乐十一年条改。

⑤ "官吏复其职役，军还原伍，民发宁家；原犯徒、流罪名，盖寺满日"原脱，据（明）葛寅亮撰，何孝荣点校《金陵梵刹志》卷二《钦录集》永乐十一年条补。

己亥永乐十七年

二月十三^①日，朝见。十五^②日早，于奉天门奏进《注解法华经》一部、佛像一轴。钦奉圣旨："收了。钦此。"

二月二十八日，宣僧录司右善世道成，与一如、思扩于西红门，当蒙颁赐一如佛像二轴、佛骨五块、钞一千贯、《诸佛菩萨名称歌曲》大小三本，道成佛一轴，思扩佛一轴，大小《歌曲》各三本。当即入见，钦奉圣旨："恁一如、思扩为朕编类禅宗语录来看。钦此。"当即题奏："中间合无去取？"奉圣旨："祖师说的，都是佛法，不要去取。钦此。"

三月初三日，宣道成、一如等八人于西红门，钦奉圣旨："务将《藏经》好生校勘明白，重要刊板，经面用湖水褐素^③绫。"当口题奏："合无用^④花绫？"奉圣旨："用八吉祥绫。"当又奉^⑤圣旨："每一面行数、字数合是多少？"当口题奏："五行、六行的，皆用十七字。今合无只用十七字？"钦奉圣旨："写来看。钦此。"

三月初五日，道成等于西红门口题奏："庆寿寺旧《藏经》不全，闻彰德府有，合无差人去取来，与新经校正？"奉圣旨："着礼部差人去取。钦此。"

三月初七日，传旨："要写经样看。"当将侍读学士沈□写五行十七字呈看。初九日，道成等八人将写的五行十七字、六行十七字经板，于西华门进呈。奉圣旨："用五^⑥行十七字的。钦此。"

四月二十九日，传旨："外面何处有旧《藏经》？再要取一藏来。钦此。"五月初五日早，一如、慧进于奉天门内题奏："奉旨要取旧《藏经》，近日取来

---

① "三"原讹"七"，据（明）葛寅亮撰，何孝荣点校《金陵梵刹志》卷二《钦录集》永乐十七年条改。

② "五"原讹"九"，据（明）葛寅亮撰，何孝荣点校《金陵梵刹志》卷二《钦录集》永乐十七年条改。

③ "素"原脱，据（明）葛寅亮撰，何孝荣点校《金陵梵刹志》卷二《钦录集》永乐十七年条补。

④ "用"原脱，据（明）葛寅亮撰，何孝荣点校《金陵梵刹志》卷二《钦录集》永乐十七年条补。

⑤ "奉"前原衍"奏"，据（明）葛寅亮撰，何孝荣点校《金陵梵刹志》卷二《钦录集》永乐十七年条删。

⑥ "五"原脱，据（明）葛寅亮撰，何孝荣点校《金陵梵刹志》卷二《钦录集》永乐十七年条补。

的①僧法涌说，苏②州承天寺有旧《藏经》一藏，合无去取？"奉圣旨："差人去取，就着说③的僧④同去。钦此。"

五月初七日，礼部尚书吕震于奉天门口奏："各处取到僧人八十九名⑤，见在庆寿寺打点书籍⑥，合无于内选两个能事僧人，把总提督？"奉圣旨："是。着一如庵、进法主总调。钦此。"

五月十九日，礼部尚书吕震传旨："着一如庵、进法主来见。"二十日、二十一日，于西华门听候。二十一日，内官姜传圣旨："明日二十二日是好日⑦，着他来。"钦依于本月二十二日，一如、慧进于内用作门里奉圣旨："你两个做僧官，校《藏经》，再寻一人。钦此。"当又口奏："外面人少，有能义见在庆寿寺，病将好了。"奉圣旨："明早着午门上来。钦此。"二十三日早，于奉天门钦授⑧行在僧录司右觉义职，就呈看经样。当又钦奉圣旨："能义病好了，着他经筵去管事。钦此。"

六月十五日，于西华门进呈禅语式样，口题奏："有等始自世尊拈花，终至中峰《广录》，机缘语句，照依年代，次第编集，各分门类，如近代禅宗编

---

① "的"原脱，据（明）葛寅亮撰，何孝荣点校《金陵梵刹志》卷二《钦录集》永乐十七年条补。

② "苏"前原衍"是"，据（明）葛寅亮撰，何孝荣点校《金陵梵刹志》卷二《钦录集》永乐十七年条删。

③ "说"原脱，据（明）葛寅亮撰，何孝荣点校《金陵梵刹志》卷二《钦录集》永乐十七年条补。

④ "僧"前原衍"实"，据（明）葛寅亮撰，何孝荣点校《金陵梵刹志》卷二《钦录集》永乐十七年条删。

⑤ "十九名"原讹"人"，据（明）葛寅亮撰，何孝荣点校《金陵梵刹志》卷二《钦录集》永乐十七年条改。

⑥ "籍"原讹"藉"，据（明）葛寅亮撰，何孝荣点校《金陵梵刹志》卷二《钦录集》永乐十七年条改。

⑦ "二十日、二十一日，于西华门听候。二十一日，内官姜传圣旨：'明日二十二日是好日"原脱，据（明）葛寅亮撰，何孝荣点校《金陵梵刹志》卷二《钦录集》永乐十七年条补。

⑧ "钦授"原脱，据（明）葛寅亮撰，何孝荣点校《金陵梵刹志》卷二《钦录集》永乐十七年条补。

的《禅林①聚》，合无依那等编修？奉②圣旨："只依《禅林③类聚》去编。"
当奏："其中或有但言事迹，不涉机缘④语句，合如之何？"奉圣旨："都编
着。"当又口题："佛祖语下，后来禅宗诸师多有拈颂，只恐烦杂，合无去
取？"奉圣旨："不要去⑤。"又题："《禅林类聚》门该一百零二条，臣恐烦
碎。如锡杖、鞋履篇入器用等门，并作⑥二十八条，请旨定夺。"奉圣旨："只
依他。"当又题奏："见修《藏经》，臣僧等共计一百二十名，已校过一番了。
只今各僧互相校对，欲就七月初，将《般若》《华严》等经差讹少者先写起。"
奉圣旨："如今天道热，待七月半后。钦此。"

七月初九⑦日，一如同思扩于御用作门里，呈看僧人子谟等六十四人所写字
样。奉圣旨："好。"当题："后面有几僧还欠写。"奉圣旨："只就今日好
日，拣好的写。"又题："唐太宗刊的《藏经》，前面有《御制三藏圣教序》。
今圣旨重刊，合无亦用序文？"奉圣旨："不要。"又题："《藏经》里面各⑧
品，上多有安经题。苏州取来旧经，品目上皆无经题。"奉圣旨："不要如《论
语》，各篇目上有'论语'二字来。"又题："且如《法华经》，世间读诵者
多，品目上亦有经。"奉圣旨："也不要。钦此。"

九月十二日，一如等题奏："《藏经》目录里面，前是经、律、论，后是各
宗祖师文字。圣朝所编的《佛名经》与《名称歌曲》《神僧传》，目录内合无

---

① "如近代禅宗编的禅林类"原脱，据（明）葛寅亮撰，何孝荣点校《金陵梵刹志》卷二《钦
录集》永乐十七年条补。

② "奉"前原衍"如近代禅宗编的禅宗类"，据（明）葛寅亮撰，何孝荣点校《金陵梵刹志》
卷二《钦录集》永乐十七年条删。

③ "林"原脱，据（明）葛寅亮撰，何孝荣点校《金陵梵刹志》卷二《钦录集》永乐十七年条补。

④ "缘"原讹"言"，据（明）葛寅亮撰，何孝荣点校《金陵梵刹志》卷二《钦录集》永乐
十七年条改。

⑤ "去"原脱，据（明）葛寅亮撰，何孝荣点校《金陵梵刹志》卷二《钦录集》永乐十七年条补。

⑥ "作"原讹"并"，据（明）葛寅亮撰，何孝荣点校《金陵梵刹志》卷二《钦录集》永乐
十七年条改。

⑦ "初九"原讹"十八"，据（明）葛寅亮撰，何孝荣点校《金陵梵刹志》卷二《钦录集》永
乐十七年条改。

⑧ "各"后原衍"题"，据（明）葛寅亮撰，何孝荣点校《金陵梵刹志》卷二《钦录集》永乐
十七年条删。

编写在经、律、论后，诸宗文字之前？”奉圣旨："安在后，只要有朕名时便了。”又奏："太祖高皇帝有御制《〈心经〉序》，圣朝诸①咒前亦各有序，合无于各经前都写上？”奉圣旨："太祖皇帝于佛法上多用心，都写上。”又奏："如累朝唐太宗、宋太宗等，经前多有序文，合无写上？”奉圣旨："都写上。钦此。”

十一月初七日，赐纻丝绵直裰、偏衫中袖各一领，众僧改机直裰等，皆用绵，亦各三领。次日，传旨："免谢恩，着众僧用心看写《藏经》。钦此。”

庚子永乐十八年

正月十六日，入内观灯宴。十七日早，宣一如庵、进法主，思扩未至。二人于西红门见着，看师子毕，敕问：《藏经》校得好了？”当奏云："已七番校过好了。”奉②圣旨云："上紧用心。”又令内官尚□将《折桂令》《醉太平》《雁儿落》三曲来看，奉旨："你看，不要管他腔调，只看中间字义如何。”又敕问："你夜来看灯来？”奏云："曾看。”有旨云："夜来着人寻你，如何不见？”奏云："在后面。”又奉旨云："不曾挤了么？”奏云："不曾。”又奉旨云："与烧饼各五十斋了去。钦此。”

三③月初④六日午，宣入，同□⑤、进、扩、袁仁二道士五人，道官于西红门赐坐。奉圣旨："这尼姑好生无礼，称唐菩萨，见着人去拿了，故着你每入来，说与你每知道。”又奉旨："道家的经好生纰缪，且老子称净乐国王在于何时？”袁对云："无年代。”又奉旨："你每校证的《藏经》好么？”奏曰：

①"诸"原讹"有诣"，据（明）葛寅亮撰，何孝荣点校《金陵梵刹志》卷二《钦录集》永乐十七年条改。

②"奉"前原衍"奏"，据（明）葛寅亮撰，何孝荣点校《金陵梵刹志》卷二《钦录集》永乐十八年条删。

③"三"前原衍"徙都北京"，据（明）葛寅亮撰，何孝荣点校《金陵梵刹志》卷二《钦录集》永乐十八年条删。按，明成祖于永乐十八年十一月颁诏迁都，永乐十九年正月正式迁都。

④"初"原讹"十"，据（明）葛寅亮撰，何孝荣点校《金陵梵刹志》卷二《钦录集》永乐十八年条改。

⑤"□"原脱，据（明）葛寅亮撰，何孝荣点校《金陵梵刹志》卷二《钦录集》永乐十八年条补。按，（明）葛寅亮《金陵梵刹志》原空一格，当有一人名（或为僧），与其他几位合计"五人"。

"已经多番校过好了。"又奉旨："且如有《报恩重经》等，不是佛说的，休入藏里去。"奏曰："止如分《数珠经》《血盆》《高王经》等，皆非佛说，不可入藏。"又右讲经琮奏曰："道家有《太上实录》谤佛。"奉旨："向年间着收来^①，还也不曾。这刘渊然该杀的。"道士袁奏曰：《太上实录》多有好言语在内。"奉圣旨："我敬佛，他谤佛，留了我心不喜。钦此。"

三月初^②七日，颁御制经序十三篇、佛菩萨赞跋十二篇，写各经之首。

七月十八日早，一如等于奉天门口题："《梦感功德经》，南京藏内已入'大'字函，今合无就圣明《诸佛名经》等，编入后面？"奉圣旨："荒唐之言，不要入。"如当又题奏："昔日太祖皇帝取到各处高僧，命如玘、宗泐等注解《心经》《金刚》《楞伽》三经，颁行天下，内有太祖皇帝御制序文，合无写入藏刊板？"奉圣旨："写入。"又题："圣朝《佛菩萨名称歌曲》作五十卷，《佛名经》作三十卷，《神僧传》作九卷，即目见写？"奉圣旨："是。好。"又奉旨问："《藏经》内字写得好么？"奏云："得那两个提调的中书，好生用心，终日不停手。但是字有大小不均，偏邪不正的，一一皆令换过，以此写得十分好。"又奉圣旨问："经板着几时刊？"奏云："看工匠多少。"又奉圣旨："着二千五百，一年了得么？"不敢对。又奉圣旨："经板刊后，留在何处？"亦不敢对。当奉圣旨："明日安一藏这里，安一藏南京。"又奉圣旨："石上也刻一藏，大石洞藏着，向后木的坏了，有石的在。"又奉圣旨："这里盖两个大寺，如今僧内取来有聪慧的选下些^③，明日^④起大寺了，着他在这里住。"当奏云："僧里面只是老的多了。"又奉圣旨："有病的着他回去。又如今写经的

---

① "收来"原倒，据（明）葛寅亮撰，何孝荣点校《金陵梵刹志》卷二《钦录集》永乐十八年条改。
② "初"原讹"十"，据（明）葛寅亮撰，何孝荣点校《金陵梵刹志》卷二《钦录集》永乐十八年条改。
③ "选下些"原讹"些下"，据（明）葛寅亮撰，何孝荣点校《金陵梵刹志》卷二《钦录集》永乐十八年条改。
④ "日"原讹"白"，据（明）葛寅亮撰，何孝荣点校《金陵梵刹志》卷二《钦录集》永乐十八年条改。

都①念经。"奉圣旨："也难遇着他念经。"当又钦奉圣旨："写经的②写经，也要办我的事。钦此。"

七月二十七日午③，宣闻禄、天裔于西红门见，奉圣旨："勉力修行。"一如奏云："且一心了《藏经》。"奉圣旨："了《藏经》了过一二年，着人替你，你修行。钦此。"赐七佛偈，兼赐看子昂所书者。

八月十九日，海印如等十二人，庆寿扩等四人入内，赐坐，就听圣旨："问黄和尚《心经》。"钦蒙赐斋而退。

十二月十八日，行在僧录司左觉义慧进等谨题为誊写《藏经》事。除誊见行打点查对外，今查得《禅宗颂古联珠通集④》等，皆系南京藏内增入，请旨合无除去，惟复刊入？为此各件名目、卷数开后，谨具题知⑤。计四件，共一百四十二卷。今将作一百六十九卷：

禅⑥宗：《禅宗颂古联珠通集⑦》二十一卷，宋淳熙年间僧法应原编，又延祐年间僧普会续编，今净戒重校刊入；《古尊宿语录⑧》，宋咸淳年间僧颐藏主原编，今净戒除去原编僧名，重校刊入；《续传灯录》三十六卷，不见原编集僧名，传说是居顶将古人所编刊入。讲⑨宗：《佛祖统纪》四十五卷，宋景定间僧

---

① "都"原脱，据（明）葛寅亮撰，何孝荣点校《金陵梵刹志》卷二《钦录集》永乐十八年条补。

② "的"原脱，据（明）葛寅亮撰，何孝荣点校《金陵梵刹志》卷二《钦录集》永乐十八年条补。

③ "午"原讹"早"，据（明）葛寅亮撰，何孝荣点校《金陵梵刹志》卷二《钦录集》永乐十八年条改。

④ "禅宗颂古联珠通集"原讹"联珠颂古"，据（宋）释法应、（元）释普会《禅宗颂古联珠通集》（《卍新纂续藏经》本）及（明）葛寅亮撰，何孝荣点校《金陵梵刹志》卷四十九《南藏目录》、卷二《钦录集》永乐十八年条校注改。

⑤ "题知"原脱，据（明）葛寅亮撰，何孝荣点校《金陵梵刹志》卷二《钦录集》永乐十八年条补。

⑥ "禅"前原衍"附"，据（明）葛寅亮撰，何孝荣点校《金陵梵刹志》卷二《钦录集》永乐十八年条删。

⑦ "禅宗颂古联珠通集"原讹"联珠颂古"，据（宋）释法应、（元）释普会：《禅宗颂古联珠通集》及（明）葛寅亮撰，何孝荣点校《金陵梵刹志》卷四十九《南藏目录》、卷二《钦录集》永乐十八年条校注改。

⑧ "录"原脱，据（宋）释守赜《古尊宿语录》（《大正藏》本）；（明）葛寅亮撰，何孝荣点校《金陵梵刹志》卷二《钦录集》永乐十八年条校注补。

⑨ "讲"前原衍"附"，据（明）葛寅亮撰，何孝荣点校《金陵梵刹志》卷二《钦录集》永乐十八年条删。

志磐撰，今管藏经僧宝成募缘刊入。"十九日，传奉钦依："不入藏。钦此。"

辛丑永乐十九年

正月二十一日，僧录司左觉义慧进等题为誊写《大藏经》事。除誊写已完，现行打点外，恭惟御制圣朝校刊藏典，乃千载之希遇，臣慧进等伏请序文，以冠经首，增辉佛日，流传万古，实为教门至幸，为此谨具题知。

正月三十日，司礼监太监孟□取新经①五十函入内。至二月初一日晚，长随官人来说："初二日早，令官人、秀才、和尚入内朝见。"上御奉天门看经，有旨："写得好。明日年老的好看。"又奉旨："你刊经板了，着你每坐山去，我也结些缘。"又问："板就那里刊好？"不敢对。有旨："就寺里刊好。"慧进云："前后是水好。"一如奏云："校经、写字和尚，合无着他回去？留他？"奉圣旨："恰不留他，刊板时，字有差错问谁？休着他去。"又敕太监孟□："十二布政司便去取匠人。钦此。"当赐《传心妙诀》一本，众僧各一本。

八月初十日，传奉钦依："校写《藏经》的僧官、僧人，如今且着他回去，明年不来后年来，是你教门的事，若待文书取时不便。修行的僧人，经板刊了，送你坐山供你。钦此。"

壬寅永乐二十年

九月二十四日，宣众僧官成、进、如、朗，住持扩、择，至西华门，赐斋、《御赞观音菩萨》、轮子、金刚数珠，人各三件。有旨："着天下众僧七日斋后，各自回去。"次日，传宣至西华门，有旨："赐天下预会僧官、僧人轮子。"次日，即给散。

十月初一日，传旨："着②众僧来。"成、光、进、如、朗，并大住持扩、择，上御思善门，赐弥陀佛一轴、各人不定。西番文殊菩萨一轴。各人不定。有旨：

---

① "经"前原衍"心"，据（明）葛寅亮撰，何孝荣点校《金陵梵刹志》卷二《钦录集》永乐十九年条删。

② "着"原脱，据（明）葛寅亮撰，何孝荣点校《金陵梵刹志》卷二《钦录集》永乐二十年条补。

"多慎内随意取。"

十月初六日,上御奉天门,赐僧、道官宴,天下众僧亦在丹墀宴。毕,先赐一如刻丝观音菩萨,有旨问云:"你道是什么?"不敢对。上云:"我两年摆布的文水晶数珠一串,赐与你。"

戊申宣德三年

行在僧录司近蒙行在礼部祠祭清吏司手本,奉本部连送为度牒。宣德三年二月二十四日早,本部官于奉天门口奏:"本年二月二十四日,御用监太监孟继、尚义等于武英殿钦奉圣旨:'南京大报恩寺佛殿、宝塔完了,说与礼部知道,着僧录司选行童一百名,与他度牒,常川点灯。钦此。'欲便钦遵施行,未敢擅便。"奉圣旨:"是。钦此。"除钦遵外,拟合连送,仰行在僧录司钦遵,各处行童内选取能通经典、有戒行者一百名,送部看验勘中,仍取勘年、籍①、出家披剃等项缘由,造册申缴,以凭出给度牒,送去常川点灯施行。连送到司,合用手本,差办事官陈福赍捧前去行在僧录司钦遵施行。赍捧到司,除钦遵外,命将选取堪中行童等各年、籍②、出家披剃等③项缘由开坐,理合备造文册施行。须至册者。

大报恩寺起工之初,监工官内官监④太监汪福等、永康侯徐忠、工部侍郎张信、军匠⑤夫役十万人,奉敕按月给粮赏。三月十一日,敕太监郑和等:"南京大报恩寺,自永乐十年十月十三日兴工,至今十六年之上,尚未完工,盖是那监工内外官员人等,将军夫⑥、人匠役使占用,虚费粮赏,以致迁延年⑦久。今

①"籍"原讹"藉",据(明)葛寅亮撰,何孝荣点校《金陵梵刹志》卷二《钦录集》宣德三年条改。
②"籍"原讹"藉",据(明)葛寅亮撰,何孝荣点校《金陵梵刹志》卷二《钦录集》宣德三年条改。
③"剃等"原脱,据(明)葛寅亮撰,何孝荣点校《金陵梵刹志》卷二《钦录集》宣德三年条补。
④"监"原脱,据(明)葛寅亮撰,何孝荣点校《金陵梵刹志》卷二《钦录集》宣德三年条补。
⑤"匠"原脱,据(明)葛寅亮撰,何孝荣点校《金陵梵刹志》卷二《钦录集》宣德三年条补。
⑥"监工内外官员人等,将军夫"原脱,据(明)葛寅亮撰,何孝荣点校《金陵梵刹志》卷二《钦录集》宣德三年条补。
⑦"年"原讹"日",据(明)葛寅亮撰,何孝荣点校《金陵梵刹志》卷二《钦录集》宣德三年条改。

特敕尔监工内外官员人等，即①将未完处所，用心提督，俱限今年八月以里都要完成。迟误了时，那监工的都不饶。寺完之日，监工内官内使止留李僧崇得②在寺，专管然点长明塔灯，其余都拘入内府该衙门办事。故敕。钦此。”

三月十一日，敕太监尚义、郑和、王景弘、唐观、罗智等："南京大报恩寺完成了，启建告成大斋七昼夜，然点长明塔灯，特敕尔等提调修斋。合用物件，着内该衙门该库关支。物件造办、打发供应物料，及赏赐僧人，就于天财库支钞，着礼部等衙门买用。塔灯用香油，着供用库按月送用。故敕。钦此。"

崇祯七年

礼部为给度事。检会到《大明律》一款："若僧、道不给度牒，私自簪剃者，杖八十。若由家长，家长当罪。寺观住持及受业师私度者，与同罪，并还俗。"除钦遵外，今填△字△千△百△十△号度牒，给付本僧收执。须至出给者一名，僧△△，年△十△岁，系△处人氏，△民几男，于△年△月△日舍送△寺出家③，投礼△师△△，授讲教。准此。

崇祯七年六月初六日

又执照。

户部为厝处辽饷以佐军兴事。照得本部新饷款目，书内方外僧、道输纳一款，合行印给空头度牒，分发省直地方，设法召纳，每僧、道一名，纳银四两，给牒一张。其召纳之法，不强僧、道所难，只还僧、道所有。海内何地不是缁黄？何人不有檀越？只行此法，可维户口之萧条，可辨奸盗之出入，可济国家之中干，可作释门之外护等因。题奉钦依："相应出给号纸，咨送礼部，印给度牒，送回本部，颁发省直，有司□清查本治城乡寺观几处，某寺观僧、道若干，照前完纳款项，明白填注，用印钤盖给发，庶僧、道各有皈依，而无他衅之患

---

① "即"前原衍"将军夫人役俱限"，据（明）葛寅亮撰，何孝荣点校《金陵梵刹志》卷二《钦录集》宣德三年条删。

② "得"原讹"德"，据（明）葛寅亮撰，何孝荣点校《金陵梵刹志》卷二《钦录集》宣德三年条改。

③ "家"原脱，据文意补。

矣。仍将所纳银两逐号登记，类解藩司，解部济辽。完日造册，并将原发号簿缴部查考。须至出给者。

一名僧△△，系△府△州△县民，纳给度银四两。今实收到△府后项银两贮库外，所有库收理合先给，须至静候部照可也。计开△省僧录司申送行童△△，交例银四两正。当又钦奉圣旨："该部银赴辽送用，故敕。钦此。"钦遵录案。

国朝《钦录集》

【折疑】前明已录，今依遵国朝之《钦录集》，出自藏跋经文之首，如戒牒各谕，虽天下僧道寺观莫不有之。今采其至要者，及至切者，悉行贯入。或有其文讹者，亦并删除。罗冠此志，广布于诸方，庶万世有知，熙朝恺泽之恩垂于本寺矣。

戊申康熙七年

八月，奉上谕："前据礼部条奏为给度事。查得《大清律》开载：'若僧、道不给度牒，私自剃度者，杖八十。若由家长，家长当罪。寺观住持及受业师私度者，与同罪，并还俗。如僧、道擅收徒弟，不给度牒，及民间子弟户内不及三丁，或在十六以上，而出家者，俱枷号一个月，并罪坐所由僧、道官及住持，知而不举者，各罢职还俗'等因。钦遵在案。凡僧、道、尼僧务要恪守清规，凛遵法律，不许擅行簪剃，违者依律治罪。须至度牒者，永远刊布遵行。将此通谕中外知之。钦此。"

甲寅雍正十二年

五月初二日，奉上谕："命庄亲王同超善、自垲等将江南大宝华山慧居寺僧福聚奏呈本山三代所著戒律等书，恳恩入藏缘由，候旨校阅明白，编入《大藏》。今该部依奏，遵照施行。钦此。"

五月十七日，上问庄亲王止持五部等书入藏之事，庄亲王覆奏："臣同超善、自垲商议，华山三代所著戒律，堪为入藏。但此内或有删去者，酌量删去，明白奏请入藏。"于本日奉上谕："若有删改者，着今福聚带往回南，删改明白，送到之日，请旨入藏。钦此。"

丙辰乾隆元年

十二月十八日，总理藏经馆事务臣允禄、弘昼谨奏为请旨事。据宝华山僧人福聚禀称："雍正十二年五月初二日，在京请将华山律宗五部收录入藏，钦奉世宗宪皇帝俞旨：'将此书着令福聚带回南去，删改明白，俟送到之日，请旨入藏。钦此。'钦遵福聚还山，详阅《梵网直解》四卷、《毗尼止持》十六卷、《毗尼作持》十五卷、《毗尼关要》十六卷，咸属戒行之楷模，僧人之律典，解释详明，无庸删减。但《三坛正范》四卷，乃阐扬作持部内未尽之意，今应否删除，抑或一并赐入《大藏》"等语。臣等令僧人超盛等详加查看得"《三坛正范》四卷，其受戒仪轨，与作持部内实属重复"等语。查《三坛正范》既与作持部内重复，应行删去①，今②谨将华山删定律部五种，一并恭呈御览，伏候钦定。为此谨具请旨。奉朱批："知道了。"

丁巳乾隆二年

正月二十六日，交奏事太监王常贵等转奏。于本月二十八日奉旨："照所奏入藏。钦此。"

戊午乾隆三年

十二月十五日，《大藏》工竣。

---

① "福聚还山，……查《三坛正范》既与作持部内重复，应行删去"原脱，据（清）刘名芳《宝华山志》卷八《奏疏》（《中华大藏经（汉文部分）续编》本）补。

② "今"原讹"令"，据文意改。按，（清）刘名芳《宝华山志》卷八《奏疏》收录该文无"今"。

己未乾隆四年

六月二十六日，钦奉圣谕，颁发《藏经》。

庚申乾隆五年

五月初七日，江宁织造臣韩四格专诚赍送《龙藏》一部，计七千二百四十五卷到寺，钦遵供奉，望阙谢恩。

壬戌乾隆七年

四月十三日，钦依颁奉卷次，敬谨编刊方策入藏。

壬寅乾隆四十七年

四月二十三日午，工部尚书金简一同拈花寺僧通理，于圆明园正大光明殿题奏："万寿寺旧《藏经》不全，闻拈花寺僧通理口云，本寺有。臣已差人去取来，与《大云轮请雨经》校正。"奉圣旨："好。着礼部差人去取。钦此。"钦遵该部妥办可也。

四月二十五日，奉上谕："着工部尚书金简、拈花寺僧通理一同，务将《御制大云轮请雨经》勘对明白。钦此。"

十月十一日午，宣金简、通理于内阁门钦奉上谕："将《请雨经》好生校对明白，俟①功成日，重要刊板。钦此。"

十月十四日，奉上谕："交礼部缮画请雨图式，及写每一面行数，字当用宋体，而数仅多少？"当口题奏："六行的皆用十七字为式，合无只用十七字？"钦奉圣旨："着礼部写字样、图式款格来看。钦此。"

十月十七日，内阁奉上谕："朕《御制大云轮请雨经序》，合无于此经首，都要写上？"当奏："都写了。"

十月十八日午，宣金简、通理入内，赐坐，问："你们校正的《大云轮经》

---

① "俟"原讹"似"，据文意改。

好么？”当奏："臣等已经多番校过，缮写刊刻好了。"又奉圣旨："经面用杏黄绫，合无不许用杂绢装订。"当口奏："已用明黄绫装面。"奉圣旨："装钉好了，取来朕看。钦此。"

十月二十六日，奉圣旨："着礼部赍捧朕《御制大云轮请雨经》上、下计二卷，至藏经馆，仍敕金简等眼同编入《大藏》。钦此。"

十一月初八日，工部司郎中阿十三、拈花寺僧通理于内阁门口覆奏："昨奉圣旨，已将皇上钦定之经，臣等已眼同编入《大藏》。"奉朱批："知道了。"

十二月初八日早，宣金简、通理入内，赐坐，上慰劳多端，钦蒙赐斋而退。

《折疑梵刹志》卷之三终

卷　四

【折疑】前明之文，或有简失而未入者，今悉增入。后世观之，方不负历朝宠我教者，甚矣哉！

附前明《御制集》

敕谕

授了达、德瑄、溥洽僧录司

西说东来，妙演无量，或云不二法门。斯道也，本苦空，甘寂寞。从斯道者，果若是，宜其然哉。迩来僧录司首僧缺员，召见任者，命询问其人，各首僧承命而还。不数日，来告曰："臣弘道等若干人，前奉敕询高僧于诸山，即会丛林大①众。众皆曰：'惟浙右上天竺僧溥洽、京师鸡鸣寺②僧德瑄、能仁寺僧了

①"大"前原衍"于"，据（明）葛寅亮撰，何孝荣点校《金陵梵刹志》卷一《御制集》收录该文删。
②"寺"原讹"山"，据（明）葛寅亮撰，何孝荣点校《金陵梵刹志》卷一《御制集》收录该文改。

达，东鲁之书颇通，西来之意博备，若^①以^②斯人备员僧录司，实为允当。'"呜呼！昔人有云："世不绝圣，国不绝贤。"近者僧录司缺员，朕将以为无人矣。及其询问，乃有人焉。今朕域之内，慕清净而欲出三界者，有其名而无其实，其泛泛者不下五七万。尔今三人，不屈于五七万之下，伸于五七万之上，可谓志矣，可谓道矣。

然昔如来道备于雪岭，归演五天，妙^③音无量，灵通上下，天人会听。若斯之演、听四十九秋。自是之后，五百余年，流传东土。虽九夷八蛮，一闻斯道，无不钦崇顶礼。何况中国文物礼乐之邦，人心慈善，易为教化。若僧善达祖风者，演大乘以觉听，谈因缘以化愚，启聪愚为善于反掌之间。虽有国法，何制乎？缧绁刑具，亦可以施？岂不合乎柳生之言，阴翊王度，岂小小哉！今尔僧了达、德瑄、溥洽达祖风，遵朕命，则法轮常转，佛日增辉，名僧于吾世，足矣往焉。钦哉！毋怠！

谕善世禅师^④

佛教肇兴西土，流传遍^⑤被华夷，善世凶顽，佐王纲而理道，今古崇瞻^⑥，由慈心而愿重，是故出三界而脱沉沦，永彰而不灭。尔具生吉祥，本西域之民，生而慈悯，举契善符，怀如来之大法，舍父母之邦，冲阴埃而突障雾，越流沙东行，数万余程，达吾斯地。朕观尔劳心愿重，特加善世禅师，以神善道，更加朵儿只怯列失思巴藏卜为都纲、副禅师，统制天下诸山，绳顽御恶，相为表里以施行。于戏！佐王纲而不理，善道幽微，旷劫不生，千古不灭，愿力宏深，体斯之

---

① "若"原脱，据（明）葛寅亮撰，何孝荣点校《金陵梵刹志》卷一《御制集》收录该文补。
② "以"后原衍"其"，据（明）葛寅亮撰，何孝荣点校《金陵梵刹志》卷一《御制集》收录该文删。
③ "妙"前原衍"如"，据（明）葛寅亮撰，何孝荣点校《金陵梵刹志》卷一《御制集》收录该文删。
④ 按，（明）葛寅亮撰，何孝荣点校《金陵梵刹志》卷一《御制集》收录该文题作"授善世禅师诏"，置于"诏诰"而非"敕谕"目下。
⑤ "遍"原讹"偏"，据（明）葛寅亮撰，何孝荣点校《金陵梵刹志》卷一《御制集》收录该文（题作"授善世禅师诏"）改。
⑥ "瞻"原讹"赡"，据（明）葛寅亮撰，何孝荣点校《金陵梵刹志》卷一《御制集》收录该文（题作"授善世禅师诏"）改。

行，无往不复。戒哉！戒哉！

云南僧游方

金仙之教，甘心寂寞[①]，成在苦空，故修道者多栖岩[②]屋树，落魄林泉，玩霄壤[③]之明月，吟清风于松下，置[④]身物外，沦世事如[⑤]太虚。若是者，乃修之宣之。尔云南僧修者，不辞万里之遥，欲觉因缘十二，若止京师而师云南，又何知天台之景、两浙之美、高僧之渊薮？特敕往游，阅诸名[⑥]山，廓尔方寸，而睿尔神灵。异时一归，演华言于金马，论风景于碧鸡，时乃道冠点苍，神游八极，快矣哉！

谕僧

佛始汉至，教言玄寂，机秘理幽[⑦]，以其传也。抵期而无教，以其无教而有印心之旨。愚不知旨，故乃求旨切，无乃颠慌[⑧]、恍惚、茫昧于未判之先，役累劫之丹衷，何见一微尘之旨？云何以旨问旨？故指空谈空，谓空无际而无依，忽焉无倚。愚不知，踟蹰不已，特以色求色，以音求音，孰不以谓利便而可也欤？斯愚问而求旨之切，故聪者孰谓可欤？既聪者不以为可，将焉求诸所以然乎？而或云佛本昭示善道，大张法门，岂有昧而又昧，玄之而又玄？盖昧在昧出，玄在玄生，故远求之。虽在天外，遍历八荒，亦何有知之见耶？

朕尝闻知，有好寝者，通宵烈风迅雷，而寝者恬然无觉，此果心已矣乎？神已矣乎？果心已乎，则以心问心；果神已乎，则以神问神，亦不亦易乎？然此

---

① "甘心寂寞"原脱，据（明）葛寅亮撰，何孝荣点校《金陵梵刹志》卷一《御制集》收录该文补。

② "岩"原讹"崖"，据（明）葛寅亮撰，何孝荣点校《金陵梵刹志》卷一《御制集》收录该文改。

③ "霄壤"原倒，据（明）葛寅亮撰，何孝荣点校《金陵梵刹志》卷一《御制集》收录该文改。

④ "置"前原衍"甘心寂寞"，据（明）葛寅亮撰，何孝荣点校《金陵梵刹志》卷一《御制集》收录该文删。

⑤ "如"原讹"于"，据（明）葛寅亮撰，何孝荣点校《金陵梵刹志》卷一《御制集》收录该文改。

⑥ "名"原脱，据（明）葛寅亮撰，何孝荣点校《金陵梵刹志》卷一《御制集》收录该文补。

⑦ "幽"原脱，据（明）葛寅亮撰，何孝荣点校《金陵梵刹志》卷一《御制集》收录该文补。

⑧ "慌、恍惚、茫昧于未判之先，……审者以谓不然，动静动静，以为"原脱，据（明）葛寅亮撰，何孝荣点校《金陵梵刹志》卷一《御制集》收录该文补。

若是之易难。使佛见前，安不为诸徒之所辩，而知所措其法焉？法本无门，而有由道，由何而止焉？焉知知止而无识焉？所以我空非空，我相非相，要见亲体无知之态，似奔星廓落，电影驰云。或为虚妄而妄，则妄起无端。所以今之修者，弃本宗而逐末，犹不知陷身于水火，将焚而灰，溺而腐，尚以乐而不逼，以为快哉！斯愚不知旨，故特以为然。或聪者自以为利根，虽搜空万劫之虚灵，亦何见旨之有耶？

且以大藏教中诸佛泛言。今之修者，以为经之泛耶？旨之异耶？若以经泛旨异，则古智人夜孤灯于岭外，昼侣影于林泉，趣不我知，我不趣知，愚岂不谓嗤嗤然而以为讥乎？审者以谓不然，动静动静，以为天下乐，是则以为智人，便信则以为天下安，化则以为天下幸，行则以为天下福。朕罔知所以，举大一藏教①，云诸佛之故②，镌磨钝根，而为说法。朕不知法，故特以儒书之所云："子钓而不网。"设使网而绝流，众目既张，了必归于何处？假使诚有归处，则一大藏经添一倍③不为多，减一倍不为少，孰尽去之而愿受谤？周无文而备有法，还契不立文字者，互相妄诞。如斯之说，特敕谕智禅而云乎！

谕翰林侍诏沈士荣

古智人有为身而修身，吾不知修者谁也。或曰身为神而修，或云神为身而修。因是之辨，惑之而更惑。果身修神欤？抑神修身欤？吾不知二修之道，但见古人遗迹，欲求其身易，而不艰于生，身后不亡其名，亦可知果为身耶④？神耶？或曰："终神也。"夫神，天命也。命也者，气也。气之所以含情抱性，枢以意焉。所以修者，为神而修身。若全首领于终世，则神灵矣。未有残肌肤，异身首，而为神之善者。

---

①"教"原讹"经"，据（明）葛寅亮撰，何孝荣点校《金陵梵刹志》卷一《御制集》收录该文改。

②"故"原脱，据（明）葛寅亮撰，何孝荣点校《金陵梵刹志》卷一《御制集》收录该文补。

③"倍"原讹"陪"，据（明）葛寅亮撰，何孝荣点校《金陵梵刹志》卷一《御制集》收录该文校注及明太祖《明太祖御制文集》卷八（黄山书社1995年版）、明太祖《明太祖文集》卷八（《文渊阁四库全书》本）等各收录该文改。本文下同。

④"耶"原讹"也"，据（明）葛寅亮撰，何孝荣点校《金陵梵刹志》卷一《御制集》收录该文改。

迩来闽中有士，习安神之道，云东驰西奔。询及儒、释、道三宗，必欲达之，以妙已之虚灵，审当求①之时，若病笃而寻名方，可见求之切欤！朕与之论，惟儒术，或可或不可。因朕不识儒之奥，故云如是。引谈空之语，皆诸方旧云。怀抱甚博，然迷于是而已，不变矣。再引道之清虚与校之，未免肤不及肌耳。呜呼！善哉！君子虽未至三宗之奇，有心若是，岂不谓②学之足矣？聃云："居善地，心善渊。"今之人顽，肯近斯三宗者，岂不全首领而妙虚灵者乎！此即智人也。愿智者了诸斯学。

诏诰

护持朵甘思、乌思藏诏

大矣哉！大觉金仙。行③矣哉！出无量，历阿僧，下兜率，生梵宫。异哉！雪岭之修，世人过者乎？天上人间，经劫既广，忍④辱⑤愈多，方成佛道，善被人世，法张寰宇。人有从斯道者，天鉴神扶，身后同游于佛境。若违斯道而慢佛者，天鉴神知，羁困地狱，与鬼同处，直候拂石劫尽而⑥方生。其斯忧乎？苦乎？一念同佛，则百祸烟消，化为诸福。今朵甘思、乌思藏两卫之地方，诸院上师踵如来之大教，备五印之多经，代为阐扬，化凶顽以从善，启人心以涤愆。朕谓佛为众生若是，今多院诸师亦为佛若是，而为暗理王纲，与民多福。敢有不遵佛教，而慢诸上师者，就本处都指挥司如律施行。毋怠。

赐西番国师诏

佛教兴于西土，善因博被华夷。虽无律以绳顽，惟仁人而是则。大矣哉！妙

---

① "求"原讹"来"，据（明）葛寅亮撰，何孝荣点校《金陵梵刹志》卷一《御制集》收录该文改。
② "谓"原脱，据（明）葛寅亮撰，何孝荣点校《金陵梵刹志》卷一《御制集》收录该文补。
③ "行"前原衍"出"，据（明）葛寅亮撰，何孝荣点校《金陵梵刹志》卷一《御制集》收录该文删。
④ "忍"原脱，据（明）葛寅亮撰，何孝荣点校《金陵梵刹志》卷一《御制集》收录该文补。
⑤ "辱"后原衍"耻"，据（明）葛寅亮撰，何孝荣点校《金陵梵刹志》卷一《御制集》收录该文删。
⑥ "而"原脱，据（明）葛寅亮撰，何孝荣点校《金陵梵刹志》卷一《御制集》收录该文补。

觉难穷。昔从斯道者，顿悟三空，脱沉沦而出^①苦趣，永离幽冥，使生者怀而死者慕，岂不圣人者欤？迩来西番入贡，有僧公哥监藏巴^②藏卜，乃昔元八思巴帝师之后，人云："踵师之道，深通奥典，独志尤坚，化愚顽以从善，起仁心以涤愆。"虽是遥闻，特加尔圆智妙觉弘教大国师，统治僧民，名当时之善人，永为教中之称首。于戏！寂寞山房^③，俦青灯而读诵，观皓月以吟风，叠膝盘陀之^④上，草衣木食，方契善符。

序
习唐太宗圣教序

乾旋^⑤坤^⑥宁，覆载物以无穷，其常经以四时鉴见荣枯。虽目前之易省化机之运，上古之哲能奚备知其的？然荣枯、隐显、阴阳，见之易解。及其大造者，乾为阳，坤为阴，所以难穷其至微，以其不知其本源也。设若有实之可稽，而纵是^⑦痴愚者亦所不疑，所以至微形隐，人莫测窥，其哲能不得无惑？况如来之教，指实言虚，因空谈有^⑧，化^⑨及万类，善被诸方，现千百亿态，罔有上下，鸿蒙其灵，寰宇是塞，敛之则毫厘潜踪，示生死之俱无^⑩，几风霜而不腐。其敛其张，臻洪休于斯时，觉道而幽灵，效之者奚知其垠？玄传寂寞，稽莫知其本根，致使德小而量薄者，窥探指趣，能无他论者哉？然洪法之肇根于西域，显金身而会汉帝于梦中，获演流于东土。曩因化形迹之时，不言而化，示不生不

---

　　① "出"原讹"生"，据（明）葛寅亮撰，何孝荣点校《金陵梵刹志》卷一《御制集》收录该文改。
　　② "巴"原讹"巳"，据（明）葛寅亮撰，何孝荣点校《金陵梵刹志》卷一《御制集》收录该文改。
　　③ "房"原脱，据（明）葛寅亮撰，何孝荣点校《金陵梵刹志》卷一《御制集》收录该文补。
　　④ "之"原讹"肩"，据（明）葛寅亮撰，何孝荣点校《金陵梵刹志》卷一《御制集》收录该文改。
　　⑤ "旋"原脱，据（明）葛寅亮撰，何孝荣点校《金陵梵刹志》卷一《御制集》收录该文补。
　　⑥ "坤"后原衍"周旋"，据（明）葛寅亮撰，何孝荣点校《金陵梵刹志》卷一《御制集》收录该文删。
　　⑦ "纵是"原讹"踪使"，据（明）葛寅亮撰，何孝荣点校《金陵梵刹志》卷一《御制集》收录该文改。
　　⑧ "有"原脱，据（明）葛寅亮撰，何孝荣点校《金陵梵刹志》卷一《御制集》收录该文补。
　　⑨ "化"后原衍"育"，据（明）葛寅亮撰，何孝荣点校《金陵梵刹志》卷一《御制集》收录该文删。
　　⑩ "俱无"原讹"□狱"，据（明）葛寅亮撰，何孝荣点校《金陵梵刹志》卷一《御制集》收录该文改。

灭，民不教而治。及双林之有故，金色是藏，敛光不镜，时又画像而舒形，金容示现。妙音博被，拔苦趣于幽冥；遗教遐荒，济万类于途舟。故真妙之难瞻，不易能①于一旨，傍谋他术，杂正法以纷纭，致使色空之比假，不无有谤三车之覆驰。

沙门玄奘者，释氏之领袖也。生而慈敏，弃亲以明心，壮②而举动皆契善符，坚持忍辱，碧潭印月。暑夜松风，难同其清洁；玉露野田，未比其③肤润。方寸将及无碍，诸漏仿佛其尽。久必蹑昂霄而凌烟霞，单万岁而无双。敛成④静观，伤大教之倾颓，叹文繁之差谬，欲定真析伪，以滋学者之诚。故延颈西土，孤筇广漠，履险只征，朝飞凝雪以迷空；生径难分，夕风浩瀚走黄沙。以幕川孤进前踪，冒冰霜而侣影。几杨柳之青黄，皆⑤途中之数睹。求深愿重，至劳犹精。遍⑥五印之宝刹，越恒河之渡。立双林之阴，洗钵八⑦水。登鸡足之峦禅、鹫峰之大会，受直指于心。归演洪音，如瀚海之波澜。经分六百，译布中华。阐扬奥典，宥罪释愆，臻善良于百福。其玄如日中之捕影，水中之扪月，洁若青莲，出污泥之不染，犹桂芳秋蕊，香浮室野之馨。慈航业海，倏渡沧溟，体天之造，日月之明。大哉之无为，奚可论乎！

《心经》序

二仪久判，万物备周。子民者君，君育民者法。其法也，三纲五常，以示天下，亦以五刑辅弼之。有等⑧凶顽不循教化者，往往有趋火赴渊之为，终不自

①"能"原脱，据（明）葛寅亮撰，何孝荣点校《金陵梵刹志》卷一《御制集》收录该文补。

②"壮"原讹"状"，据（明）葛寅亮撰，何孝荣点校《金陵梵刹志》卷一《御制集》收录该文校注及明太祖《明太祖御制文集》卷十七、明太祖《明太祖文集》卷十五各收录该文改。

③"其"原脱，据（明）葛寅亮撰，何孝荣点校《金陵梵刹志》卷一《御制集》收录该文补。

④"成"后原衍"鸡"，据（明）葛寅亮撰，何孝荣点校《金陵梵刹志》卷一《御制集》收录该文删。

⑤"霜而侣影。几杨柳之青黄，皆"原脱，据（明）葛寅亮撰，何孝荣点校《金陵梵刹志》卷一《御制集》收录该文补。

⑥"遍"前原衍"而侣影，几杨柳之青黄"，据（明）葛寅亮撰，何孝荣点校《金陵梵刹志》卷一《御制集》收录该文删。

⑦"八"原讹"入"，据（明）葛寅亮撰，何孝荣点校《金陵梵刹志》卷一《御制集》收录该文改。

⑧"等"原脱，据（明）葛寅亮撰，何孝荣点校《金陵梵刹志》卷一《御制集》收录该文补。

省。是凶顽者，非特中国有之，尽天下莫不亦然。俄西域生佛，号曰释迦，其为佛也，行深愿重，始终不二，于是出①世间，脱苦趣。其为教也，仁慈忍辱，而务明心以立命，执此道而为之，意在人皆若此，利济群生。

今时之人，罔知佛之所以，每云法空虚而不实，何以导君子，训小人？以朕言之则不然。佛之教实而不虚，正欲去愚迷之虚，立本性之实，特挺身苦行，外其教而异其名，脱苦有情。昔佛在时，侍从、听从者皆聪明之士，演说者乃三纲五常之性理②也。既闻之后，人各获福。自佛入灭之后，其法流入中国，间有聪明者，动演人天小果，犹能化凶顽以从善。何况聪明者③，知大乘而兼识宗旨者乎？

如《心经》，每言空不言实，所言之空，乃相空耳。除空之外，所存者本性也。所以相空有六，谓④口空说相，眼空色相，耳空听相，鼻空嗅相⑤，舌空味相⑥，身空乐相。其六空之相，又非真相之空，乃妄想之相，为之空相。是空相愚及世人，祸及古今，往往愈堕⑦弥深，不知其几。

斯空相，前代帝王被所惑，而几丧天下者，周之穆王、汉之武帝、唐之玄宗、萧梁武帝、元魏主焘、李后主、宋徽宗。此数帝废国怠政，惟萧梁武帝、宋之徽宗以及杀身，皆由妄想飞升，及入佛天之地。其佛天之地未尝渺茫，此等快乐，世尝有之。为人性贪而不觉，而又取其乐。人世有之者⑧何？且⑨佛天之地，如为国君及王侯者，若不作非为善，能保守此境，非佛天者何？如不能保守而伪为，用妄想之心，即入空虚之境，故有如是。斯空相，富贵者被缠，则淫欲并生，丧富矣；贫者被缠，则诸诈并作，殒身矣；其将贤未贤之人被缠，则非仁

① "出"原脱，据（明）葛寅亮撰，何孝荣点校《金陵梵刹志》卷一《御制集》收录该文补。
② "性理"原讹"本性"，据（明）葛寅亮撰，何孝荣点校《金陵梵刹志》卷一《御制集》收录该文改。
③ "者"原脱，据（明）葛寅亮撰，何孝荣点校《金陵梵刹志》卷一《御制集》收录该文补。
④ "谓"原讹"说"，据（明）葛寅亮撰，何孝荣点校《金陵梵刹志》卷一《御制集》收录该文改。
⑤ "相"原脱，据（明）葛寅亮撰，何孝荣点校《金陵梵刹志》卷一《御制集》收录该文补。
⑥ "相"原脱，据（明）葛寅亮撰，何孝荣点校《金陵梵刹志》卷一《御制集》收录该文补。
⑦ "堕"原讹"惰"，据（明）葛寅亮撰，何孝荣点校《金陵梵刹志》卷一《御制集》收录该文改。
⑧ "者"原脱，据（明）葛寅亮撰，何孝荣点校《金陵梵刹志》卷一《御制集》收录该文补。
⑨ "且"原讹"不入"，据（明）葛寅亮撰，何孝荣点校《金陵梵刹志》卷一《御制集》收录该文改。

人君子也；其僧、道被缠，则不^①能立本性、见宗旨也。所以本经题云《心经》者，正欲去^②心之邪念，以归^③正道，岂佛教之妄耶？

朕特述此，使聪明者^④观二仪之覆载，日月之循环，虚实之孰取，保命者何如。若取有道，保有方，岂不佛法之良哉！色空之妙乎！

御制圣母印施《藏经》序

朕闻儒术之外，释氏有作，以虚无为宗旨，以济度为妙用。其真诠密微，其法派阂演。贞观而后，代译岁增，兼^⑤总群言，苞裹八极，贝叶有所不尽，龙藏有所难穷。惟兹《藏经》，缮始于永乐庚子，梓成于正统庚申，由大乘般若以下，计六百三十七函。我圣母慈圣宣文明肃皇太后又益以《华严悬谈》以下四十一函，而释典大备。夫一心生万法，万法归一心，诸佛心印，人人具足，观善觉迷，诸苦解脱，一觉一善，皆资胜因。是以闻其风者，亿兆为之翕习；慕其教者，贤愚靡不归依。则知刑赏所及，权衡制之；刑赏所不及，善法牖之。盖生成之表，别有陶冶矣。先师素王亦云："圣人神道以设教，善世而博化。"谛观象教，讵不信然^⑥？

恭惟圣母浚发弘愿，普济群伦，遂^⑦托忠诚诱善，勤侍传^⑧宣，广修众因，乃印禅经，布施净土；兼立梵宇，斋施僧伦；成修宝塔，立竖于虚空；绘塑金容，散施于大地；济贫拔苦，召赦孤幽，无善不作，无德不备。证三身于此世

---

①"不"前原衍"不"，据（明）葛寅亮撰，何孝荣点校《金陵梵刹志》卷一《御制集》收录该文删。

②"去"原脱，据（明）葛寅亮撰，何孝荣点校《金陵梵刹志》卷一《御制集》收录该文补。

③"归"后原衍"息方入"，据（明）葛寅亮撰，何孝荣点校《金陵梵刹志》卷一《御制集》收录该文删。

④"者"原脱，据（明）葛寅亮撰，何孝荣点校《金陵梵刹志》卷一《御制集》收录该文补。

⑤"兼"原讹"减"，据（明）葛寅亮撰，何孝荣点校《金陵梵刹志》卷三十一《聚宝山报恩寺》收录该文改。

⑥"然"原脱，据（明）葛寅亮撰，何孝荣点校《金陵梵刹志》卷三十一《聚宝山报恩寺》收录该文补。

⑦"遂"原脱，据（明）葛寅亮撰，何孝荣点校《金陵梵刹志》卷三十一《聚宝山报恩寺》收录该文补。

⑧"传"前原衍"遂"，据（明）葛寅亮撰，何孝荣点校《金陵梵刹志》卷三十一《聚宝山报恩寺》收录该文删。

今生，明四智于六通心地，普惠云兴，普贤瓶泻。大①垂玄泽，甘露沾洒三千；遍②覆慈云，法雨滋培于百亿③。无微无巨，咸受益而蒙荣；有性有生，尽餐和而饮惠。俾福利之田，与人同乐；仁寿之域，举世咸登。如是功德，讵可思议？且如来果报，从无量功德，生一切善言之赞叹，一切善气之导凝④。况我圣母延龄，如天永永；且我国家保泰，降福穰穰矣。于戏！盛哉！大觉之教，宜其超九流而处尊，偕⑤三五以传远也。朕因观斯大教，而缮序以助其文，则亦可垂于永劫矣。

万历□□年□月□日

说

佛教利济说

释迦之为道也，惟心善世。其三皇五帝教治于民，不亦善乎？何又释迦而为之？盖世乖俗薄，人从实者少，尚华者众，故瞿昙氏之子异⑥其修，异其教，故天假其灵神之。是说空比假，示有无之训，以导顽恶，斯成道也。今二千余年，虽有慕道者众，踵斯道者鲜矣。然而间有空⑦五蕴，寂憎爱，度世之苦厄者有之。此所以佛之妙，或张或敛。斯神也，巨则灵通上下，潜则微匿毫端，是故

---

① "大"前原衍"三千"，据（明）葛寅亮撰，何孝荣点校《金陵梵刹志》卷三十一《聚宝山报恩寺》收录该文删。

② "遍"原讹"偏"，据（明）葛寅亮撰，何孝荣点校《金陵梵刹志》卷三十一《聚宝山报恩寺》收录该文改。

③ "百亿"原讹"万劫"，据（明）葛寅亮撰，何孝荣点校《金陵梵刹志》卷三十一《聚宝山报恩寺》收录该文改。

④ "凝"原脱，据（明）葛寅亮撰，何孝荣点校《金陵梵刹志》卷三十一《聚宝山报恩寺》收录该文补。

⑤ "偕"原讹"宿"，据（明）葛寅亮撰，何孝荣点校《金陵梵刹志》卷三十一《聚宝山报恩寺》收录该文改。

⑥ "异"前原衍"尚"，据（明）葛寅亮撰，何孝荣点校《金陵梵刹志》卷一《御制集》收录该文删。

⑦ "空"原脱，据（明）葛寅亮撰，何孝荣点校《金陵梵刹志》卷一《御制集》收录该文补。

聪者欲得杳然①，愚者无心，或有善之②。其故何也？所以天③机之妙，人莫能与知④。设使与知⑤，则人与肩也，奚上之而奚下之耶？且佛之教，务⑥因缘，专果报，度人之速，甚于飘风骤雨，急极之而无已，人莫佛知。

今之人愚，乃曰佛善超生度死。朕尝笑之。所以超生度死，朕尝分析，愚谁我知？妙哉！佛之灵。人能生，肯为善，则死亦升矣。设使生弗为善，死亦弗升，岂不定业者欤！夫何时人不知修持之道，顽者弃而为者旷，获宗旨⑦者少，纵得之者甚微。若时人⑧知修持之道，以道佐人生，利济群生，其得⑨也广。若量后世子孙，其福甚博。所以者何？盖济众则众报之。其修身者否济众，一身而已，云何巨福之有哉！

僧犯宪说

佛之立教也，惟慈以及众，身先忍辱。所修者，诸恶不作，百善奉行。斯佛出世，始此因由。于西域五天竺国，贤愚敬之，无有慢心。五百年然后流传中国，贤信愚化，又二千年。其间智人亦因是而通神者有之，有流此而无终者有之。然凡居是者，必忘憎爱，去贪嗔，却妄想，虽不前知，亦也效佛之宜。

洪武十一年秋八月，天界有僧诉于中书，其辞曰："为主僧者非礼辱甚。"中书下刑部究其源，其间观形状，识缘由，自妬忌而起，信谗而乱，以致福消祸增，累及平人若干。比问分明，人各受刑矣。于戏！祸福无门，惟人召而速至。僧不务修，造愆而犯宪，法司论如律。宜哉！

---

① "然"原脱，据（明）葛寅亮撰，何孝荣点校《金陵梵刹志》卷一《御制集》收录该文补。
② "之"原脱，据（明）葛寅亮撰，何孝荣点校《金陵梵刹志》卷一《御制集》收录该文补。
③ "天"前原衍"然"，据（明）葛寅亮撰，何孝荣点校《金陵梵刹志》卷一《御制集》收录该文删。
④ "知"原讹"之"，据（明）葛寅亮撰，何孝荣点校《金陵梵刹志》卷一《御制集》收录该文改。
⑤ "知"原讹"之"，据（明）葛寅亮撰，何孝荣点校《金陵梵刹志》卷一《御制集》收录该文改。
⑥ "务"原脱，据（明）葛寅亮撰，何孝荣点校《金陵梵刹志》卷一《御制集》收录该文补。
⑦ "旨"原脱，据（明）葛寅亮撰，何孝荣点校《金陵梵刹志》卷一《御制集》收录该文补。
⑧ "人"原讹"久"，据（明）葛寅亮撰，何孝荣点校《金陵梵刹志》卷一《御制集》收录该文改。
⑨ "得"原讹"道"，据（明）葛寅亮撰，何孝荣点校《金陵梵刹志》卷一《御制集》收录该文改。

论

三教论

夫三教之说，自汉历宋至今，人皆称之。故儒以仲尼，佛祖释迦，道宗老聃。于斯三事，误陷老子，已有年矣。孰不知老子之道[①]，非金丹黄冠之术也，乃有国有家者日用常行，有不可缺者是也。古今以老子为虚无，实谬哉！其老子之道，密三皇五帝之仁，法天正[②]己，动以时而举合宜，又非升霞、禅定之机，实与仲尼之志齐，言简而意深。时人不识，故弗用，为好仙佛者假之。若果必欲称三教者，儒以仲尼，佛以释迦，仙以赤松子辈，则可以为教之名称无瑕疵。况于三者之道，幽而灵，张而固，世人无不益其事，而行于世者，此天道也。

古今人志有不同，贪生怕死，而非聪明。求长生不死者故有，为帝兴之，为民富者尚之慕之。有等愚昧，罔知所以，将谓佛、仙有所误国扇民，特敕令以灭之，是以兴灭无常。此盖二教遇小聪明而大愚者，故如是。昔梁武好佛，遇神僧宝公者，其武帝终不遇佛证果。汉武帝、魏武[③]帝、唐明皇皆好神仙，足世而不霞举。以斯之所求，以斯之所不验，则仙、佛无矣，致愚者不信。若左慈之幻操，栾巴之噀酒，起贪生者慕。若韩愈之匡君表，以躁不以缓，绝鬼神，无毫厘，惟王纲属焉。则鬼神知韩退之如是，则又家出仙人。此天地之大机，以为训世。若崇尚者从而有之，则世人皆虚无，非时王之治。若绝弃之而杳然，则世无鬼神[④]，人无畏天[⑤]，王纲力用焉？

于斯三教，除仲尼之道祖尧、舜，率三王，删诗制典，万世永赖；其佛、仙之幽灵，暗助王纲，益世无穷，惟常是吉。尝闻天下无二道，圣人无两心。三教之立，虽持身荣俭之不同，其所济给之理一。然于斯世之愚人，于斯三教，有不可缺者。

---

① “道”原脱，据（明）葛寅亮撰，何孝荣点校《金陵梵刹志》卷一《御制集》收录该文补。

② “天正”原倒，据（明）葛寅亮撰，何孝荣点校《金陵梵刹志》卷一《御制集》收录该文改。

③ “武”原脱，据（明）葛寅亮撰，何孝荣点校《金陵梵刹志》卷一《御制集》收录该文补。

④ “无鬼神”原脱，据（明）葛寅亮撰，何孝荣点校《金陵梵刹志》卷一《御制集》收录该文补。

⑤ “天”后原衍“命为”，据（明）葛寅亮撰，何孝荣点校《金陵梵刹志》卷一《御制集》收录该文删。

释道论

夫释、道者，玄也。自古圣至于三皇，不闻其说。后梁武帝时，有胡僧，其状颇异，自西来中国，栖江左。于是乎面壁九年，号曰达磨，乃西天佛子相绍二十八祖，传来东土，作初祖。彼说有佛，武帝钦之。且道者何也？因周柱下史李氏，纪国家之兴废，有冲太虚、察九泉之机，遂隐①入山，名老聃，凡事有先知之觉，务生而不杀，故称曰道。此有而真传，其说可为信也。时人妄立名色，以空界号上、玉二清，与聃共三，曰三清。说大罗兜率天界，使人慕而隐其机，与僧悟禅如是。僧言地狱镬汤，道言洞里乾坤、壶中日月，皆非实相。此二说俱空，岂足信哉？然此佛虽空，道虽玄，于内奇天机而人未识，何也？

假如三教，惟儒者凡有国家不可无。夫子生于周，立纲常而治礼乐，助国宏休，文庙祀焉而有期，除官宦叩仰，愚民未知所从。夫子之奇，至于如此。释迦与老子，虽玄奇过万世，时人未知其的，每所化处，宫殿室阁，与国相齐，人民焚香叩祷，无时不至。二教初显化时，所求必应，飞悟有之，于是乎感动化外蛮夷，及中国假处山薮之愚民，未知国法，先知虑生死之罪，以至于善者多，而恶者少，暗理王纲，于国有补无亏，谁能知识？凡国家常则吉，泥则误国甚焉。本非实相，妄求其真，祸生有日矣，惟常至吉。近代以来，凡②释、道者，不闻③谈精进般若、虚无实相之论，每有欢妻抚子，暗地思欲，散居尘世，污甚于民，反累宗门，不如俗者，时刻精至也。

诵经论

暇游天界，入寺，闻钟④，且经⑤声嘹亮。正行间，遥见长老持炉而来，少

①"隐"原讹"因山而"，据（明）葛寅亮撰，何孝荣点校《金陵梵刹志》卷一《御制集》收录该文改。

②"凡"前原衍"不闻"，据（明）葛寅亮撰，何孝荣点校《金陵梵刹志》卷一《御制集》收录该文删。

③"不闻"原脱，据（明）葛寅亮撰，何孝荣点校《金陵梵刹志》卷一《御制集》收录该文补。

④"钟"原讹"经"，据（明）葛寅亮撰，何孝荣点校《金陵梵刹志》卷一《御制集》收录该文改。

⑤"经"原讹"钟"，据（明）葛寅亮撰，何孝荣点校《金陵梵刹志》卷一《御制集》收录该文改。

时诣前。礼毕，朕问："和尚，彼中撞钟击鼓，香烟缭绕，经声琅然，必好善者送供，以饭诸僧乎？"长老对曰："近日并^①无饭僧者。"朕又问长老："既无饭僧者，诸人止可寂寥面壁，以观想为然，何故周旋精舍，众口喃喃？"长老曰："僧之所以讽经者，恐有过失，诵之不过释愆耳。"朕既听斯言，忽然嗟叹。噫！愚哉！岂不听解之差矣？所以僧多愚而不善，民广顽而不良，以其悟机错矣。且佛之有经者，犹国著令；佛有戒，如国有律。此皆导人以未犯之先，化人不萌其恶。所以古云："天下无二道，圣人无两心。"名虽异，理则一。然以朕观之，佛所以教人讽经者有二，若谈经说法化愚者，必琅然其声，使观听者解其意，而善其心，所以不虑其意，止讽诵之；若自欲识西来之意，必幽居净室，使目诵心解，岁久而机通，诸恶不作，百善从心所至。于斯之道，佛经岂不大矣哉！利益甚矣！岂有诵经不解其意，止顾口熟，心怀恶毒，岁月以来，集业深重，自知非礼，却乃诵经，以欲释之，可乎？

　　譬犹国之律令，所以禁暴止邪，皆出之于未犯之先，乃救狂恶，而生善良者。上自三皇，以至于唐、宋、元，列圣相传。观斯之道，岂不天地者欤？或曰："民有善诵律令者如流。"朕将为识其意，不憚刑宪。又知却乃真愚夫愚妇，徒然诵熟，罔识其意。忽一日，有奏朕曰："民有犯法者，捶父凌母。考之于律，诸犯者重莫过于此。臣将施行，其犯人亲属印律成千，诵声琅然。有此知律善讽者，以此为赎罪。臣不敢施行，特来上闻，幸望宥^②之。"朕谓奏臣曰："古者帝王立法令所以申明之，律所以戒责之，一定不易之法，民有知而不善者，法当尤重，安有赎焉？经云：'五刑之属三千，而罪莫大于不孝。'虽古圣^③人，亦^④恶其恶。朕薄德之见，安敢易古人之法欤？佛犹人^⑤，人亦佛性也。

---

　　①"无饭僧者。朕又问……臣不敢施行，特来上闻，幸望"原脱，据（明）葛寅亮撰，何孝荣点校《金陵梵刹志》卷一《御制集》收录该文补。

　　②"宥"前原衍"闻驾至俯赐"，据（明）葛寅亮撰，何孝荣点校《金陵梵刹志》卷一《御制集》收录该文删。

　　③"圣"原脱，据（明）葛寅亮撰，何孝荣点校《金陵梵刹志》卷一《御制集》收录该文补。

　　④"亦"后原衍"佛性也尚"，据（明）葛寅亮撰，何孝荣点校《金陵梵刹志》卷一《御制集》收录该文删。

　　⑤"人"前原衍"圣"，据（明）葛寅亮撰，何孝荣点校《金陵梵刹志》卷一《御制集》收录该文删。

既有违背经戒之徒，在佛必律之，以深重祸愆，安肯释宥者？于戏！愚至于酩酊之酤，撼之而不醒；浊至于大河之流，澄之而不清。愚哉！愚哉！不可不修悟之。

拔儒僧入仕论

丈夫之于世，有志者事竟成。昔释迦为道，不言而化，不治而不乱。仲尼亦云："西方有大圣人。"然释迦①本同于人，而②乃善道若是。斯非人世之人，此天地变化，训世之道，故能善世如此。且诸罗汉住世，应真幻化不一，亦此道也，或居天上人间。以朕观之，若此者不可多，释迦安可再生？方今虽有③僧④，间能⑤昂然而坐去者，不过⑥幻化而已。即目修行人者，皆积后世之事，或登天上及人间好处。以⑦此观之，遐迩之道，时人不分。假如方今天堂、地狱，昭昭于目前，时人自不知耳。今之天堂，若民有贤良方正之士，不干宪章，富而有家赀，儿女妻妾奴仆满前。若仕，以道佐人主，身名于世，禄及其家，贵为一人之下，居众庶之上，高堂大厦，妻妾朝送暮迎，此非天堂者何？若民有顽恶⑧不悛，及官吏而贪弊，上欺君而下虐善，一旦人神见怒，法所难容。当此之际，抱三木而坐幽室，欲亲友之见者杳然。或时法具临身，苦楚不禁，其号呼动天地，亦不能免，必将殒命而后已。斯非⑨地狱者⑩何？其天堂、地狱，有不难见者也。

尔昤、严辈等，堂堂仪表，已入清虚之境，若志坚心永，则乐清风于翠微深

---

① "释迦"原脱，据（明）葛寅亮撰，何孝荣点校《金陵梵刹志》卷一《御制集》收录该文补。
② "而"后原衍"释迦"，据（明）葛寅亮撰，何孝荣点校《金陵梵刹志》卷一《御制集》收录该文删。
③ "有"原脱，据（明）葛寅亮撰，何孝荣点校《金陵梵刹志》卷一《御制集》收录该文补。
④ "僧"后原衍"多"，据（明）葛寅亮撰，何孝荣点校《金陵梵刹志》卷一《御制集》收录该文删。
⑤ "能"原脱，据（明）葛寅亮撰，何孝荣点校《金陵梵刹志》卷一《御制集》收录该文补。
⑥ "过"后原衍"能"，据（明）葛寅亮撰，何孝荣点校《金陵梵刹志》卷一《御制集》收录该文删。
⑦ "以"原讹"似"，据（明）葛寅亮撰，何孝荣点校《金陵梵刹志》卷一《御制集》收录该文改。
⑧ "恶"后原衍"者"，据（明）葛寅亮撰，何孝荣点校《金陵梵刹志》卷一《御制集》收录该文删。
⑨ "非"原脱，据（明）葛寅亮撰，何孝荣点校《金陵梵刹志》卷一《御制集》收录该文补。
⑩ "者"原讹"几"，据（明）葛寅亮撰，何孝荣点校《金陵梵刹志》卷一《御制集》收录该文改。

处，吟皓月于长更，岁睹山岳之青黄，目百川之消长，虽咫尺红尘，而乃一尘不染，障碍全亡，非独将来有率陀之登一方。今寂寞之趣，比俗者之无知，舍可行之道，而意趋火赴渊，其天堂、地狱，岂不两皆①迩耶！若僧之不谷，兼通漏未具，宿本无缘，加之累恶积愆，岂异俗者趋火赴渊之愚者矣？尔必欲异此道而杰为，须知利害之两端，然后从之。所利②者居官食禄，名播寰中。若欲高名食禄，同君不朽，必持心以义，练志以忠，佐君以仁，夙夜在公，无虐③下而罔上，乃得利贞，斯利也。若视禄之少，见赃之重，如渊底之鱼，闻饵而浮，吞钩于腹，此其所以害也。朕今以天堂、地狱之由，示之于尔，尔当深思熟虑，剖④决是非，然后来朝，则当授之以官，未审悦乎？若果悦而仕，则虚名泯而实名彰，其丈夫之志，岂不竟成哉！

宦释论

古今通天下、居民⑤上者，圣贤也。其所得圣贤之名称者云何？盖谓善守一定不易之道，而又能身行而化天下顽愚者也，故得称名之。其所以不易之道云何？三纲五常是也。是道也，中国驭世之圣贤能⑥相继而行之。终世而不⑦异此道者，方为圣贤。未尝有⑧舍此道而安天下⑨，圣贤之称，未之有也。所以世人于世善获生全者，托以彝伦攸序，乃为古今之常经。于戏！于斯之道，圣贤备而守行⑩之，不亦善乎⑪斯道！自中古以下，愚顽者出，不循教者广，故天地异生圣人于西方，备神通而博变化，谈虚无之道，动以果报因缘。是道流行西土，其

---

① "皆"原讹"阶"，据（明）葛寅亮撰，何孝荣点校《金陵梵刹志》卷一《御制集》收录该文改。
② "利"后原衍"害"，据（明）葛寅亮撰，何孝荣点校《金陵梵刹志》卷一《御制集》收录该文删。
③ "虐"原讹"毫"，据（明）葛寅亮撰，何孝荣点校《金陵梵刹志》卷一《御制集》收录该文改。
④ "剖"原脱，据（明）葛寅亮撰，何孝荣点校《金陵梵刹志》卷一《御制集》收录该文补。
⑤ "居民"原倒，据（明）葛寅亮撰，何孝荣点校《金陵梵刹志》卷一《御制集》收录该文改。
⑥ "能"原脱，据（明）葛寅亮撰，何孝荣点校《金陵梵刹志》卷一《御制集》收录该文补。
⑦ "不"后原衍"能"，据（明）葛寅亮撰，何孝荣点校《金陵梵刹志》卷一《御制集》收录该文删。
⑧ "有"原脱，据（明）葛寅亮撰，何孝荣点校《金陵梵刹志》卷一《御制集》收录该文补。
⑨ "下"原脱，据（明）葛寅亮撰，何孝荣点校《金陵梵刹志》卷一《御制集》收录该文补。
⑩ "行"原脱，据（明）葛寅亮撰，何孝荣点校《金陵梵刹志》卷一《御制集》收录该文补。
⑪ "乎"后原衍"行"，据（明）葛寅亮撰，何孝荣点校《金陵梵刹志》卷一《御制集》收录该文删。

愚顽闻之，如流之趋下。渐入中国，阴翊王度，已有年矣。斯道非异圣人之道，而同焉。其非圣贤之人，见浅而识薄，必然以为异。所以可以云异者，在别阴阳虚实之道耳。所以佛之道云阴者何？举以鬼神，云以宿世，以及将来，其应莫知，所以幽远不测，所以阴之谓也，虚之谓也。其圣贤之道为阳教，以目前之事，亦及^①将来，其应甚速，稽之有不旋踵而验，所以阳之^②谓也，实之谓也。斯二说，名之谓也异，行之则也异，若守之于始，行之终矣，则利济万物，理亦然也。所以天下无二道，圣人无两心。

其佛、道之初立也，穷居独处，特忘其乐之乐，去其忧之忧，无求豪^③贵，无藐寒微。及其成也，至神至灵，游乎天外，察乎黄泉，利生脱苦，善便^④无穷。所以当时之愚顽，耳闻目击而效之。今世之愚顽，慕而自化之。呜呼！不亦善乎！吁！艰哉^⑤！今时修行者，反是道而行之。何以见反是道而行之？方^⑥今为僧者，不务佛之本行，污^⑦市俗，居市廛，以堂堂之貌，七尺之躯，或逢人于道，或居庵受人以谒。其所谒者，贤愚贵贱皆有之，必先屈节以礼之然后可。然^⑧修者以此为忍辱之一端耳。若以堂堂之貌，七尺之躯，忍辱于人，将后果了此道？何^⑨枉^⑩辱也哉！若将后不能了此道，其受辱屈节，果何益乎？况生不能养父母于家，死无后嗣立^⑪姓同人于天地间，当此之时，如草之值秋，遇严霜而尽槁，比木之有丛，凌风寒而永岁月，使飞者巢颠，走者窝下。惜哉！惜哉^⑫！不亦悲乎？

---

① "及"原脱，据（明）葛寅亮撰，何孝荣点校《金陵梵刹志》卷一《御制集》收录该文补。
② "之"原讹"诰"，据（明）葛寅亮撰，何孝荣点校《金陵梵刹志》卷一《御制集》收录该文改。
③ "豪"原讹"毫"，据（明）葛寅亮撰，何孝荣点校《金陵梵刹志》卷一《御制集》收录该文改。
④ "便"原讹"变"，据（明）葛寅亮撰，何孝荣点校《金陵梵刹志》卷一《御制集》收录该文改。
⑤ "哉"原讹"乎"，据（明）葛寅亮撰，何孝荣点校《金陵梵刹志》卷一《御制集》收录该文改。
⑥ "方"原脱，据（明）葛寅亮撰，何孝荣点校《金陵梵刹志》卷一《御制集》收录该文补。
⑦ "污"后原衍"方"，据（明）葛寅亮撰，何孝荣点校《金陵梵刹志》卷一《御制集》收录该文删。
⑧ "然"原讹"以"，据（明）葛寅亮撰，何孝荣点校《金陵梵刹志》卷一《御制集》收录该文改。
⑨ "何"前原衍"其受辱"，据（明）葛寅亮撰，何孝荣点校《金陵梵刹志》卷一《御制集》收录该文删。
⑩ "枉"原讹"往"，据（明）葛寅亮撰，何孝荣点校《金陵梵刹志》卷一《御制集》收录该文改。
⑪ "立"原讹"异"，据（明）葛寅亮撰，何孝荣点校《金陵梵刹志》卷一《御制集》收录该文改。
⑫ "惜哉"原脱，据（明）葛寅亮撰，何孝荣点校《金陵梵刹志》卷一《御制集》收录该文补。

今之时，若^①有大至智者，入博修之道，律身保命，受君恩而食禄，居民上而官称，若辅君政，使冤者离狱，罪者入囚，农乐于陇亩，商交于市廛，致天下之雍熙，岂不善哉！博修之道乎？阴骘之后益乎？今之官吏者不然，往往倒持仁^②义，酷害良民，使民视之^③，如^④蛇蝎之附体，蚊蚋之吮身，无启敬之前，有畏避之却，安得不恶声四出，艰于后乎？若欲圣贤之名称，僧之行立，不亦难乎！

鬼神有无论

有来奏者："野有暮持火者数百，候之，倏然而灭。闻井有汲者，验之无迹，俄而呻吟于风雨间，日^⑤悲嚎于星月，有时似^⑥人。白昼诚有应，人^⑦而投石，忽现忽隐，现之则一体如人，隐之则寂然杳^⑧然^⑨。或祟人以祸，或佑人以福，斯数状昭昭然，皆云鬼神而已。臣不敢匿，谨拜手以奏。"时傍人乃曰："是妄诞耳。"朕谓傍曰："尔何知其然哉？"对曰："人禀天地之气而生，故人形于世，少而壮，壮而老，老而衰，衰而^⑩死。当死之际，魂升于天，魄降于地。夫魂也者，气也，既达高穹，逐清风而四散。且魄，骨肉毫发者也，既仆于地，化土而成泥。观斯魂、魄，何鬼之有哉？所以仲尼不言者，为此也。"

曰："尔所言者，将及性理，而未为是，乃知朕耳。其鬼神之事未尝无，甚显而甚寂，所以古之哲王立祀典者，以其有之而如是。其于显、寂之道，必有为而为。夫何故？盖为有不得其死者，有得其死者，有得其时者，有不得其时者。

---

① "若"前原衍"惜哉"，据（明）葛寅亮撰，何孝荣点校《金陵梵刹志》卷一《御制集》收录该文删。

② "持仁"原倒，据（明）葛寅亮撰，何孝荣点校《金陵梵刹志》卷一《御制集》收录该文改。

③ "之"原脱，据（明）葛寅亮撰，何孝荣点校《金陵梵刹志》卷一《御制集》收录该文补。

④ "如"原脱，据（明）葛寅亮撰，何孝荣点校《金陵梵刹志》卷一《御制集》收录该文补。

⑤ "日"原脱，据（明）葛寅亮撰，何孝荣点校《金陵梵刹志》卷一《御制集》收录该文补。

⑥ "似"前原衍"仅"，据（明）葛寅亮撰，何孝荣点校《金陵梵刹志》卷一《御制集》收录该文删。

⑦ "人"原脱，据（明）葛寅亮撰，何孝荣点校《金陵梵刹志》卷一《御制集》收录该文补。

⑧ "杳"前原衍"而"，据（明）葛寅亮撰，何孝荣点校《金陵梵刹志》卷一《御制集》收录该文删。

⑨ "然"原脱，据（明）葛寅亮撰，何孝荣点校《金陵梵刹志》卷一《御制集》收录该文补。

⑩ "衰，衰而"原脱，据（明）葛寅亮撰，何孝荣点校《金陵梵刹志》卷一《御制集》收录该文补。

不得其死者何？为壮而夭，屈而灭。斯二者，乃不得其死也。盖因人事而未尽，故显。且得其死者，以其人事而尽①矣，故寂。此云略耳。且前所奏者，其状若干，皆有为而作。何以知之？但知之者不难矣。且上古尧、舜之时，让位而君天下，法不更令，民不移居，生有家而死有墓，野无鏖战，世无游魂，祀则当其祭，官②则当其人，是以风雨时，五谷登，灾害不萌，乖沴不现，此之谓也。自秦、汉以来，兵戈相侵，君臣矛盾，日争月夺，杀人蔽野，鳏寡孤独于世，致有生者、死者，各无所依。生无所依者，惟仰君而已。死无所依者，惟冤是恨。以至于今，死者既多，故有隐而有现。若有时而隐，以其无为也。若有时而现，以其有为也。然而君子、小人各有所当，以其鬼神不谬。卿云无鬼神，将无畏于天地，不血食于祖宗，是何人哉！今鬼或显或寂，所在其人见之，非福即祸，将不远矣。其于千态万状，呻吟悲嚎，可不信有之哉！"

明施论

朕尝观世俗善良者，慕佛敬僧，于心甚切，往往大舍布施，倾心向道，意在积功累行，欲目前之福臻身，死不堕地狱，亦欲延及子孙者也。观斯之善，岂不良哉？奈何认僧差矣。为何？盖为闻僧善者，及住持名寺，加衣钵整齐者，往往广与布施。若善者果有微觉，则将所得之物转与贫难者，于前好善者颇相增福。若不知觉，集之无穷，则祸增而福③减。若住持名寺者，广得④布施，贫难不济，与⑤同党类，私相盗用，非理百端，寺颓而无补，于前好善，亦加祸焉。于斯之道，好善之心⑥固笃，布施之心甚差。

若善人欲功德延及子孙，当舍物于力修之僧，然后方有功德，足慕道之心。

---

①"故显。且得其死者，以其人事而尽"原脱，据（明）葛寅亮撰，何孝荣点校《金陵梵刹志》卷一《御制集》收录该文补。

②"官"原讹"当"，据（明）葛寅亮撰，何孝荣点校《金陵梵刹志》卷一《御制集》收录该文改。

③"福"原讹"祸或"，据（明）葛寅亮撰，何孝荣点校《金陵梵刹志》卷一《御制集》收录该文改。

④"得"原讹"而"，据（明）葛寅亮撰，何孝荣点校《金陵梵刹志》卷一《御制集》收录该文改。

⑤"与"原讹"于"，据（明）葛寅亮撰，何孝荣点校《金陵梵刹志》卷一《御制集》收录该文改。

⑥"心"原讹"人"，据（明）葛寅亮撰，何孝荣点校《金陵梵刹志》卷一《御制集》收录该文改。

所以力修之僧者谁？隆冬之时，衣服颓靡，叠膝禅房，慕如来六年之苦行，意欲了心性，以化世人，皆同善道。虽严寒肌肤为之冻裂，虽酷暑蚊虫为之吮血，亦不相告。若出禅房，游市井，使俗人见之，衣颓而形槁。故所以世俗耳目无所惊眩，不得布施耳。嗟夫！以此僧之状，以好善者求佛，虽真佛临世，化为力修僧人，亦不为凡夫所识。朕所以言者，令好善者①济贫而不济富，无名者②爱之，有名者敬之，其福将源源焉。

修教论

佛之教，上古未闻。惟始自周之时，方闻异人生于西域。其人也，净饭国王之子，既生既长，观世人之祸福，睹日月之升沉，见人之造非，如酩酊之醉未醒，如夜中睡酣而未觉，以致罪重危山，愆深旷海，愈③堕弥漫，无由自释。佛因是而起大悲愿心，立忍辱苦行之法门，意在消愆而息祸，利济群生。时乃登雪岭而静居，观心省性，六载道成。及其归，演大乘，虽有二千五百人俱，人皆未解幽微。佛见愚多而贤少，改演小乘之法，使昏愚者听知，如醉而复醒，睡而还觉，人各识祸而知愆，惟修善而可弭。呜呼！佛之心为④世人，乃有若是之举。吾中国圣人有云："天命之谓性，率性之谓道⑤，修道之谓教。"今闻佛有二乘之说，岂不"修道之谓教"乎？

今人罔知所以修道教人之何如，乃有废道积愆之举，更不知存心何如。迩闻天界⑥寺住持者，每晨昏则仪有向诸佛之礼，所以礼向者，则当徒步周旋顶礼，乃为恭敬之道，而为修道之行也。今是僧懒于周旋，不敢越向佛之仪，故废修以行之，特以轿令人舁之，周旋于诸佛之前，于礼未宜，于勤苦不当。若以今后人

---

① "者"原讹"姑"，据（明）葛寅亮撰，何孝荣点校《金陵梵刹志》卷一《御制集》收录该文改。
② "者"原脱，据（明）葛寅亮撰，何孝荣点校《金陵梵刹志》卷一《御制集》收录该文补。
③ "愈"原脱，据（明）葛寅亮撰，何孝荣点校《金陵梵刹志》卷一《御制集》收录该文补。
④ "为"原讹"惟"，据（明）葛寅亮撰，何孝荣点校《金陵梵刹志》卷一《御制集》收录该文改。
⑤ "道"原脱，据（明）葛寅亮撰，何孝荣点校《金陵梵刹志》卷一《御制集》收录该文补。
⑥ "天界"原讹"三大"，据（明）葛寅亮撰，何孝荣点校《金陵梵刹志》卷一《御制集》收录该文改。

法之，斯乃率性者与？修道者与？若以此观之，必失"修道之谓教"矣，可谓废道积愆矣。俄而有来告者："昨晨天界住持向佛瞻礼，坠轿以折足，数日不闻钟鼓之声，虚堂废法。"因是而致吾有叹："呜呼！昔禅之谬仪，积之今日方应，可谓定业难逃矣，果报昭然矣。今后若欲同佛之修，则当苦行勿华，勿劳人以自逸，乃称斯道。不然，愆重危山，祸深弥海①，于斯效验，可不警戒之哉！"

杂著
问佛、仙

佛、仙有无，诚如黑白，惟释迦与叱羊者能之。噫！道矣哉！灵如是。昔人见，今人闻之，相传数千年，一体如斯者，未睹散圣有之，尚未得其传。方今凶顽是化，良善契从，仙乃务思凌烟霞，而蹑昂霄，会王母于天京；释乃敛神一志，静观玄关，意在出无量劫，而升兜率。志斯二事者，道盈庵而僧满寺。以百人为数，九十九人失道迷宗。或曰："陆沉其一。"傍②曰："鬼神不泄机，仙有尸解，佛有千百亿态，孰知升沉迷失者耶？"为此有慕而不绝者，有毁而不灭者，此岂佛、仙有无之验哉？"洪武八年，见二教中英俊群然，博才者众，特以二敕谕之。敕以舍彼而从事杰乎？舍事而从彼志③乎？聪愚者必皆两图，谕由己而敕不专信乎？谕尔僧、道，备以陈之。又，朕观如来修行，虽苦之至，但六载而道成，其妙觉之灵，则有千百亿化。效之者莫知④至微，或得之者亦不知自何而至。道祖老子，神仙继之，或幻而或真，神通盛，效之者亦莫知源何。夫子之立教，彝伦攸叙，效之者可以探其趣，诚如夫子者鲜矣。于斯三者，可以兴灭乎？

---

① "海"原讹"漫"，据（明）葛寅亮撰，何孝荣点校《金陵梵刹志》卷一《御制集》收录该文改。
② "傍"原脱，据（明）葛寅亮撰，何孝荣点校《金陵梵刹志》卷一《御制集》收录该文补。
③ "志"原脱，据（明）葛寅亮撰，何孝荣点校《金陵梵刹志》卷一《御制集》收录该文补。
④ "知"原讹"之"，据（明）葛寅亮撰，何孝荣点校《金陵梵刹志》卷一《御制集》收录该文改。

还经示僧

昔诚之说如金，经千万劫而不泯。若或见之，则沃聪者之槁心，开愚昧之方寸①。呜呼！道哉！觉哉！孰能体之而无上，守之而②无为？斯二字之所以然而然者，其于漏尽者乎？斯诚之说，如浮云之驰空，若沤花之泛水，电影之逐风，睡酣之幽梦，斯果虚之谓欤？实之谓欤③？然必先觉觉之，后觉然之，又将愚昧而疑④之⑤。呜呼！清风⑥摇水，蟾影沉渊，孰能机其所以然耶？且曩之妙也，赤日升昆仑，神龙浴沧海，是又体之而非体，相之而非相，是皆着相而能耶？无相而智耶⑦？又必我相、人相而较之，岂不廓落奔星，静渊临月？是说是问，必九年之传善我明。不然，风翻月影，倒挂须弥，问石为舟，千艘浮水，巨木连枋，作大海底，是皆性理者耶？

拔儒僧文

朕闻三皇五帝、夏商文武之治天下，分民⑧以四业，曰士，曰农，曰工，曰商。凡四者备，天下国家用无缺焉。列圣相传，至汉之明帝，又加民业以二，曰释，曰道。六艺虽各途，惟释、道同玄。儒虽专文学，而理道统。其农、工、商三者，皆出于斯教。至如立纲陈纪，辅君以仁，功莫大焉。论辞章句诵，儒者得其至精。苟非其类，而同其门，未必得获至微。且农勤于亩者岁成，工乃时习而巧精，商能不盗诈而利本俱长。

今之释、道者，求本来之面目，务玄晤之独关。至妙者只履西归，飞锡长

----

① "寸"后原衍"而无上守之"，据（明）葛寅亮撰，何孝荣点校《金陵梵刹志》卷一《御制集》收录该文删。

② "无上，守之而"原脱，据（明）葛寅亮撰，何孝荣点校《金陵梵刹志》卷一《御制集》收录该文补。

③ "实之谓欤"原脱，据（明）葛寅亮撰，何孝荣点校《金陵梵刹志》卷一《御制集》收录该文补。

④ "疑"原讹"言"，据（明）葛寅亮撰，何孝荣点校《金陵梵刹志》卷一《御制集》收录该文改。

⑤ "之"后原衍"实之谓欤"，据（明）葛寅亮撰，何孝荣点校《金陵梵刹志》卷一《御制集》收录该文删。

⑥ "风"原脱，据（明）葛寅亮撰，何孝荣点校《金陵梵刹志》卷一《御制集》收录该文补。

⑦ "耶"原讹"也"，据（明）葛寅亮撰，何孝荣点校《金陵梵刹志》卷一《御制集》收录该文改。

⑧ "民"原讹"明"，据（明）葛寅亮撰，何孝荣点校《金陵梵刹志》卷一《御制集》收录该文改。

空，笑谈定往，化凶顽为善，默佑世邦，其功浩瀚，非苦空寂寞、忘嗜欲、绝尘事者，莫探其至玄。未闻农、工、商、释、道者，精于儒。正默论间，俄而侍讲学士宋濂言及："有僧名传者，儒、释俱长，迩来以文求臣改益。臣试开展过目，篇篇有意，文奇句壮，奚啻于专门之学！臣故不益而不改，以全僧之善学者也。臣昧死敢烦圣听，诵之再三，可知其人矣。"朕是许之，不时之间，学士以诵再三，听文思意，果如濂言。然僧所以求改益者，非也其文深意旷，非久览岂得其本源？朕知僧之意，有所精学，卒无扬名之处，故特求名儒以改益之，由此而扬名，欲出为我用。濂曰："恐无此乎？"朕谓濂曰："云何如是观人？古[①]贤人君子，托身隐居，非止一端，如宁戚扣角，百里奚饭牛，望钓于磻溪，微隐于黄冠。此数贤能者，未必执于本业，不为君而用。朕观此僧之文，文华灿烂，若有光之照耀，无玄虚弄假之讹，语句真诚，体贴孔门之学，安得不为用哉？"

国朝《御制集》

【折疑】有王公名树勋者，官居荆门州知州，系古广陵人也。公幼时，曾祝发为僧，具足于高明寺。公胸罗三坟，学富五车。后云游至北，住持万寿戒坛十有一年，而律法规宏矣。诸王大臣归依者如市，后被谏官弹劾[②]，云师蛊众，将为异端。奉旨："准奏。付法司拿问，以正典刑。"而师有维那讳法闻者，知师有才智，因泣而进曰："和尚有如此渊博，何不潜行他往？倘日后稍有寸进，亦可以光辉释教矣。今虽有罪，某当往代之。"师亦泣而不成言，闻促之曰："和尚速往，何作此儿女态耶！"大众亦促之甚急，师遂涂形更衣如丐者，潜行出京，因而得托[③]。

及闻僧典法后，越一岁，抵长安，值白莲猖狂，侵掠州郡，官军不能禁敌，

---

① "古"原讹"故"，据（明）葛寅亮撰，何孝荣点校《金陵梵刹志》卷一《御制集》收录该文改。

② "劾"原讹"刻"，据文意改。

③ "托"，疑应作"脱"。

将待束手。有右军都统观音保者，系在京时皈依师之弟子也，师因而投之献策。保遂荐之于督抚秦公，公用其计，果得大获，斩其贼首者千余级，生擒贼党者数百人，而贼遂交遁焉，民亦安堵。秦公欲表之，奈僧耶不得与闻。保见师有如此才略，有功而不显，因力劝师蓄发。而秦公亦劝之再三，师方允行。遂于军前蓄发，变姓更名，曰树勋，保代公捐职效力。后贼复侵湖南，时师蓄发已成，亦随军而作参谋，屡建勋绩，各督抚深慕敬之。及湖南平，公表以闻，超知荆州府。一载后，因挂误，复知荆门州知州事，时嘉庆五年事也。公于是年已五十有四岁矣。

予因友人方聚者，系吾南城内卧佛之住持也，云游湖北，得与公会，情深而意洽，遂成至交。闲中谈及，因出以各御制文，而示聚曰："此吾昔日住万寿而得此文也，今吾居于儒，而弗用此文矣。天假授汝，汝当佩之，以助斯教之光辉，而实佛门之庆幸。"聚因而怀之回南，复住持扬之高明寺。予因有事而过广陵，闻师在彼①，特停舟于三岔河下，而往谒焉。承师延谈数日，偶见书记室内文书满案，予信手而取一集，其签曰《国朝御制集》。及展而阅之，皆我皇上阐明佛教之圣训。予亦悦而录之，且觅之者久矣，不复有诸，今无意而得，正所谓无心插柳而成阴也。及与师别，入扬城公事毕，然后归。暇日，将所集载之于简，删去繁冗，列斯方册，庶不负帝德温纶知遇之恩也。其文内或搜之于本寺，或得之于诸山，皆编而汇之，缕晰②分明③，后世有见而知之者，可以勿谓文之谬矣夫。

谕儒免结社会④ _{文出万寿}

朕以天下稍定，而国事粗宁，自前明之役⑤，多有忠臣、节女、孝子、慈孙

---

① "彼"原讹"被"，据文意改。
② "晰"原讹"淅"，据文意改。
③ "明"后原衍"明"，据文意删。
④ 按，此条敕谕，后半部分抄录（明）释袾宏《结社会》而稍改，文见（明）释袾宏《云栖净土汇语》（《卍新纂续藏经》本）、（明）释袾宏《云栖法汇（选录）》卷十三《竹窗二笔》（《嘉兴藏》本）。
⑤ "役"，疑应作"后"。

同殒国靖，以致遭兵惨死，谁为祭之？此等鬼魂，逢天晦时则悲嘶于清风之间，遇晴明日惟噤泣于星月之下，朕甚悯之。前于七月十五日设建盂兰大醮于万寿山寺之北坛，四九功德，以祈死者超升，生者解脱。故求于佛，非朕之自己而求福耶！念佛耶！今观愚人结社念佛，朕思结①社始自庐山远僧，今之人主社者得如远僧否？与社者得如十八贤否？则宜少不宜多耳。以真实修净土者，亦如僧堂中人故也。至于男女杂而同社，此庐山所未有也。而女人自宜在家念佛，勿入男群，远世讥嫌，护②佛正法，莫斯为要，愿与天下之民共相守之。钦此。

谕僧免结莲社③ _{文出万寿}

今世之僧，有无赖者假仗佛名，甚而聚众，以致谋为不轨。然彼所假，皆云释迦佛④衰，弥勒佛将当治世，此非庐山远僧之莲社而有此言也。远僧劝人舍婆婆而求净土，其教以金银为染心之秽⑤物，以爵禄为羁身之苦具，以女色为伐命之斧斤，以华衣美食、田园屋宅为堕落三界之坑阱。朕愿脱人世而胎九莲，则何歆何羡？而彼假名弥勒，正以金银、爵禄、女色、衣食、田宅诱诸世人，俾悦而从己，则二者冰炭相反，不可不辨也。然莲社中人，亦自宜避嫌远祸，向所谓宜少不宜多者是也。朕所谓劝世真实之文，其大意云：凡实修者，不必成群作会。家有静室，闭门念佛可也，不必供奉邪师；家有父母，孝顺念佛可也，不必外驰听讲；家有经书，依教念佛可也，不必惟施空门；家有贫难，宗戚邻里知识周急念佛可也。何以故？务实者不务外也。朕愿天下僧众勿得藉此而成无赖者，有坏佛法之纲纪也。故敕。

---

①"结"原讹"给"，据文意改。
②"护"原讹"坏"，据（明）释袾宏《云栖净土汇语·结社会》、（明）释袾宏《云栖法汇（选录）》卷十三《竹窗二笔·结社会》改。按，原文"坏"意正相反，不通。
③按，此条敕谕，除末句外均抄录（明）释袾宏《莲社》而稍改，文见（明）释袾宏《云栖法汇（选录）》卷十三《竹窗二笔》。
④"佛"原讹"世"，据（明）释袾宏《云栖法汇（选录）》卷十三《竹窗二笔·莲社》改。
⑤"秽"原脱，据（明）释袾宏《云栖法汇（选录）》卷十三《竹窗二笔·莲社》补。

谕僧水陆文敕①　文出万寿

水陆仪文，世传起自梁武帝。昔白起长平一坑至四十万，罪大恶极，久沉地狱，无由出离，故致梦于武帝。武帝与志公诸师议拔救之策，知《大藏》有水陆仪文。祷之，则光明满堂②，由此举行，传之后世。而③今藏④并无其文，金山寺之本⑤，亦前错杂而后紊乱，不见始终头绪。时僧行者，亦⑥复随意所作，各各稍殊。南都所绘上下堂像，随画师所传，奉为定规，颇不的当。而启建道场者，化募资财，累月累年，始克成就，陈设繁文，以致士女老幼，纷沓往来，如俗中看旗看春，交足摩肩，男女混乱，日以千计，而不免亵渎圣贤，冲突鬼神，失多而过重，有祸而无功，多⑦致道场不终其事，而感恶报，甚可惧也。惟四明志磐法师所辑⑧仪文，至精至密，至简至易，精密而不伤烦长，简易而不病缺漏，其本止存四明⑨。《南藏》以下诸方，朕皆未之见也。为僧者相与慎之。故敕。

———————————

　　① 按，此条敕谕，除末二句外均抄录（明）释袾宏《水陆仪文》，文见（宋）释志磐撰，（明）释袾宏重订《法界圣凡水陆胜会修斋仪轨》卷六（《卍新纂续藏经》本）；（明）释袾宏《云栖法汇（选录）》卷十四《竹窗三笔》。

　　②"堂"原讹"室"，据（宋）释志磐撰，（明）释袾宏重订《法界圣凡水陆胜会修斋仪轨》卷六《水陆仪文》；（明）释袾宏《云栖法汇（选录）》卷十四《竹窗三笔·水陆仪文》改。

　　③"而"后原衍"南北即"，据（宋）释志磐撰，（明）释袾宏重订《法界圣凡水陆胜会修斋仪轨》卷六《水陆仪文》；（明）释袾宏《云栖法汇（选录）》卷十四《竹窗三笔·水陆仪文》删。

　　④"藏"原脱，据（宋）释志磐撰，（明）释袾宏重订《法界圣凡水陆胜会修斋仪轨》卷六《水陆仪文》；（明）释袾宏《云栖法汇（选录）》卷十四《竹窗三笔·水陆仪文》补。

　　⑤"金山寺之本"原讹"该藏"，据（宋）释志磐撰，（明）释袾宏重订《法界圣凡水陆胜会修斋仪轨》卷六《水陆仪文》；（明）释袾宏《云栖法汇（选录）》卷十四《竹窗三笔·水陆仪文》改。

　　⑥"亦"原讹"不"，据（宋）释志磐撰，（明）释袾宏重订《法界圣凡水陆胜会修斋仪轨》卷六《水陆仪文》；（明）释袾宏《云栖法汇（选录）》卷十四《竹窗三笔·水陆仪文》改。

　　⑦"多"原脱，据（宋）释志磐撰，（明）释袾宏重订《法界圣凡水陆胜会修斋仪轨》卷六《水陆仪文》；（明）释袾宏《云栖法汇（选录）》卷十四《竹窗三笔·水陆仪文》补。

　　⑧"惟四明志磐法师所辑"原讹"且"，据（宋）释志磐撰，（明）释袾宏重订《法界圣凡水陆胜会修斋仪轨》卷六《水陆仪文》，（明）释袾宏《云栖法汇（选录）》卷十四《竹窗三笔·水陆仪文》改。按，原文"且"不通。

　　⑨"四明"原脱，据（宋）释志磐撰，（明）释袾宏重订《法界圣凡水陆胜会修斋仪轨》卷六《水陆仪文》，（明）释袾宏《云栖法汇（选录）》卷十四《竹窗三笔·水陆仪文》补。

谕僧① _{文出万寿}谕僧① 文出万寿

且佛之立教也，善其大也，溥洽于世间，度世之念犹切矣。昔仲尼有云："西方有大圣人，不言而敦化，不治而不②乱③，可谓能仁④矣。"释经训诂又云"大觉金仙"，复又赞之以"能仁"，以其不绳顽而顽化，美善言而善光，其行苦⑤而不苦，其心素⑥而弗素，虽俦雪岭之孤灯，侣白昼之单影，目星见性，超出尘沦。复有人天之说，四九之功，其化也疾。况尔僧众，既已出家，其望道将成之径也，其自弃也，何以懈怠若是？何不演化利人果，登九品极乐之邦？而后世必为称之。今尔等恐假以妄，自迷其本性之真耳。故谕。

谕僧寺⑦ _{文出报恩}谕僧寺⑦ 文出报恩

仰惟修慧不⑧修福，罗汉应供薄；修福不修慧，象身挂璎珞。有专执⑨前⑩之二句者，终日营营，惟勤募化，曰："吾造佛也，吾建殿也，吾斋僧也。"此

①按，此条清帝敕谕，前半部分多抄录明太祖《命应天府谕钟山僧敕》，文见明太祖《明太祖文集》卷七（《文渊阁四库全书》本）；（明）葛寅亮撰，何孝荣点校《金陵梵刹志》卷一《御制集》（南京出版社2017年版）。

②"不"原脱，据明太祖《明太祖文集》卷七《命应天府谕钟山僧敕》；（明）葛寅亮撰，何孝荣点校《金陵梵刹志》卷一《御制集·谕钟山僧敕》补。

③"乱"后原衍"寂"，据明太祖《明太祖文集》卷七《命应天府谕钟山僧敕》；（明）葛寅亮撰，何孝荣点校《金陵梵刹志》卷一《御制集·谕钟山僧敕》删。

④"能仁"原讹"圣人"，据明太祖《明太祖文集》卷七《命应天府谕钟山僧敕》；（明）葛寅亮撰，何孝荣点校《金陵梵刹志》卷一《御制集·谕钟山僧敕》改。

⑤"行苦"原倒，据明太祖《明太祖文集》卷七《命应天府谕钟山僧敕》；（明）葛寅亮撰，何孝荣点校《金陵梵刹志》卷一《御制集·谕钟山僧敕》改。

⑥"素"前原衍"矣素"，据明太祖《明太祖文集》卷七《命应天府谕钟山僧敕》；（明）葛寅亮撰，何孝荣点校《金陵梵刹志》卷一《御制集·谕钟山僧敕》删。

⑦按，此条敕谕，全文抄录（明）释袾宏《修福》，文见（明）释袾宏《云栖法汇（选录）》卷十四《竹窗三笔》、清世宗《御选语录》卷十三《御选云栖莲池袾宏大师语录》（《卍新纂续藏经》本）。

⑧"修慧不"原脱，据（明）释袾宏《云栖法汇（选录）》卷十四《竹窗三笔·修福》、清世宗《御选语录》卷十三《御选云栖莲池袾宏大师语录·修福》补。

⑨"挂璎珞。有专执"原脱，据（明）释袾宏《云栖法汇（选录）》卷十四《竹窗三笔·修福》、清世宗《御选语录》卷十三《御选云栖莲池袾宏大师语录·修福》补。

⑩"前"前原衍"而"，据（明）释袾宏《云栖法汇（选录）》卷十四《竹窗三笔·修福》、清世宗《御选语录》卷十三《御选云栖莲池袾宏大师语录·修福》删。

虽①悉是②万行之门，而有二说，一则因果不可不分明，二则己事不可不先办。或曰："果如子言，则佛像湮没，谁其整之？塔寺崩颓，谁其立之？僧饿于道路而不得食，谁其济之？人人惟办己事，而三宝荒芜矣。"曰："不然。但患一体，三宝荒芜耳③。世④间三宝，自佛法入中国以来，造佛、建殿、斋僧者不可胜纪，而崇之者亦极矣。今朕未造佛耶？建殿耶？斋僧耶？予独慨夫僧⑤之营事者，其瞒因昧果、不惧罪福、克减常住、藏匿信施者无论矣，即守分僧而未谙律学，但知我不私用入已则已，遂乃移东就西，将甲补乙，或那还急债，或馈送俗家，不知砖钱买瓦，僧粮作堂，枉受辛勤，翻成恶报。是则天堂未就，地狱先成，所谓无功而有祸者也。中峰大师训众曰：'一心为本，万行可以次之。'则所谓己事先办者也。己事办而作福事，则所作自然当可矣。至哉言乎！为僧者当铭之肺腑可也⑥。"故以文而加之，但患一日三宝荒芜，真良可悲叹耳。故敕。

---

①"二句者，终日营营，惟勤募化，曰：'吾造佛也，吾建殿也，吾斋僧也。'此虽"原脱，据（明）释袾宏《云栖法汇（选录）》卷十四《竹窗三笔·修福》、清世宗《御选语录》卷十三《御选云栖莲池袾宏大师语录·修福》补。

②"是"原讹"不二"，据（明）释袾宏《云栖法汇（选录）》卷十四《竹窗三笔·修福》、清世宗《御选语录》卷十三《御选云栖莲池袾宏大师语录·修福》改。

③"而有二说，一则因果不可不分明，二则己事不可不先办。……但患一体，三宝荒芜耳"原脱，据（明）释袾宏《云栖法汇（选录）》卷十四《竹窗三笔·修福》、清世宗《御选语录》卷十三《御选云栖莲池袾宏大师语录·修福》补。

④"世"前原衍"而供佛也"，据（明）释袾宏《云栖法汇（选录）》卷十四《竹窗三笔·修福》、清世宗《御选语录》卷十三《御选云栖莲池袾宏大师语录·修福》删。

⑤"僧"原讹"寺"，据（明）释袾宏《云栖法汇（选录）》卷十四《竹窗三笔·修福》、清世宗《御选语录》卷十三《御选云栖莲池袾宏大师语录·修福》改。

⑥"其瞒因昧果、不惧罪福、克减常住、藏匿信施者无论矣，……至哉言乎！为僧者当铭之肺腑可也"原脱，据（明）释袾宏《云栖法汇（选录）》卷十四《竹窗三笔·修福》、清世宗《御选语录》卷十三《御选云栖莲池袾宏大师语录·修福》补。

赐报恩藏佛牙塔谕① _{文出本寺}

昔释迦如来以足、指按地，即成金色世②界。佛具如是神力，何不即变此娑婆土石、诸山秽恶充满之处，便成七宝③庄严之极乐国？乃必令众生驱驰于十万亿佛土之迢迢④也。噫！佛不能度⑤无缘，子知之⑥乎？且诸佛平等不二，同根一也。独不闻机女以残食奉佛，而感生人天之福，亦内典之明示乎在心而不在物者也。岂以朕今一佛一塔而成希世之供养者哉！如敕。故谕。

谕僧⑦ _{文出华山慧居寺}

夫学佛者，无论庄严形迹，止贵真实修行。及枉其道，实为妄念。正念无生，岂有可绝？妄绝之后，智境两忘，圆妙光景，不可思议⑧。六马可调，正念难持。盘水可捧，妄心难遏。即持之已失其初，况遏之又不能久。兼以梦想颠倒，目触空花，罄无不尽。所以者何？菩萨以十大重而四十八轻，比丘具其

---

① 按，此条敕谕，前半部分抄录（明）释祩宏《三难净土》，文见（明）释祩宏《云栖净土汇语》、（明）释祩宏《云栖法汇（选录）》卷十四《竹窗三笔》、清世宗《御选语录》卷十三《御选云栖莲池祩宏大师语录》。

② "世"原脱，据（明）释祩宏《云栖净土汇语·三难净土》、（明）释祩宏《云栖法汇（选录）》卷十四《竹窗三笔·三难净土》、清世宗《御选语录》卷十三《御选云栖莲池祩宏大师语录·三难净土》补。

③ "七宝"原讹"九品"，据（明）释祩宏《云栖净土汇语·三难净土》、（明）释祩宏《云栖法汇（选录）》卷十四《竹窗三笔·三难净土》、清世宗《御选语录》卷十三《御选云栖莲池祩宏大师语录·三难净土》改。

④ "乃必令众生驱驰于十万亿佛土之迢迢"原脱，据（明）释祩宏《云栖净土汇语·三难净土》、（明）释祩宏《云栖法汇（选录）》卷十四《竹窗三笔·三难净土》、清世宗《御选语录》卷十三《御选云栖莲池祩宏大师语录·三难净土》补。

⑤ "度"原讹"示于"，据（明）释祩宏《云栖净土汇语·三难净土》、（明）释祩宏《云栖法汇（选录）》卷十四《竹窗三笔·三难净土》、清世宗《御选语录》卷十三《御选云栖莲池祩宏大师语录·三难净土》改。

⑥ "知之"原脱，据（明）释祩宏《云栖净土汇语·三难净土》、（明）释祩宏《云栖法汇（选录）》卷十四《竹窗三笔·三难净土》、清世宗《御选语录》卷十三《御选云栖莲池祩宏大师语录·三难净土》补。

⑦ 按，此条敕谕，中部抄录（明）释祩宏《答戴志洁居士》，文见（明）释祩宏《云栖法汇（选录）》卷二十一《云栖大师遗稿》卷三《答问》。

⑧ "议"原讹"义"，据（明）释祩宏《云栖法汇（选录）》卷二十一《云栖大师遗稿》卷三《答问·答戴志洁居士》改。

二百五十戒，沙弥十戒，优婆五戒，如是乃至三千威仪、八万细行。而约其大纲，则杀、盗、淫、妄、斗五者最重。无此五者，皆是清净毗尼矣。何况乎饮酒食肉，有碍菩提，行盗行淫，抛弃般若，而堕落魔之境界耳。不知五者既集，淫欲并生。况释迦非一夕而成，且游大悟心通，方得于今，梵刹巍峨，楼阁峥嵘，金碧荧煌，海内之地，靡不有之。

　　且我世祖章皇帝神武六飞，溥洽重熙，以乐育振兴斯教，惟报以崇尚清真。皇考圣祖仁①皇帝，屡诣梵庭，展案错事，煌煌彝宪，伊古所未有者，而昭宣典常。爰及朕躬，丕承大统，于今七载，式祖宗之训，致明洁之忱，增崇佛法，是以年丰民和，符瑞昭应，皎皎乎，穆穆乎，嘉德孚于彰格也。此非佛法之灵感而何？尔今之为僧者，不能修内而专于外，自今以往，须务善道，化劝世人，则他日道光必烛寰宇，可不比佛之为道也？如敕奉行。

九级塔谕②文出本寺

　　夫以星斗布彩，映列宿于穹苍；双树收光，运真风于东土。远则瞿昙兆汉，

---

　　①"圣祖仁"原讹"仁宗"，据《清圣祖实录》清世宗序、卷三百康熙六十一年十一月乙巳条等改。按，《清圣祖实录》卷三百记载，康熙帝驾崩后，"恭上尊谥曰合天弘运文武睿哲恭俭宽裕孝敬诚信功德大成仁皇帝，庙号圣祖"；《清圣祖实录》清世宗序称"皇考圣祖仁皇帝"。清"仁宗"则为嘉庆帝庙号。
　　②按，此条敕谕前半部分抄录（唐）释契抚《本业寺记》而稍改，文见（明）葛寅亮撰，何孝荣点校《金陵梵刹志》卷十三《本业寺》；（清）董诰等《全唐文》卷九百二十一《契抚》（清嘉庆刻本）；（清）王昶《金石萃编》卷一百二十二（清嘉庆刻同治补修本）等。

近乃达磨来梁，传[1]三乘一性之宗，古今恒尔[2]；指见[3]智无生之忍，人我自[4]除。所以佛[5]依法住[6]，而法又假人弘[7]。道本无心，即[8]心悟道。未[9]证斯理，体解如然。其演化之功，致导国王钦敬。事佛瓶盂，亦无缠缚。设戒防身，藏名

---

①"传"原脱，据（明）葛寅亮撰，何孝荣点校《金陵梵刹志》卷十三《本业寺》；（清）董诰等《全唐文》卷九百二十一《契抚》；（清）王昶《金石萃编》卷一百二十二等各收录（唐）释契抚《本业寺记》补。

②"尔"原讹"见"，据（明）葛寅亮撰，何孝荣点校《金陵梵刹志》卷十三《本业寺》；（清）董诰等《全唐文》卷九百二十一《契抚》；（清）王昶《金石萃编》卷一百二十二等各收录（唐）释契抚《本业寺记》改。

③"指见"原讹"慈"，据（明）葛寅亮撰，何孝荣点校《金陵梵刹志》卷十三《本业寺》；（清）董诰等《全唐文》卷九百二十一《契抚》；（清）王昶《金石萃编》卷一百二十二等各收录（唐）释契抚《本业寺记》改。

④"人我自"原讹"自我消"，据（明）葛寅亮撰，何孝荣点校《金陵梵刹志》卷十三《本业寺》；（清）董诰等《全唐文》卷九百二十一《契抚》；（清）王昶《金石萃编》卷一百二十二等各收录（唐）释契抚《本业寺记》改。

⑤"佛"后原衍"法相"，据（明）葛寅亮撰，何孝荣点校《金陵梵刹志》卷十三《本业寺》；（清）董诰等《全唐文》卷九百二十一《契抚》；（清）王昶《金石萃编》卷一百二十二等各收录（唐）释契抚《本业寺记》删。

⑥"法住"原脱，据（明）葛寅亮撰，何孝荣点校《金陵梵刹志》卷十三《本业寺》；（清）董诰等《全唐文》卷九百二十一《契抚》；（清）王昶《金石萃编》卷一百二十二等各收录（唐）释契抚《本业寺记》补。

⑦"弘"原讹"私"，据（明）葛寅亮撰，何孝荣点校《金陵梵刹志》卷十三《本业寺》；（清）董诰等《全唐文》卷九百二十一《契抚》；（清）王昶《金石萃编》卷一百二十二等各收录（唐）释契抚《本业寺记》改。

⑧"即"原讹"惟"，据（明）葛寅亮撰，何孝荣点校《金陵梵刹志》卷十三《本业寺》；（清）董诰等《全唐文》卷九百二十一《契抚》；（清）王昶《金石萃编》卷一百二十二等各收录（唐）释契抚《本业寺记》改。

⑨"未"原讹"既"，据（明）葛寅亮撰，何孝荣点校《金陵梵刹志》卷十三《本业寺》；（清）董诰等《全唐文》卷九百二十一《契抚》；（清）王昶《金石萃编》卷一百二十二等各收录（唐）释契抚《本业寺记》改。

远恶。崇修浮图，精勤三界①，不止②六尘，禀奉四仪③，方归八正，举首山河，俯观廊庙。故我圣祖仁皇帝御题其额曰："一乘慧业""二仪有象""三空胜地""四海无波""五律精严""六通真谛""七宝莲花""八表同风""九有宏观"，并赐宸翰各章。

今朕膺篆皇麻，展明熙哲之禋，亦符配圣祖之意，肆予丕著之于斯，则后世有知朕作人雅化者矣。且夫寺之寰宇宏壮庄严，袖冠法界，名甲东南，况乎日月之轮毂，遐迩而奔趋，士民云集，旅接梅岗，斯刹济兴于圣代，一乘归纪于熙朝，如频婆而再出，须达以重生，数百年而金陵梵音流传，一千载之浮图永沐皇恩。朕愿戈鋋无讨伐之心，次愿稼穑有丰登之序，九功乐业，三界同安，长开十善之门，共续中天之教，金言可显，刊勒恒坚，名藉有图，遗宗莫朽，年移事往，纪德难胜，经踵弘宣，毋怠朕命。故谕。

谕报恩寺敕_{文出藩院}

西方之圣，有调御师，其名曰释迦牟尼，又曰佛、觉，其眷属则父事净饭王，从弟庆喜号阿难，母氏摩耶，皆清净无为，上升忉利，故佛常现清净，宝目则皆八万四千，其化身则百千万亿，其应度则无量无边恒河沙界。而独最下者，为此五浊恶世是也，所谓阎浮提者为至切。盖人生于五浊恶世，根尘濡染，昏迷沉劫，故诸佛与众生，惟是一心，更无别法。悟者心能转物，万物皆归自心，即是诸佛，故曰一心。且释迦文佛未成正觉时，于雪山六年苦行，静虑功极。至午夜，举头见明星朗映，遂运慈悲，普观大地，一切众生，常住如来，成佛种性。

---

① "界"原讹"业"，据（明）葛寅亮撰，何孝荣点校《金陵梵刹志》卷十三《本业寺》；（清）董诰等《全唐文》卷九百二十一《契抚》；（清）王昶《金石萃编》卷一百二十二等各收录（唐）释契抚《本业寺记》改。

② "止"原讹"染"，据（明）葛寅亮撰，何孝荣点校《金陵梵刹志》卷十三《本业寺》；（清）董诰等《全唐文》卷九百二十一《契抚》；（清）王昶《金石萃编》卷一百二十二等各收录（唐）释契抚《本业寺记》改。

③ "仪"原讹"才"，据（明）葛寅亮撰，何孝荣点校《金陵梵刹志》卷十三《本业寺》；（清）董诰等《全唐文》卷九百二十一《契抚》；（清）王昶《金石萃编》卷一百二十二等各收录（唐）释契抚《本业寺记》改。

或曰缘也，或曰不然。最下五浊恶世，固如来之最悯，而急于援之者也。西方之教，自我阎浮提众生代佛之义，而为演化，上至于王侯宰职，下及于笃老小儿，无有不知念佛者，并大则为寺，小则为庵，于名山大川，处处靡不有之。而江南为六朝建都之地，袖冠帝京之所，且我列祖常临幸焉。及朕南巡疆域，所过名山大刹，皆未有超过此寺之壮者。朕欣欣然，而锡加仪式，斯万万年，以壮其寺。

前康熙庚申岁，寺灾，而宦士沈豹感异兆，载其财赀与资来营，不弥岁而殿宇始成。缁素之流往来者，惟举手加额，讶其宏窣，逾于昔而盛于今，此皆豹君所树，他人则弗能为也。朕曰："不兹因佛之默然而灵佑耶？存心利世之感化耶？胡为不灵而无不灵耶？吾不得测而知也。虽世有大智辨才者，亦不得测而知之矣。夫豹之营事者，亦本性中之灵智也。若夫释氏之旨，精微奥窔，朕可无赘已。故谕。"

谕僧[①] 文出本寺

朕闻有在家出家者，有出家而在家者，有在家在家者。处于族舍，具有父母妻子，而心恒在道，不染世尘，在家出家者也。处于伽蓝，无父母妻子之累，而营营名利，如处于俗者，出家在家也。处于俗舍，终身缠缚，无一念解脱者，在家在家者也。处于伽蓝，终身清净，无念恶而不惰者，出家出家者也。故我圣祖仁皇帝赐额赐镪，给牒以度僧，假金轮而启物，超胜果于报恩，方斯时也，庶乎四者之人均登仁寿矣。敕谕。

序

《大云轮请雨经》序

昔释迦说法，天龙八部，咸集谛听。龙者，神力威猛，功德宏深，上则拥卫梵天，下则护持国土，神通佛果，不思议之宣说。兹《大云轮请雨经》二卷，专言佛在难陀优婆龙宫内，住大威德摩尼之藏大云轮殿宝楼阁中，诸龙毕至，于

---

① 按，此文前半部分抄录（明）释袾宏《出家四料简》，文见（明）释袾宏《云栖法汇（选录）》卷十四《竹窗三笔》。

是有无边庄严海云威德轮盖龙王起而问法之事。盖难陀罗王者，娑婆世界龙中之最尊；而威德轮盖龙王者，又三千大千世界龙中之最尊也。夫龙，至神而不可测也，兴云致雨，润万物，养百谷，泽及三千大千，神力威德，至无量也。乃或亢阳蕴隆，或霖潦泛溢，此气数之适然，龙不能自主也。故轮盖龙王发问，先祈为诸龙灭一切苦，次即为阎浮提内风雨顺时，五谷熟成，于一切众生起慈悲心。善哉问乎！愿力甚深，利益无量，所以默契佛心也。世尊告以第一妙谛曰："行大慈。"盖慈之为义，无时无地，不以利益众生为心，而龙之慈，力舍出云降雨，亦别无利益众生之事也。事即不能自主，愿则可以常存。是愿常存，然后可告以诸陀罗尼神咒，然后可告以诸大云如来名号。持此咒而圆音震于十方，诵此号而威神承乎诸佛。于是兴重云，需甘雨，布濩沾洒，不失其时，而龙之功德溥矣。功溥而大慈之行圆者乎？众生受益，而龙之身命，与其眷属，有不尽脱苦障者乎？然则龙之慈与众生者，乃佛之慈于龙也。然则佛之慈于龙者，仍佛之慈于众生也。如是众生有不悉受利益者乎？

朕御极以来，夙夜巩虔，以冀仰迓天庥，雨旸时若。每春夏之交，雨泽间愆，凡于祈祷之法可以致雨者，无不纤悉咨问。戊戌春，侍郎金简奏："拈花寺僧通理言，佛藏《大云轮请雨经》者，隋三藏法师那连提耶舍译。诵持此经，祈请雨泽，颇著征验。爰敕经馆，仿《四体字金刚经合璧》例，缮写刊布。其旧本经咒讹舛者，重加订正，用备祈祷。夫自古求雨之词，靡神不宗。则是经之译也，所为推阐谛，藉真实力，广慈悲心，而亦因抒朕轸念元元之意夫！

论

残经论①

南台古刹②有佛书若干帙，内多唐季五代时所③书，字画精劲，皆历历可喜。按《大藏经目》，凡六千三百三十一卷。今所存经，什中六七。板亡者，又可以能补之者哉。《阿含经》四卷④，唐泰宁军⑤节度使齐克让造⑥。广明元年（唐昭宗），刘汉宏及黄巢侵⑦长安，巢据凤翔，而汉宏又据建邺，以致火延南藏。五代终，而炎宋兴。天禧间，诏搜天下梵刹之经刊焉。后至元初，复得日瓦国师著《辨伪录》共十卷，刊之入藏。又《法宝勘同总录》十卷，次于明季，附各经注释，及《禅宗联珠集》《佛祖统纪》，共计八十余函。又慈圣宣文明肃皇太后⑧续《般若心经集要》四十一卷⑨。以此较之，尚未全藏，仅缺四十九字，计经六百三十一卷。何以知之？考五代史，而天下骚然，人民互相攫窜，岂暇及而整此哉？故知经之亡失，无可察矣。其余或中断不符，亦或首尾不合，皆虫镂鼠

---

① 按，此文首、末抄录（宋）李昭玘《记残经》而稍改，文见（宋）李昭玘《乐静集》卷五（《文渊阁四库全书》本）、（宋）吕祖谦《宋文鉴》卷一百三十一《题跋》（《四部丛刊》景宋刊本）等。然其改写不乏错误，中间则基本删省，而新增写宋天禧、元、明等内容，故文颇不连贯，文首抄录"南台"云云亦费解。以下改写通顺者不改不注。

② "古刹"原讹"大藏"，据（宋）李昭玘《乐静集》卷五《记残经》改。按，（宋）吕祖谦《宋文鉴》卷一百三十一《题跋·记残经》作"有刹"。

③ "所"原讹"刊"，据（宋）李昭玘《乐静集》卷五《记残经》、（宋）吕祖谦《宋文鉴》卷一百三十一《题跋·记残经》改。

④ "《阿含经》四卷"原脱，据（宋）李昭玘《乐静集》卷五《记残经》、（宋）吕祖谦《宋文鉴》卷一百三十一《题跋·记残经》补。

⑤ "军"原脱，据（宋）李昭玘《乐静集》卷五《记残经》、（宋）吕祖谦《宋文鉴》卷一百三十一《题跋·记残经》补。

⑥ "造"原讹"葺成全藏"，据（宋）李昭玘《乐静集》卷五《记残经》、（宋）吕祖谦《宋文鉴》卷一百三十一《题跋·记残经》改。按，据（宋）李昭玘《记残经》，齐克让所造者为"《阿含经》四卷"，而非"全藏"。

⑦ "侵"后原衍"考"，据（宋）李昭玘《乐静集》卷五《记残经》、（宋）吕祖谦《宋文鉴》卷一百三十一《题跋·记残经》删。

⑧ "慈圣宣文明肃皇太后"原讹"文明肃皇后"，据本志本卷《附前明〈御制集〉·序》收录明神宗《御制圣母印施〈藏经〉序》改。

⑨ 按，"《般若心经集要》四十一卷"，本志本卷《附前明〈御制集〉·序》收录明神宗《御制圣母印施〈藏经〉序》作"《华严悬谈》以下四十一函"，明神宗另一篇御制序又称"计四百一十卷"。参阅李富华、何梅《汉文佛教大藏经研究》，宗教文化出版社2003年版，第448页。

啮，雨败尘腐，无复完①缀。想②夫板之蹂藉，接渐营葺，尚可其一二，况乎日久，霉溃雕残若是者，又不可胜计也。经云："能为人写四句偈，获福无量。如人心生不信，罪抵千劫。"今观僧众视大乘如陌路，何顽顿之甚矣。朕曰："不然。祸福自人，不在于尺木之间耶。"予因感其得失存亡之迹，残缺之余，以录其事，故申明之。今专凭阅藏者，信夫！

遗教论③

世人临终为言，以示子孙，谓之遗嘱。而子孙执之，以作凭据，世守而不易者。况三界大师，四生慈父，说法四十九年，最后之遗嘱，为僧者当朝暮诵习，师授徒传，终身奉之，而不可一日废忘者。乃等之以童蒙之书，置之闲处，不复究论，岂非如来之逆子、佛法之顽民也哉！

《中庸》性道教义论④

朕以《中庸》"性""道""教"，配清净法身、圆满报身、千百亿化身，体贴和合⑤，可谓巧妙。细究之，则一时比拟之权辞，非万年不易之定论也。作实法会则不可，何也？彼以仁、义、礼、智言性，岂不清净？然非法身纤尘不立之清净也。彼以事物当然之理言道，岂不圆满？然非报身富有万德之圆满也。彼以创制立法，化民成俗为教，岂无千百亿妙用？然一身之妙用，非分身千百亿之妙用也。大同而小异，不可以不察也。或曰："仁、义、礼、智，《孟子》之言也。《中庸》止言天命而已。"朕谓至诚能尽其性，而继之以宽裕温柔十六字，

---

① "完"原脱，据（宋）李昭玘《乐静集》卷五《记残经》、（宋）吕祖谦《宋文鉴》卷一百三十一《题跋·记残经》补。

② "想"原讹"拭且"，据（宋）李昭玘《乐静集》卷五《记残经》、（宋）吕祖谦《宋文鉴》卷一百三十一《题跋·记残经》改。

③ 按，此文全文抄录（明）释袾宏《遗教经》而稍改，文见（明）释袾宏《云栖法汇（选录）》卷十四《竹窗三笔》。

④ 按，此文全文抄录（明）释袾宏《〈中庸〉性道教义》而稍改，文见（明）释袾宏《云栖法汇（选录）》卷十四《竹窗三笔》。

⑤ "合"原讹"和"，据（明）释袾宏《云栖法汇（选录）》卷十四《竹窗三笔·〈中庸〉性道教义》改。

非仁、义、礼、智而何？故曰："孟轲受业子思之门人也，不可不察也！"

口诀论①

释门信无口诀乎？曰："佛法正大光明，一人演之，而百千万亿人天之所共闻也，何口诀之有？无已则有一焉。夫一言二言，言简而义精者，斯之谓诀。连篇累牍，牵枝而引蔓者，非诀也。是故应无所住，而生其心者，《金刚经》之口诀也。惟一乘法，无二无三者，《法华经》之口诀也。成就慧身，不由他悟者，《华严经》之口诀也。执持名号，一心不乱者，《弥陀经》之口诀也。是心作佛，是心是佛者，《十六观经》之口诀也。不此诀之信，而信他诀者，舍璠瑛而执碔砆者也。"

续原教论②

朕观前明翰林待诏沈士荣作《续原教论》，其《详品名儒学佛》一篇，备举唐宋诸子，如白居易、苏轼，以至裴度、杨大年等，禅学浅深，最为精突。其言曰："即裴、杨诸子，不云无悟入，而保养受持则未可知也。岂有身居名利之场，又非果位菩萨，而能无细惑流注者哉！"游戏法门者，固不必论矣。尔辈身为出家儿者，试静思之。

护法论③

人知佛法外护付与王臣，而未知僧之当护者不可以不慎也。护法有三，一曰兴崇刹寺，二曰流通大藏，三曰奖掖缁流。曷言乎慎也？护刹者，梵刹果尔原属

---

① 按，此文全文抄录（明）释袾宏《禅门口诀》而稍改，文见（明）释袾宏《云栖法汇（选录）》卷十四《竹窗三笔》。

② 按，此文全文抄录（明）释袾宏《续原教论》而稍改，文见（明）释袾宏《云栖法汇（选录）》卷十四《竹窗三笔》、清世宗《御选语录》卷十三《御选云栖莲池袾宏大师语录》。

③ 按，此文全文抄录（明）释袾宏《护法》而稍改，文见（明）释袾宏《云栖法汇（选录）》卷十四《竹窗三笔》、清世宗《御选语录》卷十三《御选云栖莲池袾宏大师语录》。

寺产，豪强占之，夺而复回，理也。有如考诸图籍①，则疑似不明；传之久远，则张、王互易。以势取之，可乎？喜舍名为吉祥地，力不敌而与者，谓之冤业薮。若僧惟劝化有力之士，以恢复旧刹为大功德主，而不思议佛固等视众生，如罗睺罗殃民建刹，即广逾千顷，高凌九霄，旃檀材木，珠玉为饰，佛所悲怜而不喜者也，有过无功，不可不慎，一也。护教者，其所著述，果尔②远合佛心，近得经旨，赞叹而传扬之，理也。有如外道迂谈，胸臆偏见，过为③称誉，可乎？若僧惟乞诸名人作序作跋，而不思疑悟后学，有过无功，不可不慎，二也。护僧者，其僧果尔真参真悟，具大智见者，朕当尊而礼之，实心实行，操持④敦确者，信而近⑤之，礼也。有如虚头禅客，下劣庸流，亦尊之信之，可乎？若僧惟亲附贵门，冀其覆庇，而绵纩锦绣，以裹痈疽，只益其毒，有过无功，不可不慎，三也。是则王臣护法，而僧坏法也。

儒释论⑥

世云孔子号"儒童菩萨"。或曰："吾夫子万代斯文之祖而童之？童之者，幼之也；幼之者，小之也。彼且幼小吾师，何怪乎儒之辟佛也！又僧号比丘。丘，夫子讳也，此又非理也。而比者，并也。僧佛之弟子，而与夫子并。彼且弟子吾师，又何怪乎儒之辟佛也！"朕曰："是不然。童者，纯一无伪之称也。文殊为七佛师，而曰文殊师利童子；善财一生得无上菩提，而曰善财童子；乃

---

① "籍"原讹"藉"，据（明）释袾宏《云栖法汇（选录）》卷十四《竹窗三笔·护法》、清世宗《御选语录》卷十三《御选云栖莲池袾宏大师语录·护法》改。

② "尔"原讹"慎"，据（明）释袾宏《云栖法汇（选录）》卷十四《竹窗三笔·护法》、清世宗《御选语录》卷十三《御选云栖莲池袾宏大师语录·护法》改。

③ "为"原讹"而"，据（明）释袾宏《云栖法汇（选录）》卷十四《竹窗三笔·护法》、清世宗《御选语录》卷十三《御选云栖莲池袾宏大师语录·护法》改。

④ "持"原讹"操"，据（明）释袾宏《云栖法汇（选录）》卷十四《竹窗三笔·护法》、清世宗《御选语录》卷十三《御选云栖莲池袾宏大师语录·护法》改。

⑤ "近"原讹"敬"，据（明）释袾宏《云栖法汇（选录）》卷十四《竹窗三笔·护法》、清世宗《御选语录》卷十三《御选云栖莲池袾宏大师语录·护法》改。

⑥ 按，此文全文抄录（明）释袾宏《儒童菩萨》而稍改，文见（明）释袾宏《云栖法汇（选录）》卷十三《竹窗二笔》。

至四十二位贤圣有童真住，皆叹德之极，非幼小之谓也。故曰大人者，不失其赤子之①心者也。若夫比丘者，梵语也。梵语比丘，此云乞士，亦云破恶，亦云怖魔。比非比并之谓，丘非丘陵之谓，盖仅取音不取字也。例如梵语②南无，此云皈命无二。又南不取南北之南，无不取有无之无也。噫！使夫子而生竺国，必演扬法乘，以度众生；使释迦而现鲁邦，必阐明儒道，以教万世，盖易地则皆然。大圣人所作为，凡情固不识也。朕谓为儒者不可毁佛，为释者独可③毁儒乎哉？"

<h2 style="text-align:center">梁武帝论④</h2>

朕阅史多矣，及观武帝饿死台城一节之诬，而犹未及其余也。如断肉蔬食，人笑之。然舍一时，穷口腹，以为受用，帝宁不知己之玉食万方乎？面为牺牲，人笑之。然士人得一第，尚欲乞恩于祖考，以为荣宠，帝宁不知己之贵为天子乎？断死刑必为流涕，人笑之。然即下车泣罪，一民有罪，我陷之之心也。帝宁不知己之生杀惟其所欲为乎？独其舍身入寺，失君人之体，盖有性无慧，见之不明。是以轻身⑤重佛法，而执泥太过也。又晋宋以来，兢以禅观相高，不知有向上事。是以遇达磨之大法而不契，为可恨耳。若因其失国，而遂为诋訾，则不可。夫武帝之过，过于慈者也。武帝之慈，慈而过者也。岂得与陈后主、周天元之失国者同日而论乎？若因其奉佛而诋之，则朕不得而谤之矣。

<h2 style="text-align:center">《〈四十二章〉〈遗教经〉》论⑥</h2>

汉明帝夜梦金人，遣使天竺，得《佛经四十二章》，此释东流而入震旦之始

---

①"之"原讹"如"，据（明）释袾宏《云栖法汇（选录）》卷十三《竹窗二笔·儒童菩萨》改。

②"语"原讹"云"，据（明）释袾宏《云栖法汇（选录）》卷十三《竹窗二笔·儒童菩萨》改。

③"可"前原衍"不"，据（明）释袾宏《云栖法汇（选录）》卷十三《竹窗二笔·儒童菩萨》删。

④按，此文全文抄录（明）释袾宏《梁武帝》而稍改，文见（明）释袾宏《云栖法汇（选录）》卷十三《竹窗二笔》。

⑤"身"原脱，据（明）释袾宏《云栖法汇（选录）》卷十三《竹窗二笔·梁武帝》补。

⑥按，此文全文抄录（明）释袾宏《〈四十二章经〉〈遗教经〉》而稍改，文见（明）释袾宏《云栖法汇（选录）》卷十三《竹窗二笔》。

也。今以其言近，僧不诵持，法师不升座为人讲演。夫此经言不专近，有远者，有言近而旨远者，人自不察也。《遗教经①》者，乃如来入灭最后之要语，喻人世所谓遗嘱也。子孙昧宗祖创始之来源，是忘本也；子孙背父母临没之遗嘱，是不孝也。为僧者，胡弗思也？朕按二经实末法救苦之良药，不可忽！不可忽！

说

魔说②

魔大约有二，一曰天魔，二曰心魔。天魔易知，且置勿论。心魔者，不必发疯发颠，至于亵尊慢上，无复顾忌，囚首褴衣，不避讥嫌，而后为魔也。一有所着，如耽财耽色、耽诗耽酒、耽书耽画等，亦魔也。岂惟此哉？妄意欲功③盖一时，名垂百世，亦魔也。岂惟此哉？如为僧者，即修种种诸善法门，妄意希望成佛，亦魔也。岂惟此哉？如上之所说诸魔皆悉无之，而曰我今独免于魔，亦魔也。微矣哉！魔事之难察也。

般若说④

土之能朽物也，水之能烂⑤物也，必有残质存焉。俟沉埋侵渍之久，而后消灭。若火之烧物，顷刻灰烬。朕以是知般若智如大火聚，诸贪爱水逼之则涸，诸烦恼薪触之则焚，诸愚痴石临之则焦，诸邪见稠林、诸障碍蔀屋、诸妄想情识种种杂物，烈焰所灼，无复余遗。古谓太末虫处处能泊，惟不能泊于火焰之上。以喻众生心处处能缘，惟不能缘于般若之上，故学道人不可刹那而失般若智。

---

　　①“经”原脱，据（明）释袾宏《云栖法汇（选录）》卷十三《竹窗二笔·〈四十二章经〉〈遗教经〉》补。

　　②按，此文全文抄录（明）释袾宏《魔著》而稍改，文见（明）释袾宏《云栖法汇（选录）》卷十三《竹窗二笔》。

　　③“功”原讹“工”，据（明）释袾宏《云栖法汇（选录）》卷十三《竹窗二笔·魔著》改。

　　④按，此文全文抄录（明）释袾宏《般若一》而稍改，文见（明）释袾宏《云栖法汇（选录）》卷十三《竹窗二笔》。

　　⑤“烂”原讹“澜”，据（明）释袾宏《云栖法汇（选录）》卷十三《竹窗二笔·般若一》改。

儒佛说①

自昔儒者非佛，佛者复非儒。朕以佛法初入中国，崇佛者众，儒者为世道计，非之未为过。儒既非佛，疑佛者众。佛者为出世道计，反非之，亦未为过。迨夫傅、韩非佛之后，后人又仿效而非。何以故？云既掩日，不须更作烟霾故。迨夫明教、空谷非儒之后，后人又仿效而非，则过矣。何以故？日破其暗，不须更作灯火故。究实而论，则儒与佛不相病而相资。试举其略。凡人为恶，有逃宪典于生前，而恐堕地狱于身后，改恶而修善。是阴助王化之所不及者，佛也。僧之不可以清规约束者，畏刑罚而弗敢肆。是显助佛法之所不及者，儒也。今僧惟虑佛法不盛，不知佛法太盛，非僧之福。制之抑之，佛法之得久存于世者，正在此也。知此，则不当两相非，而当交相赞也。

此道说②

明太祖云："若人将后不能了此道。"昔人有言："虽有驷马，以先拱璧，不如坐进此道。"朕因是推之。岂惟驷马拱璧，虽王天下③，亦不如坐进此道。岂惟王一天下？虽金轮圣王王四天下，亦不如坐进此道。岂惟王四天下？虽王忉利、夜摩，乃至王大千世界，亦不如坐进此道。然昔云此道，指长生久视之④道也。兹员顶方袍，号称衲子，将坐进无上菩提之大道，反羡人间之富贵者，朕不知是何心耶！

---

① 按，此文全文抄录（明）释袾宏《儒佛交非》而稍改，文见（明）释袾宏《云栖法汇（选录）》卷十三《竹窗二笔》。

② 按，此文全文抄录（明）释袾宏《此道》而稍改，文见（明）释袾宏《云栖法汇（选录）》卷十三《竹窗二笔》。

③ "岂惟驷马拱璧"与"虽王天下"原倒，据（明）释袾宏《云栖法汇（选录）》卷十三《竹窗二笔·此道》改。

④ "之"原讹"此"，据（明）释袾宏《云栖法汇（选录）》卷十三《竹窗二笔·此道》改。

金色身说①

朕每闻世人赞佛身曰金色，盖②取其仿佛近似，非真若人世之所谓金也。天金天银，与世金世银，例美玉之于砥砆，胜劣自判。盖天金尚未足以拟佛，况世金耶？其精粹微妙，光莹明彻，自非凡眼所睹，然不可不知。如今之土木成像，而饰之以金箔，果以为佛之色相亦只如是，则失之矣。

讲、律、禅三宗说③

讲、律、禅，古号三宗，学者所居之④寺，所服之⑤衣，亦各区别。如杭郡，则净慈、虎跑、铁佛等，禅⑥寺也；三天竺、灵隐、普福等，讲寺也；昭庆、灵芝、菩提、六通等，律寺也。衣则禅者褐色，讲者蓝色，律者黑色。予初平海宇⑦，犹见僧搭三色衣，今则均成黑色矣，诸禅、律寺均作讲所矣。嗟乎！朕不知其所终矣。

《华严》大藏一经说⑧

或云：“经无与《华严》等者，何谓也？”曰：“昔玄奘法师译《般⑨若》六百卷成以进御，帝云：‘《般若》如是浩瀚，何不居《华严》之先？’法师谓：‘《华严》具无量门，《般若》虽多，乃《华严》无量门之一门也。’前有

---

① 按，此文全文抄录（明）释袾宏《金色身》而稍改，文见（明）释袾宏《云栖法汇（选录）》卷十三《竹窗二笔》。

② “盖”原讹“曷”，据（明）释袾宏《云栖法汇（选录）》卷十三《竹窗二笔·金色身》改。

③ 按，此文全文抄录（明）释袾宏《禅、讲、律》而稍改，文见（明）释袾宏《云栖法汇（选录）》卷十三《竹窗二笔》。

④ “之”原讹“各”，据（明）释袾宏《云栖法汇（选录）》卷十三《竹窗二笔·禅、讲、律》改。

⑤ “所服之”原讹“之服及”，据（明）释袾宏《云栖法汇（选录）》卷十三《竹窗二笔·禅、讲、律》改。

⑥ “禅”原脱，据（明）释袾宏《云栖法汇（选录）》卷十三《竹窗二笔·禅、讲、律》补。

⑦ 按，“予初平海宇”为改（明）释袾宏《禅、讲、律》原文“予初出家”而成，故不合史实。

⑧ 按，此文全文抄录（明）释袾宏《〈华严〉大藏一经》而稍改，文见（明）释袾宏《云栖法汇（选录）》卷十三《竹窗二笔》。

⑨ “般”前原衍“若耶”，据（明）释袾宏《云栖法汇（选录）》卷十三《竹窗二笔·〈华严〉大藏一经》删。

僧作数格供经，《华严》供于最上，一日取诵讫，纳之中格。明晨，经忽在上，僧大惊异。盖经之威神所致，亦持经者之精诚所感也。且三藏圣教，独《华严》如天王，专制宇内，诸侯公卿①大夫百执事，以至兆民，皆其所统驭也。夫孰与之等也？

净土说②

有来奏者，极云西方净土之奥。朕曰："咨！尔知一而不知二。吾非不信净土，亦非薄净土而不往。但朕所往与人异。东方有佛吾东往，西方有佛吾西往，四维上下，天堂地狱，但有佛处，朕则随往。非如天台永明诸求净土者，必专往西方之极乐世界也。此说甚高，旨甚深，义甚玄，然不可以训。经云：'譬如弱羽，止可缠枝。'则知翮翼既成，身强气茂，方可翱翔霄汉，横飞八方耳，非初发菩提心者所能也。世尊示韦提希十六观法，必先之落日悬鼓，以定志西方。而古德有坐卧不忘西向者，岂不知随方皆有佛国耶！大解脱人，任意所之③。如其不然，恪遵佛敕！"

惜寸阴说④

古谓大禹圣人，乃惜寸阴。至于众人，当惜分阴。而佛言："人⑤命当在于呼吸。"夫分阴之中，有多呼吸，则朕与黎庶何止当惜分⑥阴？一刹那、一弹指之阴，皆不可不惜也。伊庵权禅师⑦至晚必流涕曰："今日又只恁么空过，未知

①"卿"原讹"乡"，据（明）释袾宏《云栖法汇（选录）》卷十三《竹窗二笔·〈华严〉大藏一经》改。

②按，此文全文抄录（明）释袾宏《随处净土》而稍改，文见（明）释袾宏《云栖法汇（选录）》卷十三《竹窗二笔》、（明）释袾宏《云栖净土汇语》等。

③"之"原讹"知"，据（明）释袾宏《云栖法汇（选录）》卷十三《竹窗二笔·随处净土》、（明）释袾宏《云栖净土汇语·随处净土》改。

④按，此文全文抄录（明）释袾宏《惜寸阴》而稍改，文见（明）释袾宏《云栖法汇（选录）》卷十三《竹窗二笔》。

⑤"人"原脱，据（明）释袾宏《云栖法汇（选录）》卷十三《竹窗二笔·惜寸阴》补。

⑥"分"原讹"寸"，据（明）释袾宏《云栖法汇（选录）》卷十三《竹窗二笔·惜寸阴》改。

⑦"师"后原衍"云"，据（明）释袾宏《云栖法汇（选录）》卷十三《竹窗二笔·惜寸阴》删。

来日工夫①何如？”其励精若此。朕每早朝出，则忆伊庵此语，曰："今日又换一日矣，昨日已成空过，未知今日何如？"然朕每太息，辄自流涕②，以是知今之为僧之修道者，不及古人远甚。可不愧乎！可不勉乎！

肉刑说③

肉刑起于何时，其果圣人之意乎哉？或曰："《尚书》言之矣。"然言之而未详也，抑后世欲威民者为之也？夫炮烙罪人，商纣之所以危身也。凿人目，剥人面皮，吴皓之所以覆国也。复有沸④油盐于鼎俎，置人于中而烹之者，齐、楚等君之所以灭亡也。而谓圣人为之乎？或又曰："其人天且劓，《周易》亦言之矣。"然《易》经也，非律也，卜筮之书也，非刑书也。所以前民用，非所以罚民罪也。天且劓，象也，非真也。且肉刑，至汉文帝而始除。万世而下，岂以文帝为非乎？以文帝为贤乎？如以为贤，则肉刑之非可知矣。虽然帝则诚贤乎，而又遗恨焉，宫刑之未除也。嗟乎！痛哉！难言也。朕思业报之循环，不可息也，何时得见龙华之世也？

佛性说⑤

朕观经言："蠢动含灵，皆有佛性。"孟子之辟告子也，曰："然则犬之性犹牛之性，牛之性犹人之性欤？"有执经言，而非孟子。朕以为不然。皆有佛性者，出世尽理之言；人、畜不同者，世间见在之论，两无相碍。是故极本穷源，则蝼蚁蠛蠓，直与三世诸佛平等不二。据今见在，则人通万变，畜惟一知，何容并视？岂惟人与畜殊？彼犬以司夜，有警则吠。若夫牛，即发屚钻穴，逾墙斩

---

① "工夫"原脱，据（明）释袾宏《云栖法汇（选录）》卷十三《竹窗二笔·惜寸阴》补。

② 按，"每太息，辄自流涕"，（明）释袾宏《惜寸阴》原文作"但太息，未尝流涕"，文意相反。

③ 按，此文全文抄录（明）释袾宏《肉刑》而稍改，文见（明）释袾宏《云栖法汇（选录）》卷十四《竹窗三笔》。

④ "沸"原讹"汤"，据（明）释袾宏《云栖法汇（选录）》卷十四《竹窗三笔·肉刑》改。

⑤ 按，此文全文抄录（明）释袾宏《佛性》而稍改，文见（明）释袾宏《云栖法汇（选录）》卷十四《竹窗三笔》。

关，且安然如不闻见矣。犬、牛之性，果不齐也，而况于人乎！万材同一木也，而梧、槚、枳、棘自殊；百川同一水也，而江、湖、沟、渠各别，同①而未尝不异，异而未尝不同者也。如执而不通，则世尊成正觉时，普见一切众生②皆成正觉，今日何以尚有众生？

出家利益说③

古德有云："最胜儿，出家好。"俗有恒言曰："一子出家，九族生天。"此皆赞叹出家④，而未明言出家之所以为利益也。岂曰不耕不织，而有自然衣食之为利益乎？岂曰不买宅，不赁⑤房，而有自然安居之为利益乎？岂曰王臣护法，信施恭敬，上不役于官，下不扰于民，而有自然清闲逸乐之为利益乎？古有偈曰："施主一粒米，大似须弥山。若还不了道，披毛戴角还。"又云："他日阎君与你算饭钱，看你将何抵对？"此则出家乃大患所伏，岂能有利益乎哉？朕谓出家之利益者，以其破烦恼，断无明，得无生忍，出生死苦，是则天上人间之最胜，而父母宗族被其泽矣。不然，富积于千箱，贵师七帝，何益之有？朕心实忧之，而并以告夫为僧者。

---

① "各别，同"原脱，据（明）释袾宏《云栖法汇（选录）》卷十四《竹窗三笔·佛性》补。

② "众生"原脱，据（明）释袾宏《云栖法汇（选录）》卷十四《竹窗三笔·佛性》补。

③ 按，此文全文抄录（明）释袾宏《出家利益》而稍改，文见（明）释袾宏《云栖法汇（选录）》卷十四《竹窗三笔》、清世宗《御选语录》卷十三《御选云栖莲池袾宏大师语录》。

④ "赞叹"与"出家"原倒，据（明）释袾宏《云栖法汇（选录）》卷十四《竹窗三笔·出家利益》、清世宗《御选语录》卷十三《御选云栖莲池袾宏大师语录·出家利益》改。

⑤ "赁"原讹"售"，据（明）释袾宏《云栖法汇（选录）》卷十四《竹窗三笔·出家利益》、清世宗《御选语录》卷十三《御选云栖莲池袾宏大师语录·出家利益》改。

杂著

三教一家①

夫三教②，则诚一家矣。一家之中，宁无长幼卑尊亲③疏耶？佛明空劫以前，最长也，而儒、道言其近；佛者天中之天、圣中之圣，最尊，而儒、道位在凡；佛证一切众生本来自己，最亲也，而儒、道事乎外。是知理无二致，而深浅历然；深浅虽殊，而同归一理，此则所以为三教一家也，非漫无分别也。

问三宝④

朕因暇日入寺听经，及诵之者三宝名也，因召首僧而问之曰："闻道家以精、气、神为三宝，而世人以佛、法、僧配之，此言何谓也？"彼僧对曰："夫自性开觉名佛，自性轨则名法，自性清净和合名僧。彼精、气、神何为哉！即令以先天元精、元气、元神为说，亦岂知此元神者，犹属识阴乎？佛法深玄，臣僧未易草草应对。"

巢顶灌膝⑤

世传佛苦行时，鹊巢顶上，芦穿膝中。修养家以为运气之术，朕曰："然则非欤！昔如来深入禅定，鹊巢不知，芦穿不觉，纪⑥实而已。非谓运气之术，上通下彻也。乃至九重铁鼓，谬解为夹脊双关；四门游观，妄说为眼、耳、鼻、舌，悉邪也，不可不辟。"

---

① 按，此文全文抄录（明）释袾宏《三教一家》而稍改，文见（明）释袾宏《云栖法汇（选录）》卷十五《正讹集》。

② 按，"夫三教"前，（明）释袾宏《三教一家》原文尚有"人有恒言曰：'三教一家。'遂至漫无分别，此讹也。"本文删省，故后文稍显突兀。

③ "亲"原脱，据（明）释袾宏《云栖法汇（选录）》卷十五《正讹集·三教一家》补。

④ 按，此文除开头外均抄录（明）释袾宏《三宝》而稍改，文见（明）释袾宏《云栖法汇（选录）》卷十五《正讹集》。

⑤ 按，此文全文抄录（明）释袾宏《巢顶灌膝》而稍改，文见（明）释袾宏《云栖法汇（选录）》卷十五《正讹集》。

⑥ "纪"原讹"绝"，据（明）释袾宏《云栖法汇（选录）》卷十五《正讹集·巢顶灌膝》）改。

黄龙洞宾①

道流谓洞宾以飞剑伏黄龙禅师，此伪也。朕观《语录》云："师一日升座，洞宾杂稠人中，师以天眼烛之，遂云：'会中有窃法者。'宾出众，自称云水道人。师云：'云尽水干时如何？'宾不能对。师代云：'黄龙出现。'宾怒，夜飞剑胁师，师指剑，插地不能举。明日，拔剑不起。问答数语，脱然有省，因嗣黄龙。"此岂宾之伏龙也？故朕是以知其伪者。

佛者弗人也②

今之迂儒言："佛字从弗从人，盖诚弗人也。以其弃国无君，辞亲无父，不娶无子，洁其身而乱大伦，非人之道，不可施之中国。"朕笑之，以知其迂儒之论也。夫弗人则诚弗人，而所以弗者，非世之云也。断人所不能断之惑，证人所不能证之智，行人所不能行人之行。是故尧、舜、周、孔者，人之圣。佛也者，圣之圣也。圣且不足以名③之，况可谓之人乎！日月四王，乃至无色者，对人而称天。佛也者，对天而称天者也。天且不足以名之，况可谓之人乎！佛为弗人，其义如是。尝统论三教，儒从需从人，不躁妄之谓需，儒盖从容乎礼法人也；仙从山从人，离市井之谓山，仙盖逍遥乎物外人也，不可之谓弗。二教虽高，犹可名人。佛者，超四生，出三界，不可以人名也。以上姑就世俗，实则佛是梵语，此云觉，奚取于弗人！

不生不灭④

世人杀生，藉口佛经不生不灭，而言不生则不灭，有生则有灭，故杀生无

①按，此文除文末外均抄录（明）释袾宏《黄龙洞宾》而稍改，文见（明）释袾宏《云栖法汇（选录）》卷十五《正讹集》。

②按，此文全文抄录（明）释袾宏《佛者弗人也》而稍改，文见（明）释袾宏《云栖法汇（选录）》卷十五《正讹集》。

③"名"原讹"明"，据（明）释袾宏《云栖法汇（选录）》卷十五《正讹集·佛者弗人也》改。

④按，此文全文抄录（明）释袾宏《不生不灭》而稍改，文见（明）释袾宏《云栖法汇（选录）》卷十五《正讹集》。

碍。此言何谓也？经云："此心本自^①不生，亦复不灭。不生故寂，不灭故照。常寂常照，名常寂光。"此当人妙心也，如何将至理之谈，翻成戏论者哉！悲夫！

背本从释②

人见从儒入释者，极言赞佛，谓孔子所不及，因议其背本。朕甚讥之，而曰："孔子者，人中之圣人。佛者，圣人中之圣人也。此天理人情究极之公论也，非所谓背也。今有问言：'尔父与尧、舜孰贤？'必将曰：'吾父安敢上拟大圣矣！'是即为背本乎哉？必欺天罔人而曰：'吾父贤于尧、舜。'然后为不背本乎哉？且孔子非不知佛也，儒谈世间法，只合如是而止，过之则出世间法矣。世间、出世二法，互相维持，而门庭各别。不然，缁侣学禅，何不依《大学》《中庸》？文场试士，何不用《法华》《楞严》耶？况孔子不言佛，而意寓言表。如曰：'朝闻道，夕死可矣。'此何道也？'西方有大圣人。'此何圣也？其尊佛明甚。而今言释深于儒，正发扬孔子微意，是谓报恩，乌得为背本乎哉！"

剃发不剃须③

有剃发不剃须者，驾言："削发除烦恼，留须表丈夫。"此妄语也。发云烦恼，则须之烦恼尤甚。须表丈夫，则孟子所称大丈夫者，乃在躬仁义，贞穷达，一死生而已。张良状貌如妇人女子，而心雄万夫，奚以须为哉！如是违佛明制，显异惑众之流，摈而斥之，毋令混迹于缁门，可也。

《折疑梵刹志》卷之四终

---

①"自"原脱，据（明）释袾宏《云栖法汇（选录）》卷十五《正讹集·不生不灭》补。

②按，此文全文抄录（明）释袾宏《背本崇释》而稍改，文见（明）释袾宏《云栖法汇（选录）》卷十五《正讹集》。

③按，此文全文抄录（明）释袾宏《剃发不剃须》而稍改，文见（明）释袾宏《云栖法汇（选录）》卷十五《正讹集》。

卷　五

（本卷佚）

卷 六[①]

附前明条约[②]

一、殿堂焚修。凡香烛、斋供等项，管事僧案期照数领出，公同各殿堂僧买办应用，不许将银一并预支，及径付殿堂僧手内。如有预支及破冒等弊，许众僧禀究。殿堂逐年揭盖一次，已有额定银两。每年终，查有应修理处，将二季缺僧粮及余剩银充用。每五年，遇丙、辛年分大修一次，将官住俸粮、众僧口粮扣除一半。如有兴造工大，即连扣二年亦可。工完，仍复旧额。目今灵谷、报恩已半扣修造。别寺如有兴造，俱照此例。凡用缺僧粮及余剩银，须呈禀批给。循环簿及岁报册内，另开额外大修一款，不得混入前数，致乱定规。其五年半扣者，钱粮尤广，须另造稽工簿报查。

---

① 本志本卷残。本卷名缺，据本志目录补。

② "附前明条约"缺，据本志目录及体例补；其下条约内容亦缺，据（明）葛寅亮撰，何孝荣点校《金陵梵刹志》卷五十一《各寺公费条例·条约》补。按，《各寺公费条例·条约》为当时南京灵谷寺、天界寺、报恩寺等三大寺及鸡鸣寺、能仁寺、栖霞寺、弘觉寺、静海寺等五次大寺合计八大寺共用，非报恩寺专用。

本部议灵谷寺扣粮修殿稿

南京礼部祠祭清吏司为修建殿堂，以护陵寝事。照得灵谷寺乃圣祖敕工部建造，护卫陵寝，自来皆系本部移文工部修理。目今殿堂虽多颓毁，值公帑匮乏，难以复议。看得报恩寺大禅殿二层，已经官住、众僧扣粮修理，前一层工程已完。今灵谷租粮颇饶，亦应比例通查一年内应扣之数。原额殿堂揭盖银十二两全扣，印官一员折俸银十八两，僧官一员俸米三十六石，大住持二名，每名米二十四石，通经、执事等粮五十分，牒僧、学僧等粮五百名，每分银七钱六分、米三石八斗，别院僧粮一百二十名，每名米三石八斗，俱半扣。每年共扣夏租银一百五十九两，冬租银七十一两，冬租米一千三百一十五石，每石约变价四钱二分，约该银五百五十二两三钱，通共银七百八十二两三钱。该寺工程，有大殿四围廊墙全缺，无量殿捶角朽坏，禅堂、律堂方建未完，方丈将颓，廊房、库司移改，万工池挑浚，共该工一千二百余两。已经动支去岁租粮，并征夏租银起工，候完日另报。又观音殿、金刚殿重修，禅堂内大法堂、公学堂改建，共估银五百余两。五方殿重造，估银二千余两。今岁冬租银内，除将五百两修观音等殿外，余银置买五方殿木植，候下年租银起造。又下年租银装修，三年内工程约可全完。所扣俸米、口粮，一体复旧，不许因而乾没，及私意增减。其扣粮内，有别院僧口粮。如别院自举大工，即准给用。无工，仍归灵谷。又扣米变银，如时价不等，临期再禀酌定。即遇价贱，佃户必照额征米，不得贪取小便，擅改折色，致酿奸弊。僧人有禀改者，重治，伏候批示。置立印信循环薄二扇，给该寺登记出入。本司逐月稽考，工完即备细造册，报堂，听候查验。堂批："如议行。"

万历三十五年三月十六日

一、常住事务。凡常住不定事务，如官住到任，及拨僧祈祷之类，即在常住小费一款内。凡衙门内各役费用，即在公务杂费一款内。到任祈祷，事不恒有，有亦易办也。独马下钱，日增无厌。今止三大寺照旧，余寺绝无，不许分外需索分文。又本部官到寺设席，风闻各役逼令常住添设素饼，捏称旧规，实绝无根据，已经各厅、司会同禀堂申饬。如再有指索，用及各寺分毫，定行禀堂，从重究治。各寺有惧恶滥与，献谄妄用，致使经费不足，定额那移者，并将官住罚俸，管事、管库僧橄锁。除此外，果有事出不测，费至二两以上，仍许临时禀查。亦照大修例，于余银批给，另开额外公费一款，附册簿后注销。

本部会议禁革各役指骗稿

南京礼部司务厅、仪制等四司为严禁各役指骗事。照得三大寺及朝天宫虽有钦赐租粮，原奉旨赡给僧、道及充香灯、修理，额派已定，常住并无宽余，可为不经之费。况本部官于各寺、宫分既相临，即用其分文粒米，亦不免瓜李为嫌。风闻本部官到寺、宫设席，各役逼令常住添设素菜、面饼，称为旧例。如不供应，即肆呵斥。又谓发银办饭，借用什物，亦间有例。可行各厅、司查，自到任以来，绝未经见，止闻有一无籍僧官，偶尔献谄，已经为事革职，他寺实不皆然。此等陋举，即相习成风，亦宜禁绝。况一人甫倡，而遂欲众人效尤，则科索之端，滥觞何极？虽先后各厅、司皆能自爱，必不至误听。而此辈敢于称说，惟思肆彼贪饕，不顾官府体面，可谓知有忌惮者乎？念系风闻，未有指名的据，姑不追究。合禀堂严行申饬。

至于马下钱，三大寺、朝天宫往时间有拜客银二分，设席银四分，堂役加倍，据法本宜裁革，姑念所费不多，量存以塞馋口。除此外，并无毫厘相涉。如有门皂巧立名色，指称旧规，如前素饼之类，用及各寺、宫分文，即以倚官吓诈论，重责革役，仍枷号各寺、宫门首。各寺、宫如惧恶滥与，献谄妄用者，官住罚俸，管事、管库僧、道重责追牒。各寺、宫公费出入，原有循环簿开报祠祭司。簿内但有前项滥费开入，及簿虽不载，而实系那移影射者，应即呈堂，或知会各厅、司。各厅、司亦务期相成，毋嫌彼此。更乞批示，严谕各役，用使知儆禁于未然，毋致为清曹之点染也。各厅、司未敢擅便，伏候裁夺施行。堂批："供应素馔之类，虽事属细微，实伤大体。各役妄捏旧规，希图指索，情实可恨。再有犯者，定枷责革役。祠司仍不时查核循环簿，如系堂役及各厅、司等役，即呈禀知会，务使弊端永杜，以副各厅、司相成雅意，于清曹体面实大有裨也。俱如议。着实严行。"

万历三十三年正月十六日

一、官住、教学。官住俸薪，不为不厚。欲其领袖众僧，护持一寺。乃只求俸薪到手，租粮耗损，漫不经心，则设官住何用？自今务要各庄通完，散众及存留俱足，岁报册送查，果无欠少错误，方许官住支给。如过期不完，官住俸粮截支，候征完方与开粮。至于教学僧，须以通经考前列者充之，事务最烦，应当优厚。俸粮俱以到任着役日为始。但有开除，俱合申报。

一、通经、执事。通经优给僧，原为考官住及教学而设，务取能作解义、精通经典者。如文理不甚通，姑以填数，则粮止半给。前堂、维那僧，专领众焚修，每月朔具结；管事僧专管常住一应事务；书记僧专管填写逐年租单告示、月报岁报，及一应册籍疏结；直库僧专管收放银米；直日僧专答应上司，及巡察寺内一应违禁事举报；殿堂僧专管殿堂香灯。各僧但有误事及作弊者，俱橵锁究革。限一年一换。而管事、直库尤关紧要，更不许恋役。堂司、净发、施茶、音乐等僧，无过不必更换。数已额定，不得别立名色，分外增加。年终送岁报册日，俱送司查点，以防虚冒。通经僧考定，音乐僧粮少姑免点，通经、书记僧每名支僧粮二分，前堂等僧每名各支僧粮一分。如有牒补粮，仍本分兼支。

一、牒僧口粮。僧无定数，粮难稽考，弊窦甚多。今以各寺见在僧，酌为成额。查灵谷寺原系护卫陵寝，有旨赡僧千人，似难擅议。而天界、报恩亦与鼎立，但见在实不及额。今各定牒僧三百五十名，外加学僧、禅僧，灵谷又加别院僧，则亦近千人之数矣。鸡鸣等五次大寺，牒僧各七十名，大约皆见在实数。凡食粮牒僧，专以本寺度牒为主。牒僧逾于额外，则照数截住，候缺出顶补。年终，该寺申报，总收一次。如牒多缺少，仍以默经为定。目今独报恩牒多，补粮以考定。别寺牒少，俱不必考。牒僧亏于额内，则扣粮贮库，待有纳牒者，亦年终总收。牒僧又以实在寺焚修为主，如外寺僧已纳本寺牒，置房进住者，即准挨缺补粮。本寺牒已出外住，不实在寺者，即除名革粮，取度牒批过给还，不许冒滥。僧分三班，逐日上殿。三次不到，及告假满三月者，停粮。过一年者，径革。有故辞粮者，免其上殿。

夏、冬二季给粮，各该寺备造花名册一本，分额定、旧管、新收、开除、实在、扣缺六款，先后即将度牒对查，专以纳牒日期为序，同日序齿。如以默经序补，则先后论案，花名册先送司查的批发，官住即公同众僧，照册唱名给散，各僧于本名下亲注领足缴查，本司仍不时掣问。其缺僧余粮，止充修理，不作别用。册内另开缺僧粮一款，以凭查估批发，毋得混入余剩数内，致有隐漏。

一、学僧口粮。三大寺各额定学僧一百五十名，五次大寺各额定学僧三十名。食粮专以到学为主，实在学半年开粮，出学即除粮。数足候缺顶补，不足扣粮贮库，俱与牒僧一例。每正月半开学，十二月半止。分上、下半年，正、七月分。官住督同教学僧，将实在学僧造花名假簿，各名下开某年月日到学，先后即以到学为序，同日序齿。一样三本，送司用印。一存本司，一给官住，一给教学僧。遇有告假及事故，从实填报。假满一月者，革粮。如有虚冒，教学僧究革，官住罚俸。凡纳牒，必先经入学，教学僧具结，官住于夏、冬二季类总报司，方准起送。如未经入学者，不许纳牒。牒僧在学，二分兼支，仍免上殿。行童年八岁以上，二十岁以下，不到学，该寺拨令打扫殿堂。学内所习，用《梵网》《楞严》等经，不许习应付法事，只图射利。夏、冬给粮，备造花名册一本，即附牒僧册后，事例、式样俱同。先后序次，即将假簿照验，不得搀越。教学僧给与札付为照。

一、禅堂供众。禅堂多系行僧，参学持斋，僧规不失。国初拨田赡僧，原为此辈。奈房僧好丑相形，每怀忌嫉。姑念习久难反，止于各该寺租粮十之二三，拨入供众。此皆系本司查增，而非夺房僧所有。如敢生事扰害，定从重究治。给有堂帖为照。其堂内规条，每堂算定岁入租银若干两，米若干石。每僧一日饭食、腐菜银一分，或米二升。每日该赡禅僧若干名，堂主登簿，知会官住。除香灯募外，僧多亦听募助，僧少以侵克论。官住不为催租，致有拖欠，革俸抵偿。田地如有典佃，虽费出有因，亦必从重追究。堂主或缺，听堂内众僧公同官住，另举贤能充补，不许徒弟眷属世恋接管。租粮俱堂主管理，如有法师止觉察而不经手，原无责任，不宜赴司进谒。催租僧，堂、内外各一人，不许偏用堂内。不得将荤酒进入，及蓄养行童。违者，堂主不许住堂。各堂大门，设立左、右二示悬挂，务使僧众通知，用防隐阁。

本部给各禅堂札付

南京礼部为拨给禅堂，以励行僧，以存祖制事。祠祭清吏司案呈，照得禅堂多系行僧，参学持斋，僧规不失。国初，本部奉旨分为三等，曰禅，曰讲，曰教。《钦录集》开载甚详。今禅、讲仅存于禅堂，而房僧绝不知为何物矣。然则圣祖所赡养之僧，在今日亦惟禅堂足当之也。奈熏莸不能同器，每加忌嫉。纵习久难以尽移，而德意岂容偏壅？况一寺之中，安得有分彼此？今查栖霞寺见有钦赐金官等庄，拨入禅堂。乃三大寺独无，殊失优给行僧之意。今议各寺以十分之三给之。灵谷禅堂，悟真、桐桥二庄及陈桥茄地洲约赡僧一百七十一名；律堂，龙都、散甲二庄约赡僧一百九十八名。天界禅堂，靖安庄、采石洲、菜地并施舍田约赡僧七十三名。报恩禅堂，藏经板头、菜地约赡僧七十六名。又鸡鸣禅堂，大梅子洲约赡僧二十名。皆给与帖文执管。盖寺租自经清查，给众较前有余，非夺房僧原有之物。如有敢生事扰害者，定从重追牒究治。其禅僧虽难额定，大略常存有约定之数，即见无弊。其收租正、副二僧，用堂内一人，堂外一人互察，官住一体严催。钱粮既多，堂主要须得人，官住亦宜不时稽考。但不许有分彼此，私意中伤。

具由禀堂，奉批："僧非禅则不成僧，寺无禅堂则不成寺。圣祖赡养本意，原为此辈。俗僧反怀忌嫉，殊可恨也。如议拨给。有敢生事扰害者，查出重究。"奉此。又禀堂，奉批："准各给帖。"奉此。案呈到部，拟合就行。为此合札某寺禅堂主僧照札事理，即便遵照，将后开各庄田地、洲场永远执管，收租供众。有敢生事扰害者，许执札赴禀，以凭重究，毋得违错。须至帖者。

万历三十四年八月初六日

一、拨佃借贷。各寺租粮所入，尽足充用，原无重大事务赔累。近年官住多假修理、散众为名，豫拨洲田，广借债务，实费仅十之二三，而虚耗已十之七八。官住利于侵用，虽屡经本部禁谕，弊终不止。至令洲久假而不归，债盘算而无已，贻累该寺，莫此为甚。除前革职赔认外，以后但有犯者，不论实用与否，官住即行革职，责令赎洲召债。如有实赃，仍加参送。至于佃田受价，佃户得以借口，尤为不可。幸未有犯，亦合预禁。如各寺果有紧急公费，必不容已，许于三大寺公费内，相通借用，申禀批给。银不起利，租到即还，不得延挨。

一、月报岁报。各庄租粮，俱分夏、冬二季，租到，即查额，定公费，照数
扣存库内，以待半年之需。下次租银相接，亦如之。未应交纳者，不许预先那
用，及零星取讨，以致折减虚耗。其官住俸薪、众僧口粮，亦分二季支给，各有
定数定时，不许银米那移，后先撺乱，致酿弊窦。凡众僧口粮随到，即具花名
册，送部批给，不许迟延。散众完，方给官住。至于公费逐时关支者，须管事僧
具领，官住查照额例批发，管库僧将银送官住验封兑出，仍封固判押发收，书记
僧即登报循环，买何物料，给何工役，仍听官住验过。盖官住查理而不经手，库
僧收贮而不拆封。用费不实，责在管事。登报不实，责在掌书。互相觉察，毋得
党同。额定外，又量存余剩银米，备额外不常之需，听临时具手本批给。如无手
本，不准支销。

每月开报循环，照例分旧管、新收、开除、实在四款。款内仍备开原议额定
数目，各将见用数目附注其下，以便查对。每月终日，预将簿送司。朔日，管
事、书记、管库僧一同赴领。如有用不合例，及指称揭债、那借等项名色，即系
侵欺，定重究追补。每夏、冬二季，仍总造岁报册，规则与循环簿相同。但彼以
月计，而此以岁计，分散与结总之异耳。册内有过用者追赔，合例与否，官住年
终考校，即以此为定。余剩银米，如至年终尚未支销，即报明，与缺僧粮同充修
理之用。五次大寺钱粮不多，止于夏、冬岁报，不必月报。

一、灵谷分给租粮。灵谷寺田租独多，内有天禧溧水等田，又原系报恩、天
界等寺赐田归并。僧录司印官俸粮，应独派灵谷出办，余寺俱免。又鸡鸣系灵
谷别院，观音阁系灵谷下院，共额定僧一百二十名，附灵谷关支米粮，独银两不
给，以存寺内寺外之别。

一、报恩禅堂板头。板头银俱禅堂赡僧。目今用八两刻补缺板，约五年通
完，仍用赡僧。每请藏，逐月有循环簿开报；印经刻板，有号票给查，悉载《请
经条例》内。

附前明册单 ①

报恩寺，循环、公费簿二本，岁报租粮册夏、冬二本，散粮花名册止冬季一本，公学假簿本司、本寺、本堂三本。

附前明常住出入数 ②

附前明大常住入数③

戴子庄，夏租银一百一十四两九钱四厘，冬租米一千五百四十二石六斗三升。

腾真庄，冬租米五百二十四石四斗九升五合。

寺前房地，夏租银五十两四钱六分四厘，冬租银五十两四钱六分四厘。

以上夏租银通共一百六十五两三钱六分八厘，冬租银通共五十两四钱六分四厘，冬租米通共二千六十七石一斗二升五合。

附前明禅堂入数④放生池边地二大条，自种供菜。

藏经板头，每藏一十二两，每年约银二百四十两。又四经每年约银三十六两，杂号约银四两。目今每藏八两刻经，止四两赡众。

以上约银二百八十两。目今除刻经，止约银一百二十两。

---

① "附前明册单"缺，据本志目录及体例补；其下册单亦缺，据（明）葛寅亮撰，何孝荣点校《金陵梵刹志》卷五十一《各寺公费条例·条约附三大寺及五次大寺公费文册数目》补。

② "附前明常住出入数"缺，据本志目录及体例补。

③ "附前明大常住入数"磨泐，仅存"大常住入数"五字，其下内容亦仅存二残页数行，混入本志卷八。兹据本志目录及体例补"附前明大常住入数"，其下内容据（明）葛寅亮撰，何孝荣点校《金陵梵刹志》卷五十一《各寺公费条例·报恩寺》补。

④ "附前明禅堂入数"缺，据本志目录及体例补。其下内容据（明）葛寅亮撰，何孝荣点校《金陵梵刹志》卷五十一《各寺公费条例·报恩寺》补。

附前明常住出数①

殿堂焚修公费②，共银四十九两八钱。夏存二十九两四钱，冬存二十两四钱。一、塔上灯油，内府送用。月大一③千九百三十一斤四④两，月小一⑤千八百六十六斤一十四两。灯共一百四十⑥六盏，昼夜长明。每日该油六十四斤四两有零。一、大禅殿香烛、灯油银六两。每月银五钱外⑦，月支内府油五斤。一、各殿香烛、灯⑧油银四两八钱。后禅殿、伽蓝殿每处每月各银一钱⑨五分，塔殿每月一钱，止办香烛⑩。其灯油系内府供。一、每初二、十六伽蓝斋供银六两。每次二钱五分。一、新正礼千佛忏一月，茶点银三两。冬季预存。一、清明、中元祀祖银二两。一、如来降诞、成道斋供银二两。一、五月圆觉会一月，茶点银三两。冬季预存。一、年节斋供银五两。夏季预存。一、万寿、千秋斋供银十两。夏季预存。一、殿堂⑪揭盖银八两。

---

① "附前明常住出数"缺，据本志目录及体例补。

② "殿堂焚修公费"前原衍"一"，据（明）葛寅亮撰，何孝荣点校《金陵梵刹志》卷五十一《各寺公费条例·报恩寺》删。按，本志在"殿堂焚修公费"前加"一"，误与下文"塔上灯油，内府送用""大禅殿香烛、灯油银六两""各殿香烛、灯油银四两八钱"等各项并列。其实二者为从属关系，即后者各项为"殿堂焚修公费"细目，本志误为并列项目。

③ "一"原讹"小"，据（明）葛寅亮撰，何孝荣点校《金陵梵刹志》卷五十一《各寺公费条例·报恩寺》改。

④ "四"前原衍"十"，据（明）葛寅亮撰，何孝荣点校《金陵梵刹志》卷五十一《各寺公费条例·报恩寺》删。

⑤ "一"前原脱"月小"，据（明）葛寅亮撰，何孝荣点校《金陵梵刹志》卷五十一《各寺公费条例·报恩寺》补。

⑥ "百六十六斤一十四两。灯共一百四十"原脱，据（明）葛寅亮撰，何孝荣点校《金陵梵刹志》卷五十一《各寺公费条例·报恩寺》补。

⑦ "五钱外"原脱，据（明）葛寅亮撰，何孝荣点校《金陵梵刹志》卷五十一《各寺公费条例·报恩寺》补。

⑧ "灯"原脱，据（明）葛寅亮撰，何孝荣点校《金陵梵刹志》卷五十一《各寺公费条例·报恩寺》补。

⑨ "一钱"原脱，据（明）葛寅亮撰，何孝荣点校《金陵梵刹志》卷五十一《各寺公费条例·报恩寺》补。

⑩ "香烛"原脱，据（明）葛寅亮撰，何孝荣点校《金陵梵刹志》卷五十一《各寺公费条例·报恩寺》补。

⑪ "一、殿堂"原脱，据（明）葛寅亮撰，何孝荣点校《金陵梵刹志》卷五十一《各寺公费条例·报恩寺》补。

常住事①务公费②，共银三十九两。夏季存一③十九两五钱，冬季存一④十九两五钱。一、纸札笔墨银三两。一、常住茶银四两。一、公务杂费银⑤十六两。科举年加银三两。一、常住小费银十两⑥。一、寺前施茶银六两。

官住、教学等俸粮⑦，共九十八两，俱夏季给；米一百二十四石，俱冬季给。一、内监米共四十石。提督一员，十石；司香⑧五员，每员六石。员数或有多寡，米无增减。一、僧官一员，银二十四两，米三十六石。一、大⑨住持二名，共银三十二两，米四十八石。一、教学僧二名，共银三十两。一、门、库、夫皂三名，共银十二两。

---

① "常住事"原脱，据（明）葛寅亮撰，何孝荣点校《金陵梵刹志》卷五十一《各寺公费条例·报恩寺》补。

② "常住事务公费"前原衍"一"，据（明）葛寅亮撰，何孝荣点校《金陵梵刹志》卷五十一《各寺公费条例·报恩寺》删。按，本志在"常住事务公费"前加"一"，误与下文"纸札笔墨银三两""常住茶银四两""公务杂费银十六两"等各项并列。其实二者为从属关系，即后者各项为"常住事务公费"细目，本志误为并列项目。

③ "存一"原脱，据（明）葛寅亮撰，何孝荣点校《金陵梵刹志》卷五十一《各寺公费条例·报恩寺》补。

④ "存一"原脱，据（明）葛寅亮撰，何孝荣点校《金陵梵刹志》卷五十一《各寺公费条例·报恩寺》补。

⑤ "银"原脱，据（明）葛寅亮撰，何孝荣点校《金陵梵刹志》卷五十一《各寺公费条例·报恩寺》补。

⑥ "银十两"原脱，据（明）葛寅亮撰，何孝荣点校《金陵梵刹志》卷五十一《各寺公费条例·报恩寺》补。

⑦ "官住、教学等俸粮"前原衍"一"，据（明）葛寅亮撰，何孝荣点校《金陵梵刹志》卷五十一《各寺公费条例·报恩寺》删。按，本志在"官住、教学等俸粮"前加"一"，误与下文"内监米共四十石""僧官一员""大住持二名"等各项并列。其实二者为从属关系，即后者各项为"官住、教学等俸粮"细目，本志误为并列项目。

⑧ "香"前原衍"季"，据（明）葛寅亮撰，何孝荣点校《金陵梵刹志》卷五十一《各寺公费条例·报恩寺》删。

⑨ "一、大"原脱，据（明）葛寅亮撰，何孝荣点校《金陵梵刹志》卷五十一《各寺公费条例·报恩寺》补。

　　通经执事口粮^①，共僧粮五十分，共米一百七十五石，俱冬季给^②。一、通经优给僧十名，每名加僧^③粮二分。一、前堂僧四名，每名加僧粮^④一分，内^⑤一名系祝白前堂。一、维那僧三名，每名加僧粮^⑥一分。一、书记僧二名，每名加僧粮二分^⑦。一、管事^⑧僧二名，每名加僧粮^⑨一分。一、直库僧二名，每名加僧粮^⑩一分。一、直日僧四名，每名加僧粮^⑪一分。一、管殿僧二名，每名加僧粮^⑫一分。一、管塔僧一名，每名加僧粮^⑬一分。一、堂司僧二名，每名加僧粮^⑭

---

　　① "通经执事口粮"前原衍"一"，据（明）葛寅亮撰，何孝荣点校《金陵梵刹志》卷五十一《各寺公费条例·报恩寺》删。按，本志在"通经执事口粮"前加"一"，误与下文"通经优给僧十名""前堂僧四名""维那僧三名"等各项并列。其实二者为从属关系，即后者各项为"通经执事口粮"细目，本志误为并列项目。

　　② "给"原讹"存"，据（明）葛寅亮撰，何孝荣点校《金陵梵刹志》卷五十一《各寺公费条例·报恩寺》改。

　　③ "僧"原脱，据（明）葛寅亮撰，何孝荣点校《金陵梵刹志》卷五十一《各寺公费条例·报恩寺》补。

　　④ "粮"原讹"银"，据（明）葛寅亮撰，何孝荣点校《金陵梵刹志》卷五十一《各寺公费条例·报恩寺》改。

　　⑤ "内"后原衍"堂"，据（明）葛寅亮撰，何孝荣点校《金陵梵刹志》卷五十一《各寺公费条例·报恩寺》删。

　　⑥ "粮"原讹"银"，据（明）葛寅亮撰，何孝荣点校《金陵梵刹志》卷五十一《各寺公费条例·报恩寺》改。

　　⑦ "一、书记僧二名。每名加僧粮二分"原脱，据（明）葛寅亮撰，何孝荣点校《金陵梵刹志》卷五十一《各寺公费条例·报恩寺》补。

　　⑧ "管事"原讹"□寺"，据（明）葛寅亮撰，何孝荣点校《金陵梵刹志》卷五十一《各寺公费条例·报恩寺》改。

　　⑨ "粮"原讹"银"，据（明）葛寅亮撰，何孝荣点校《金陵梵刹志》卷五十一《各寺公费条例·报恩寺》改。

　　⑩ "粮"原讹"银"，据（明）葛寅亮撰，何孝荣点校《金陵梵刹志》卷五十一《各寺公费条例·报恩寺》改。

　　⑪ "粮"原讹"银"，据（明）葛寅亮撰，何孝荣点校《金陵梵刹志》卷五十一《各寺公费条例·报恩寺》改。

　　⑫ "粮"原讹"银"，据（明）葛寅亮撰，何孝荣点校《金陵梵刹志》卷五十一《各寺公费条例·报恩寺》改。

　　⑬ "粮"原讹"银"，据（明）葛寅亮撰，何孝荣点校《金陵梵刹志》卷五十一《各寺公费条例·报恩寺》改。

　　⑭ "粮"原讹"银"，据（明）葛寅亮撰，何孝荣点校《金陵梵刹志》卷五十一《各寺公费条例·报恩寺》改。

一分。一、净发僧二名，每名加僧粮[①]一分。一、施茶僧二名，每名加僧粮[②]一分。一、音乐僧二十众[③]作二名，每名加僧粮[④]一分。一、管庄、管洲僧，各庄俱有耗米、耗银，常住不必再给。

众僧口粮[⑤]，共米一千七百五十石。俱冬季给。一、牒僧三百五十名，每名米三石五斗，银无。一、学[⑥]僧一百五十名，每名米三石五斗，银无。

以上夏租银用过一百四十六两九钱，科举年加银三两，余剩一十九两四钱六分，科举年除银三两。冬[⑦]租银用过三十九两九钱，余[⑧]剩一十两零五钱六分四厘；冬[⑨]租米用过二千四十九石，余剩一十八石一斗二升五合。

凡[⑩]余剩银、米，年终开报，尽数为[⑪]修理殿堂之用。

---

①“粮”原讹“银”，据（明）葛寅亮撰，何孝荣点校《金陵梵刹志》卷五十一《各寺公费条例·报恩寺》改。

②“粮”原讹“银”，据（明）葛寅亮撰，何孝荣点校《金陵梵刹志》卷五十一《各寺公费条例·报恩寺》改。

③“众”原讹“名”，据（明）葛寅亮撰，何孝荣点校《金陵梵刹志》卷五十一《各寺公费条例·报恩寺》改。

④“僧粮”原讹“银”，据（明）葛寅亮撰，何孝荣点校《金陵梵刹志》卷五十一《各寺公费条例·报恩寺》改。

⑤“众僧口粮”前原衍“一”，据（明）葛寅亮撰，何孝荣点校《金陵梵刹志》卷五十一《各寺公费条例·报恩寺》删。按，本志在“众僧口粮”前加“一”，误与下文“牒僧三百五十名”“学僧一百五十名”二项并列。其实二者为从属关系，即后者二项为“众僧口粮”细目，本志误为并列项目。

⑥“学”原脱，据（明）葛寅亮撰，何孝荣点校《金陵梵刹志》卷五十一《各寺公费条例·报恩寺》补。

⑦“冬”前原衍“一”，据（明）葛寅亮撰，何孝荣点校《金陵梵刹志》卷五十一《各寺公费条例·报恩寺》删。按，“冬租银用过三十九两九钱”云云与前文“以上夏租银用过一百四十六两九钱”云云为并列关系，而非从属关系，故《金陵梵刹志》中无“一”。

⑧“余”原脱，据（明）葛寅亮撰，何孝荣点校《金陵梵刹志》卷五十一《各寺公费条例·报恩寺》补。

⑨“冬”前原衍“一”，据（明）葛寅亮撰，何孝荣点校《金陵梵刹志》卷五十一《各寺公费条例·报恩寺》删。按，“冬租米用过二千四十九石”云云与前文“以上夏租银用过一百四十六两九钱”“冬租银用过三十九两九钱”云云为并列关系，而非从属关系，故《金陵梵刹志》中无“一”。

⑩“凡”前原衍“一”，据（明）葛寅亮撰，何孝荣点校《金陵梵刹志》卷五十一《各寺公费条例·报恩寺》删。

⑪“为”原脱，据（明）葛寅亮撰，何孝荣点校《金陵梵刹志》卷五十一《各寺公费条例·报恩寺》补。

附前明禅堂出数

　　每日约赡禅僧七十六名。每僧一日算银一分。见今除刻经，止该赡僧三十二名。一、校经僧一名，银二两。一、管板僧二名，共银三两。

附前明僧录司入数

　　一、附灵谷寺办印官俸粮银四十二两，牌示卷饼银五两。一、上、江二县诸山银二十二两七钱三分三厘。一、溧阳县僧会司银六两。一、高淳县僧会司银四两五钱。一、句容、江浦、六合三县僧会司银各四两。一、溧水县僧会司银二两五钱。以上共银九十四两七钱三分三厘，皆系僧录司出入。

附前明僧录司出数

　　一、印官一员，银二十四两，折米银一十八两。一、年终送换诸山告示①、十家牌②银三两。一、年终③考通经僧④卷饼素饭银二两。以⑤上灵谷寺出办。一、年终造岁报册银五两。一、纸笔墨银三两。一、僧吏二名，共银九两六钱。一、书手二名，共银七两二钱。一、皂隶四名，共银一十二两。一、杂费银十两九钱三分三厘。以⑥上共用银九十四两七钱三分三厘。

---

　　①"告示"原脱，据（明）葛寅亮撰，何孝荣点校《金陵梵刹志》卷五十一《各寺公费条例·报恩寺》补。

　　②"牌"后原衍"告示"，据（明）葛寅亮撰，何孝荣点校《金陵梵刹志》卷五十一《各寺公费条例·报恩寺》删。

　　③"终"后原衍"送"，据（明）葛寅亮撰，何孝荣点校《金陵梵刹志》卷五十一《各寺公费条例·报恩寺》删。

　　④"僧"原脱，据（明）葛寅亮撰，何孝荣点校《金陵梵刹志》卷五十一《各寺公费条例·报恩寺》补。

　　⑤"以"原脱，据（明）葛寅亮撰，何孝荣点校《金陵梵刹志》卷五十一《各寺公费条例·报恩寺》补。

　　⑥"以"原脱，据（明）葛寅亮撰，何孝荣点校《金陵梵刹志》卷五十一《各寺公费条例·报恩寺》补。

国朝报恩寺条约 ①

一、殿堂每年揭扫，如大雄殿事务，则系经管监院，其工则提点查察。

一、宝塔逐班有纠集钱文，其揭扫工程督率办理。

一、常住房屋每年监院揭扫，并加添瓦一千，其工料提点查察。

一、宝塔凡所动大工，价费约若干缗，必须寺住申详各宪，候司资给。

一、万佛阁、七佛阁、无量殿、达磨殿等处每年提点揭扫，并加瓦一千，其工料住持查察。

一、伽蓝殿每年提点揭扫，其工料系四会公备。一、上廊公会；二、下南廊公会；三、北廊公会；四、塔院公会。如有发心捐备者亦听。

一、西方殿即孙吴时建初寺始殿，前明状元王公译题其扁曰"庄严法界"。每年殿主揭扫，其工提点查察。

一、天王殿、金刚殿、南北碑亭每年岁修项下揭扫，其工料住持、提点经账者公同办理。

一、御碑亭系江邑官修葺。

一、行宫系江邑官修葺。

一、方丈房屋原属合寺公廨，每年提点揭扫，并加添瓦三百，以免颓废。

一、方丈有稽查之责，嗣后凡为监院者，其眷属并己身同时不得复任寺住，致大殿、常住等处慢无觉察。此中情节，有志兴崇者默思便得。

一、交代银两行册注明十两为定。因承办者退蹜委靡，以致背议废弛。今折衷，每年交代银二十两，以为年内各项使用。倘有仍前私相溢出者，罚银一两，供奉香灯无辞。

一、交代银两系九七足色老钱平外，加利银一两，系九七色足平。

一、每年所加利银听方丈存注何地，留为常例之外，公事应用如有愿用者，每两照月一分生息。倘存贮借贷稍有疏虞，住持柴薪抵偿。

---

① "条约"下原衍"册籍"二字标题，据本志目录及文意删。

一、店房租息银两系合寺公事，方丈会同提点每月取讨，随携草账，令收贮人亲笔登明若干。年终，揭入印簿交代。

一、交代登册时，务将新旧提点秉公将零星账目揭清，总填△年提点△△应交代银△百△十△两△钱△分△厘△毫，其利亦不必另行登入，以滋眩惑万难，免其分注。必择善书者，端楷密小，爽人眼目，切勿效前，视此册为草账耳。

一、收贮之家，每逢六、腊念一日，风雨无阻，务须方丈、提点并经手人等逐将零星出入银两，眼同秤算，总揭簿收，庶无岐误。

一、收贮租息系合殿岁修大事，以备永远，悉听方丈秉公遴选。倘举不得其人，致有侵蚀空缺者，方丈分赔无辞。

一、凡殿宇功程果应动用者，必须白众无异，方动此项。其余岁修，自应仍照往例办理，不得紊乱，以致废弛。

一、凡殿宇应动此项修葺之日，方丈、提点秉公遴选数人，协同督工，不得推诿，亦不得揽越。

一、收贮银两通众营运者，倘有疏虞，系经手人自赔本利无辞。

一、收贮银两有私自借出者，希图利息。查出，除照一年利算外，罚银五两归公，以为将来之戒。

一、收贮银两交代，日有毫厘侵蚀空少者，除追归原数外，罚银十两，以杜侵蚀之弊。

一、岁修账目，原订六、腊两月，凭众揭算登簿。近因当年租息归讨愆期，碍难依限揭算。今酌改次年二月，照例凭众清算。兹改定二月二十一日，风雨无阻，谅无有不齐之理。倘照期缺少，照例着经手取租提点赔补，以为因循者戒。

一、提点务将店房招租、起租、止租的实日期报明方丈，收贮者查察，以杜侵欺之弊。

一、岁修项下各店房有应需修理者，如工费三五钱，不及一两之数，务须鸣知方丈，发给支票。经管工项人凭票支账，注支给，以备消算。如需一两以外，应请方丈公同看明，白众动办。倘有不行，鸣知。任意自用，事后言出，不准开销。

一、岁修项下房租银钱，该提点按月先送方丈，查明数目，登簿给票，方许送交经管处收贮。如钱积至二十千文，经管人请同方丈、提点入柜封贮，以杜私那之弊。

一、收贮房租银钱，务凭方丈发票数目，查明收存。

一、房客租约内有按月支取，亦有按日取租者。如有挂欠不清之户，总以次年正月为度。次年正月再不清者，乃奸顽之户，许该提点据实禀明，以凭详报，究追押退，慎勿狥私情，以废公事。其余悉遵前定条规，办理毋违。

附报恩寺江宁府都纲司首建岁修兼官住持事务居□卷册

江宁府僧纲司正都纲、报恩寺官住持居□为注册交代事。照得寺内公务，例系轮流承办。上届包当，弊窦百出。是以雍正二年，合寺公议，将有一应市房，概行清理归公，以及各房捐助银两，设立条规，挨次授受，冀童叟咸知，侵渔顿息。第终新旧提点交代，贤愚难齐，恐滋口实，今特逐条指列于上，永远遵行。须至册者。

乾隆二十五年□月□日

一、岁修大事，三次传单规条，缕晰详明。缘言行相违，致令诸□掣肘愆期。此后租息，公议□年分息，九分归公修理，以免佛殿倾颓；一分给酬提点，以专典守。揭算交代，定期正月二十五日，风雨无阻，以便接手交代。新提点二月初一日，上户取租。如违议愆期，蓄□废弛，不但全数归公，定通众议处，以禁五二之将来。方丈委靡坐视，接年提点，停止柴薪，公议办理。倘谕传之后，仍不念佛殿之倾颓，创始之苦心，仍为儿戏故套，事终无济，听寺众为公者据实追禀，另用无异。

一、岁修一项，本寺佛殿，兴庆攸久。此次通传，加增酬劳，实欲按期成全，非继富伤惠。逐年提点宜踊跃，勉之。

一、新创岁修，始于乾隆年间；提点岁修，起于前明，且历有公项备用。寺内凡有应动工程，方丈秉公酌量，剖□分别两□，果应岁修动用者，三两以外，必白众无异，方可支销，不得以公项紊乱狥私，致多不肖，躲避争论。

一、凡殿宇、市房应动工程，无分大小，提点必先会同住持、司账公看，两数以内，核明所用数目，工完随销，即领本匠亲自领票支取。未经公看者，不准开销。

一、凡寺中大动工程，料物、匠工等项自必通众估计，议请贤能办理。其添备零星小件，及匠工等项，逐日亲赴司账登记，似反觉往返。定于二日一次，逐细开明添买△料若干，△处用过若干，△处用工若干。无论工人、门役，务送司账暂记。每日小会于公廨，逢五日必会同结，转送方丈稽查。俟工竣日，公同核算填注，不得任意事后开报，漫无觉察。其料物不及百文者，仍照前随用随销，以免淆混，以杜侵欺。

一、收贮之人，原择殷实干事。凡有动用，必当查问应否需用数目，不得扶同庇混。如过三两以外，未经白众，擅自应给者，查出赔偿无辞。

一、提点借项无利，因属以公办公。但借数多不过二十，归期不过正月。倘有恃强违议，惩治无人，永行停止接办。无能之辈，不得借口流言。

一、房客租息，先后通融，情所固有。但房客旁观而不曰情，其实曰利。连年多讼，实由于此。此后定议，遇有房客本年欠至三月以外，次年不能完结交账者，其纵加借，誓不再租，以启观望构讼之端。

报恩寺官住持炬存册序

本寺官住持炬□为三传公议救整佛殿要务事。切查本寺地当孔道，名胜攸关，向无岁修公□。乾隆十六年，恭逢圣驾南巡，恩赐银二百两，除罗列香花，祝延圣寿外，余银五十八[1]两零，寺僧念殿宇数重，浮图九级，摧残修整无资，称多金稍补皇恩万一，寺基内外，先后建造市房二十余间，营运归公。传知合寺，每年约取租息一百四五十千不等，永为岁修公产，殿宇得免渗漏，佛像不致剥落，其租责□轮年提点归取，经由住持收贮登记，侵渔有稽。至应修处所，必先白众无异，方准。岁修项下动支，年终按期饬令新、旧提点诸人，彻算是年除用、新存若干，登发总簿。住持、提点凭众金押，遴选收贮。果能实力奉行，诚兴崇佛殿，永远不易之良规。

自三十三、四等年，办理因循，房客藉此拖延，每致临期莫结，公事将坠。故于三十五年，延择寺僧

---

① 按，"五十八"，本志本卷后文《本寺常住出入数·报恩寺出数》附《新卷·居让呈请勒石稿》《报恩寺官住持履上详请寺内岁修市房条规勒石详府卷文》均作"五十六"，似以"五十六"为是。

三众取讨。但岁修乃合寺公产，若久专责他人，置身局外，究非长策。今复鸣钟通众公议，岁修诸凡仍归提点董理。诚恐寺众贤愚不一，奸顽不力，备录从前两次条规，晓谕各僧房，务望诸耆宿严加查阅，斟酌指驳，可则即押知字挨传。否则从中剖议，不致退后异言。我等共相勉之，是望是祷，俱各努力，凛遵毋违。

一、提点贤能办事者固多，庸懦者不少。年初五人之中，必量才议请总理，不得致令事后分钱有分、办事无能等项口舌。如是年果无胜任者，听其酌议代办。至交房租时，务将房客手折同送，经收贮人亲填。方丈立夏、立秋、立冬三节，逐户查缉。倘折、账不合，立即会同司账、提点查对，以杜侵欺。

一、每年各店取钱手折，其面必写本店照约，该租钱数目、年终揭算多少，总以取钱手折为凭。店房果应房主修理之处，房主自办，房客不得擅用分文开派，以致事后多少口舌预白等字样。以上各条，寺众凛遵，各宪批饬，量入为出，遵行勿替，不致侵隐浮冒，毋致废弛缺误等因。实心实力，犹可免致废弛。倘仍蹈故辙，丝毫移错，乃释门败类，千佛出世，不通忏悔之人，亦何异于牛马胎种也哉！

一、店房数十余间，所有租息，应方丈会同提点取讨，年底交代，为岁修殿塔公用。收贮公息者，必须举正大之人管理。如方丈举不得人，致有侵亏，分赔无辞。

一、寺内公事，凡有增减更易，必当众书记，端楷亲笔，方为至公，后无异言。每月疏文一道，为无耻无良之人不能制，其使有畏惧。然查各寺皆是，今忽中止。办理公事，非自问可信之深者，何以能此？

一、管工之举，发心为公，办理殿塔要件，冀其兴崇工程，固不可无故口舌，更不可以公事人情，虚应故事，废公盗名为戒。

一、管工支钱戳记，揭账日必当众、方丈拜缴，以专责承，并使值年者遵行毋违。

一、乾隆五十二年二月，公议岁修账目，除斋期查照往例外，四、十等月朔日，方丈、提点经账公揭一次，以免日久忘记，猜疑口实。

一、房租欠至三月，经收人不为查问，及关门不知照方丈，经账取据，交账日无凭者，照条规包赔无辞。

一、岁修印子，毋许自行镌刻，似轮流交代。算账日，将印子交出，听方丈斟酌，交代新管岁修者，以杜私伪假冒。

一、值年每逢初二、十六日五鼓，方丈率提点五名、管寺一名、维那二名，上大伽蓝殿讽咒献供。而富者自必经办，则贫者将何而措？今议定无分贫富之家，均以四会照贴本牌。提点斋供，钱或五六千文，亦或七八千不等，观会之盛弱，盛者多而弱者少，即此亦可以永远供献，而贫、富均得其协济矣。

寺存册卷 ①

历代本寺官住收存各卷交代，计开总目只增不减

各殿供器什物老册一本。交代册一本。大殿、宝塔供器、缎坐套、褥册一本。奉查大殿香火田亩老册一本。宝塔、万佛阁、伽蓝殿、西方殿、三藏殿各收管。万佛阁骑缝交单。供器什物、田房清册。塔班租约四纸，又当契一纸。逐年修理殿塔添备料物交代银两要册一本。岁修册三本。奉查经账呈词账册批文一本。岁修条规三本。奉府岁修碑文并全稿。详报库司大锅毁拆稿。方丈房屋册四本。承恩寺住持详免左右堂循环饬知稿。浴堂被周姓租开盗典三姓各契据。即南山门外浴堂。寺外浴堂册二本，又各据一包。奉府浴堂改"报恩寺浴堂"额详稿。浴堂允议合同抄稿。金刚殿火案各稿。南山门火案稿。岁修项下各当契一包。文元馆废契徐姓租约并伪契一包。僧戒凡借约将房质抵一纸。御赐藏佛牙塔脱落胶粘详稿。罗汉课便换公廨各纸据。僧纲智鉴、监院道从大殿供器讦讼卷。报恩寺住持越凡、承恩寺僧纲源智互详各稿。奉查办三废弛一案。寺僧致和被讼词案卷各稿。北碑亭回禄捐修稿。清查茶房赎大殿供器各缘由。雷伤宝塔藉详本寺上届修理各处由稿。南山门火案，又存老册一本。交代废册一本。提点禀详分牌各稿并碑文。提点控左堂书役借循环扰累稿。提点请县循环画一办理稿。寺外端、李

---

① "寺存册卷"原脱，据本志目录补。

二姓占寺内僧复成门首官墙各稿。寺前牌楼对门蒋姓官砌墙合同，并端姓走路文约一包。先农坛废纸一包。上、江二县免下床零星各卷并全稿一本。大松园禁止搭篷稿。管寺分剖三藏殿被窃稿。求永禁打钱戏法等项全稿。王盛公南捕赌博各稿。寺内毋许总甲入寺各稿。本寺传单一纸。寺内废账一本。提点房租约共计一十九张。雷伤宝塔详文各卷稿。本寺公查备载要紧各项册三本。门夫认状三张。寺僧朗月方照回禄并黜卷。黜僧从实稿。雷伤宝塔详请库饷稿。雷伤宝塔详请库饷修葺稿。黜僧洪如案卷。

提点逐年挨次交代卷册，计开总目_{止增毋减}

本寺修理项下出入银数册一本。本寺项下条规花名清单一本。本寺历年各衙规例总册一本。本寺墙外四至房租户租基地册一本。僧纲司智鉴存各户租老册一本。僧纲司居让所抄各殿修理废册一本。本寺逐岁交代银款册一本。寺内地租查明坐落清册一本。本寺逐年清查卷据要件一本。本寺各殿项下交代清册一本。本寺碑文条规要略一本。上元、江宁县徐、袁示一张。江宁县张查御赐墨宝告示一张。江邑分县冯示一张。僧纲司玉峰清查房间什物册一本。本寺房间地租册一本。本寺方丈房屋各项清单一本。本寺七佛阁、万佛阁家伙清单一本。

本寺常住出入数 ①

报恩寺入数

大殿施舍田，夏租银十两三钱奇，冬租米十石奇。

修藏社田，夏租银二百九十四两四钱，冬租米三百三十六石六斗六升。

寺前浴堂，每年租银二十八两五钱七分。

晒场、放生池，每年租银九两二钱九分。

---

① "本寺常住出入数"原脱，据本志目录及文意补。

东厕，每年租银五十三两七钱七分。

寺内地租，每年租银二十八两四钱。

寺外地租，每年租银七十二两七钱五分。

寺内外市房，连值年岁修在内，每年租银四百一十七两八钱。

塔班，内除小租，每年租银一十六两零七分。

大殿修藏社，总共租米三百四十六石六斗六升。

大殿修藏社，总共租银三百零四两七钱。

寺内外地租、沟渠、市房、放生池、浴堂、东厕总共租银九百三十一两三钱零五分奇。

报恩寺出数

一、元旦至上元节计十五日功德，华严祇场斋供香烛，共约银六十四两三钱奇。

一、元旦各殿香烛银约四两奇。

一、元旦塔上灯油约银七两三钱一分零。

一、每月初二、十六及腊月二十五日斋供香烛、灯油，约银四十三两奇。

一、四月初八日如来成道，法华祇斋供香烛，约银五两奇。

一、殿堂每年揭盖银若干。每年或启盖，或揭扫，其银不等，亦或千余金，或七八百金，以至或二三百金。凡每年所取租息，不够修茸之需，而岁修值年，其间于每岁负累多矣。

一、每年常住事务公费银约一百六十两奇。内包各衙胥费。

一、杂项银约五两奇。科举年加五两。

一、每年纸札笔墨银四两。

一、每年府县南北捕、左右堂、总汛、僧纲费银约五十两奇。

一、正银五十两。寺西细木场底交。

一、官住持一员，每年俸食银五十一两三钱。闰月加半。

一、新正维那四员，银一两三钱二分。每名派银三钱四分。

一、长年维那二员，银三两五钱六分八厘。每名派银一两七钱八分四厘。

一、内书记一名，银一两三钱六分。承办寺内各项清卷。

一、外书记一名，银一两三钱六分。承办府宪各文稿册。

一、都管一名，每年工食银十七两一钱四分。

一、都管巡夜灯烛银二两六钱。

一、南、北山门役夫二名，每年工食银三十四两二钱八分。每名派银十七两一钱四分。

一、斜廊、门役夫一名，每年工食银一十二两五钱七分。内四会每年贴银四两五钱七分，每会派银一两一钱六分二厘二毫，凡三名。役夫工食，按月支给。

总共每年用出实银共约五百一十八两七钱零八厘。内除启建、揭扫各殿及市房收拾诸项未算。

新卷·历年江邑代寺催地租示

特授江宁府江宁县正堂□为叩赏查案，申请给示，以彰宪德，以全香火事。案据报恩寺住持申称，本寺据值年僧公禀前事，词称报恩寺基四百余亩，载明《梵刹①志》。其墙外界内隙地，因附近居民租盖房屋，量地道之繁简招租，每号取租银二钱，或一钱五六分不等，以助香灯，按送无缺。前因屋是人非，有住居城北，有徙居外竟者，找寻无着，每岁之租，什不及一，更有分厘不付。且值年之僧，递年更换，势难年清年款，以致凭年积欠，竟成乌有。

乾隆四十二年，查呈各宪，前卷示稿，公吁县主赏示赏差，照案清厘。于仲冬就近送票取租，于房客房票租内扣除，彼此便捷，而仰体奉行，十有八九，间有一二。及房客更易，不当罔知，有扣存地租之例，仍然拖掭。复于乾隆四十八年，经前住持具文，申请查案，给示晓谕遵行。近因房主租客多有更换，不悉扣租之例，恐蹈②前辙，为此将应付地租，查照旧册，开造现在之户，并应付地租银数目，呈叩赏详等情。据此。该卑住伏查寺内地基，按号取租，原供香灯之用，历有年矣。所盖缘房主更易，星散不一，踵门远讨，往返徒劳，是以前住详

---

①"刹"原脱，据（明）葛寅亮撰，何孝荣点校《金陵梵刹志》卷三十一《聚宝山报恩寺·殿堂》补。

②"蹈"原讹"韬"，据文意改。

邀宪德垂念香灯永远，准将应付地租，即于房租内扣除。荷蒙晓示。兹据值年僧众公禀，开册前来，相应具文，申请俯念香灯，恩赏查案，给示饬遵等情，并据呈花名清册到县。当经前县钤印，给发取租，并出示晓谕在案。兹届收取地租之时，恐新售之房客，不悉扣租之例，仍前拖欠，合行照案出示晓谕。为此仰该租地房主、租户人等知悉，嗣后将应付寺地租，仍于房租内扣存本店，听值年管寺僧人就近支取，以供香灯。该租房人等毋得抗违取咎，凛遵。特示。

乾隆十六年十一月初一日

新卷·江宁府僧纲司志勤详奉两江总督部堂尹永禁扰累株连本寺碑记

江宁府僧纲司正都纲兼报恩寺内外住持事志奉宪示，分晰专管，责成立案苏累事。据寺僧灯普、宁泰、理治、源明、果信、复全、戒广、永良、通源、超凡等前事，据查开载，报恩寺前临大街，后依山僻，殿宇层层，塔院、禅堂、僧舍联络，接壤山界，兼之南、北两廊，僧房环绕，因其地方广阔，难以周照，故每设立提点管寺，十牌守僧分管，以专责成，相传已久。如南、北两山门至天王殿一带，皆系居民贸易，开张店面，如同街市。自有方役稽查，门夫巡逻，设有情事，责在门夫。提点经收等地、廊二租，轮纳藩宪经厅案下钱粮，料理各殿香灯斋供，此提点之责。管寺僧迎接各宪临寺，或建醮，或讲约，借办一切什物。遇有应报之事，赴各衙门投递报呈，此管寺僧之责。查南、北两廊僧共计七十二家，分为九牌，每牌八家，设立牌首一僧，稽查七家。如七家内窝匪，责[1]归本牌，窝主与别牌无涉。倘有僻静之地，恐潜奸匪，故于概要处所，设立栅栏，亦令经管牌首之责。至于僧纲、住持，每于元旦，率领僧众，在于大殿祝延圣寿，承办祈晴祷雨，传僧诵经，救护日月，接送各宪临寺，兼应答各宪文结，此住持之责。至于每晚巡查，关锁栅栏，此亦经管牌首之责。无如迩来寺内一人犯事，无分巨细，其信票内即开"着落住持、提点、管寺十牌僧首"字样。此票一出，如虎驱羊，成群锁押，幽禁炙诈，不饱不休。及代罪坐，本犯而无事，僧髓被吸

---

① "责"原讹"卖"，据文意改。

以尽，可怜弱肉哑口，吞咽苦声，无门哭诉，为此陈情，冒昧叩乞，俯电转申，请给宪示立案，分晰专管，责成有归，庶免无事网累等情。据此。随经备录，详请署江宁府江宁县正堂何□案下，奉批："仰候给示饬缴。"复蒙本县详奉特授本府正堂、加六级李□批本县详开："报恩寺乃省会古刹，历奉宪行，动帑修理，每岁祝圣祈年，兆庶观瞻所系。其僧派房支颇多，今称每年立有值年提点管寺，各分牌首，专司巡察其事，民间各分铺甲，专责无异。讵容各衙门差役，藉票波累，不法炙诈，仰候据文详明。"总督部堂尹□批开："提点管寺、牌首、住持，均应查照四项旧例，各专责成。至僧纲，乃经历职御，遴选补授，董治一切僧众缁流事宜，均须统辖调度，未可以各有责成。凡有该管缁流，不守清规，不遵约束，听该僧纲据实详报地方官，究处严禁。其地方官差役藉公扰累之处，亦严行禁止。如违，亦许该僧纲详报，仰即分别晓示，一体凛遵究处等情。申覆督宪，蒙批到府："奉此条务，行南、北二分府，暨上、江二县，给示晓谕，通饬各衙门一体遵照，庶免无辜之累。"须至碑摹者。奉督部尹□批："永禁扰累株连。"碑记。

雍正十年十月□日

新卷·道从侵抽大殿供器卷文

具禀：报恩寺合寺僧鹤林、彻容、西乘、二融、御庵、慧远、广书、以谋、怡章、印广、朗慧、遍章、半偈、云舒、道昙、智远、叶舟、永持、得中、广彻、静涵、山容、可传、德一、乘六、兰若、以彻等禀，为讹捏昭著，急叩讯追事。切僧等禀，病故僧纲兼住持、监院志勤师观止、孙道从，乘机抽掣印册，隐匿供众田房卷文等情于宪案。又蒙府宪批送案下查追。前荷镜讯，已得伊等盗匿铜、锡等供器确情，碟册在案。缘由夜深册繁，奉谕册覆讯。又奉发册，差押粘签。僧等遵经粘签，交差呈投在案。僧等随具禀，叙明抽掣情由，求宪讯审。禀批："印册可否有无抽掣骑缝印文，与原册迥不相符。该承即查禀覆夺。"又奉宪册，差持寺册，着僧等眼同道从查对抽掣情弊。僧等伏查道从所呈康熙三十八年县印册籍①，不独骑缝印文上下参差，抑且册面年月印色，与骑缝印色新旧迥异，抽掣情弊，明如指掌。且查册面脚衔，系前宪陈申详府宪之册，应存府署，何得为道从所执？其伪捏又不辩而自明。总之观止、道从奸刁百出，将康熙三十一年原授册籍②坚匿不出，执此伪册，视为左券，支吾延挨，殊不知明宪在上，焉能逃鉴？今若不求讯赏严究法追，徒烦案牍，僧等拖累无休。为此叩明伏乞仁明太老爷迅赐电册严追，早结尘案，虚甘反坐，合寺衔结上禀。

乾隆七年五月初六日

附道从呈稿

具禀：报恩寺僧道从禀，为年远人遥，贪嗔诳骗，敬陈有据，交单赏详，结件超度慈航事。僧祖志勤，委任僧纲，恪恭自守，毫无私蓄，不幸于乾隆六年冬物故，交代一清。本年三月，有合寺交单炳据，奸僧智鉴谋充住持，毁圣祖仁皇帝行宫砖瓦，增修己房。僧于五月初二日报县，免累恶，即于初六日，挟嫌纠众，捏以现执交单之供器法物，指为伪册印文，以康熙三十八年修塔后交受之印册为不足凭，狡以三十一年伪造无影之私册为足据，不特文献无征，亦难刻舟求剑。奈贪恶愚迷不休，前县批总甲协查，则称寺无总甲。再批寺前总甲，则以隔铺虚延。是以僧前禀县，批将案卷送城捕厅廉查覆。业蒙厅廉点勘，照册清交，毫无短少。其在三十一年以前之事，僧未出世，从何受？时远年湮没，无从查考。又在恩赦以前，足见虚诳诈伪。正在详核间，而厅廉出差赴北，奸僧仗以委任僧纲，详府宪批返。又以御庵等诳禀府宪，并查繁案胜扰。在县胥径承受嘱，又不将所审情由批示禀府，叙票差明，致奸僧计得志满，益存挟诈之念。屡渎请审，狡翻定案，不思明有公断印册，私有交单执凭，即供器、法物照册点勘具存，何以多年无据之物，追索何来？况僧将祖遗置产千金房屋，捐抵公廨、店房入公，此外毫无所存，托钵自给，俱蒙厅廉洞察隐情。若再求四十年梵宇，屡更旧物，而奸僧欲壑难填，徒悬文案。今仁宪太老爷冰壶朗照，奸伪难欺，陈明实

---

① "籍"原讹"藉"，据文意改。
② "籍"原讹"藉"，据文意改。

在交单印册，电伪核详，以免挟诈，佛天示裁，上禀。

乾隆七年八月二十九日

附县批文

署江宁县事、候补州正堂李□批："已示审该僧道从，何必更读①？"

闰九月二十六日

附呈江宁府卷文

具禀：报恩寺合寺值年监院僧御庵、鹤林、朗慧等为公叩宪慈亲提究追事。切报恩寺建自前明，复蒙圣祖仁皇帝发帑重修，其供器什物例系住持、监院典守，遭已故僧志勤委任僧纲又兼住持、监院，祖孙相继，四十余年，任意侵盗。去冬，志勤病故，复遭伊师观止、孙道从乘机抽匿。及奉宪查明供器收贮，俟住持有人交代，而又将原册藏匿不交。僧禀江邑求追。康熙三十一年，接受原册。又捏称康熙三十八年毁塔后，伊家另请有印册。蒙宪檄委僧纲智鉴充任住持，伊又捏拆毁圣祖仁皇帝行宫，诬控智鉴于江邑，希图挟受交代。蒙送城廉查讯押，呈印册，胆又抽掣。昨蒙讯审其拆毁情由，已蒙讯明诬砌供器等项，观止亦直供借当不讳。又蒙城捕田廉亲临点验现在什物，谕令造册呈投。其未交各项，亦造册候详。僧等何敢越渎？第田廉公出未回，更可骇者，且供器多出钦赐，前皇上颁发《藏经》内亦少二十函，实难容缓。更兼之观止、道从奸刁百出，幻异累常，诚恐又逞他故，以致拖讼无休，为此公叩仁宪太老爷俯鉴，差提究追，俾万年香火，永赖护持。合寺焚顶上禀。

十月初六日

附府批文

据御庵等词批："此案已据该住持具详，候饬查追。今仰江宁县一并查明交

---

① 按，"读"疑为"渎"之讹。

代，该住造册详报核夺。"

附府饬县清查交代文

江南江宁府正堂张□为遵票公保事。案据报恩寺住持智鉴详称，监院、住持志勤病故，伊师观止及徒道从乘机抽掣印册，侵匿钦赐钦承各供器什物不交各情由到府。据此。当即批行仰该县追清，交代管院僧收执，勿致损失偷卖去后，又据寺僧御庵等公禀为叩宪慈事一同情由到府，亦批该县一并查追具报去后，延今日久，未具将追清交代情由具覆。今亟查催，为此行县该吏，查照先今事，即将智鉴等详报观止、道从侵匿各供器什物，即照前发各册，逐一查明，未交各供器什物追出交代，具文详府，以凭核夺备卷，毋任迟延干究，速速。

十月十五日发县

附叩谢府饬交代供器卷文

具禀：案下江宁府僧纲司正都纲、报恩寺住持智鉴，率合寺僧朗慧、半偈、叶舟、御庵、怡章、广书、鹤林、微容等，为恭谢镜审遵断呈册，急叩饬追，佛门永戴事。切本寺前住持志勤病故，伊师观止、孙道从抽掣印册，伊匿供器什物不交，反捏拆毁行宫大题，控卑纲于江邑。蒙县主申送宪案查讯，前蒙田廉亲临点验现在供器什物，昨又蒙镜票飞行饬道从所有供器什物即行交出。今道从愿将前后各供器什物交代，故卑纲遵饬具领，率众恭谢，遵造交代现在清册一本，并具领状一纸，乞叩本府正堂大老爷电鉴备案。合寺焚顶上禀。

十二月初三日

附领状

具领状：报恩寺住持智鉴，遵奉实领到本府正堂大老爷案下，奉堂谕田廉亲临至寺，逐一点验前后供器什物，交代一清，专造清册电呈。所具甘结，领到各件是实。

十二月初三日

新卷·奉府饬遵建茶房卷文

特授江南江宁府正堂陆□，为檄查寺址，恭备茶房事。照得报恩寺志载名胜，有关巡幸大典。前次圣驾南巡之时，其茶房原设于达磨殿，今因该寺呈称，内供佛像，不能备设。今又当巡幸之日，复查该寺无量殿南、达磨殿东，行宫西向地一大方，原属空间，堪建御茶房一所。今仰该寺住持越凡，率提点僧克日赴府，领饷董建，不得惰玩，有甘①临时抢建。似巡幸后，仍着承办经事住持僧越凡看守修葺，不致荒芜倒塌，有罹法纪。限三日内，该寺住持赴府请饷，毋违，速速。

乾隆二十一年二月□日

附经历催卷

江宁府经厅沈□为遵票催建茶房事。于本月十二日，奉本府正堂陆□札开：报恩寺实属名胜，有关巡幸大典。兹前达磨殿，原系公设御茶房之所。嗣后称内供佛像，不复照前充设。今奉府檄，查得该寺无量殿南，行宫西向地一大方，堪建茶房。前仰该寺住持僧越凡赴府，领饷董役，是事不得延玩，临时抢建。似巡幸之后，仍仰该住监守修葺，不致日久颓败等因。届今领饷去将一月，尚未督工启建，延玩日月，为此合行给示晓谕，该寺住持陆续秉公启筑，不得坐视玩延，有干斥革。并及合寺僧众，以及书役人等，不得阻挠公务，藉②事生端，诈骗民财。其工匠亦必务须赶建，毋任稽延违限。倘敢不遵，一并察出，定行提究，决不轻贷。

三月二十二日

附江宁县卷文

特授江宁县正堂袁□为遵檄报明茶房事。奉本府正堂陆□檄开：报恩寺地当

---

① 按，"甘"疑为"干"之误。
② "藉"原讹"籍"，据文意改。

孔道，名胜之区，屡经巡幸。今复当圣驾南巡之日，令①预备各项。兹内开茶房事，已经十月，而启建之工尚未告竣。今檄到本县，饬该寺住持越凡克期督工报竣，毋致玩延提究等因。为此合行仍出示晓谕，该寺住持即严督赶建，不致工匠稽延。倘仍照前玩延慢误，许该寺住持赴县禀明，立提重究，决不轻贷。俱各凛遵，毋违。特示。

十一月初七日

新卷·居让呈请勒石稿

具禀：本寺居让禀为详请条规，勒石遵守，以垂永久事。情缘乾隆十六年，恭逢圣驾南巡，恩赐银二百两，除罗列香花，祝延圣寿外，余银五十六②两零。僧念报恩寺地关巡幸，志载名区，殿宇浮图，洵称重地，历久摧残，修整无资，黾勉借贷多金，稍补皇恩万一。寺基内外，创建市房十间。复于乾隆二十六年，添造市房十数余间。即以市房租息，偿清借贷，鸣知合寺，将先后添造市房悉交常住，每年租息约一百六七十千文不等，永为岁修公产，得免塔殿渗漏，佛像湮没。其租责成提点取讨，住持登记，互相稽察。至应修处所，必先白众估计，方动岁修款项。年终合同新旧提点、经办多人，彻底清算，是年支用若干，应存若干，登注总册。住持、提点眼同金押，遴选收贮，递相交代。诚能实心实力，不怀私见，何愁继述无人，诸凡掣肘？惟是二十年来，僧众始研不一，有志兴崇者固多，无志废弛者不少，寺众通议条规，难保世守，始终勿替，不得不陈请勒石，善后将来，第款琐烦，禀难尽载，为此择录条规一本，仰祈宗主老爷详恳宪示，永垂不朽，庶几兴崇立见，贤愚遵守。上禀。

乾隆三十九年二月初三日呈

---

① "令"原讹"今"，据文意改。

② 按，"五十六"，本志本卷前文《国朝报恩寺条约》附《报恩寺官住持炬存册序》作"五十八"，下文附《报恩寺官住持履上详请寺内岁修市房条规勒石详府卷文》亦作"五十六"，似以"五十六"为是。

报恩寺官住持履上详请寺内岁修市房条规勒石详府卷文

报恩寺官住持履上为圣泽靡涯，法乘永守，叩请勒石，以垂不朽事。据本寺前住持居让具禀，情缘乾隆十六年，恭逢圣驾南巡，恩赐银二百两，除罗列香花外，余银五十六两零，云念寺关巡幸，志载名区，殿宇浮图，洵称重地，历久摧残，修整无资，黾勉借贷多金，稍补皇恩万一。寺基内外，创建市房十间。复于二十六年，添造市房十数间。即以市房租息，偿清借贷，鸣知合寺，将先后添造市房，悉交代大常住，每年租息约一百六七十千文不等，永为公产，得免殿塔渗漏，佛像湮没。其责成提点、经办多人，彻底清算，是年支用若干，应存若干，登注总册。住持、提点眼同签押，遴选①收贮，递相交代，庶兴崇立见，贤愚遵守等情。据此。该卑住查得，本寺地当孔道，为五方汇聚之林，志载名区，梵刹之首，况叠经巡幸，颁赐频加，殿宇浮图，关系原非浅鲜。诚恐风雨摧残，难免规模剥落，若或独肩负任，固无其资。即使合众勉捐，亦难为继。今前住持立定岁修公项，建造市房，取租修整，苦心创始，经理二十余年。实因议定条规，难昭世守，欲思勒诸碑铭，永作章程。卑住据禀，思维矢志既嘉，立法亦善，卑住不敢擅专，相应备录条规，详请宪台大老爷鉴核，俯念名胜重地，赏示勒石，永垂不朽。三宝幸甚！僧众幸甚！为此备由，另册具申，伏乞照详施行。计送条规一本。

二月初六日

附奉府批文

据报恩寺住持履上详称，该寺市房租息，以为岁修公项，议定条规，请勒石遵守等情。准给示勒碑，以垂永久，可也。此檄条规存县。

新卷·江宁府饬勒石示文

江南江宁府正堂钱□为据情给示，勒石遵守，以垂永久事。据报恩寺履上

---

① "选"原讹"巽"，据本志本卷上文附《新卷·居让呈请勒石稿》改。

详，据前住持居让呈称：本寺地当孔隙，为梵刹之首，殿宇浮图，风雨摧残，难免剥落。而所需修费，独力难勉捐。继今僧创建市房，岁取租息，以为岁修。因议定条规，难昭世守，相应备录，恳请给示，以便勒石，永作章程情由。到府。据此合行给示，为此示仰该寺僧众知悉，凡一切经理收取租息，及岁修等项事宜，悉照条规，永远遵行，不得始勤终怠，日久废弛。倘有不肖之僧，藉公侵蚀，许即禀究。其动支经理，听寺僧自行办理，各衙门胥役不得借故生端，入寺滋扰，并干察究。务各凛遵，毋违。特示。

二月初十日

新卷·江宁县勒石示文

江宁县正堂梁□为据情给示，勒石遵守，以垂永久事。奉本府正堂钱□牌，内开据报恩寺住持履上详，据前住持居让并提点管寺僧刻，将府宪核发岁修市房条规，□□□匠镌刻，勒石永守。工竣，拓印碑摹二套呈县，以凭转送立案，毋得违延，速速。计抄粘府行条规一纸。

乾隆三十九年二月二十四日

卷　七

（本卷佚）

卷　八

大乘下部^①

大乘律

【优】八卷，一百六十八张，尾半五张。

《菩萨地持经》

【登】九卷，一百五十五张，尾半六张。

《菩萨善戒经》

【仕】十卷，一百六十七张，尾半六张。

---

① 按，据本志《凡例》、卷七目录，本志卷七、卷八所记载大藏经目录当为报恩寺收藏《（永乐）南藏》及后续补刻万历《续藏经》、康熙年间寺僧松影等修藏社刻补经板目录。本志卷七已佚失，惟卷八存，其收录《南藏》经籍编号与（明）葛寅亮撰，何孝荣点校《金陵梵刹志》（南京出版社2017年版）卷四十九《南藏目录》对比提前一字，即如《菩萨地持经》本志为《千字文》"优"字编号，而《金陵梵刹志》则为"登"字编号；《菩萨善戒经》本志为"登""仕"字编号，而《金陵梵刹志》则为"仕""摄"字编号；后文各编号及卷数、经板张数亦与《金陵梵刹志》有出入。兹仅校改经名、《千字文》编号明显错讹者。

《菩萨善戒经》《梵网经》《优婆塞戒经》

【摄】十卷，一百六十二张，尾半四张。

《菩萨璎珞本业经》《菩萨戒本》《菩萨戒本经》《菩萨戒羯磨文》《佛说净业障经》《佛藏经》《佛说受十善戒经》

【职】十一卷，一百三十八张，尾半六张。

《佛说菩萨内戒经》《优婆塞五戒威仪经》《佛说文殊师利净律经》《清净毗尼方广经》《寂调音所问经》《大乘三聚忏悔经》《菩萨五法忏悔经》《菩萨藏经》《三曼陀跋陀罗菩萨经》《菩萨受斋经》《舍利弗悔过经》《佛说文殊悔过经》《法律三昧经》《十善业道经》

小乘律

【从】八卷，一百八十三张，尾半一张。

【政】八卷，一百九十二张，尾半三张。

【存】八卷，一百九十四张，尾半三张。

【以】八卷，一百八十七张，尾半六张。

【甘】九卷，一百七十一张，尾半五张。

《摩诃僧祇律》《五分戒本》

【棠】十卷，共二百零七张，尾半二张。

【去】十卷，一百九十七张，尾半一张。

【而】十卷，二百一十三张，尾半四张。

【益】九卷，一百九十二张，尾半一张。

【咏】九卷，二百一十张，尾半三张。

【乐】七卷，一百五十九张。

【殊】七卷，一百六十五张，尾半五张。

《十诵律》《十诵律①毗尼序》《波罗提木叉僧祇戒本》

【贵】十卷，一百五十二张，尾半四张。

【贱】十卷，一百五十八张，尾半五张。

【礼】十卷，一百六十七张，尾半五张。

【别】十卷，一百六十张，尾半八张。

【尊】十卷，一百五十二张，尾半八张。

《根本说一切毗奈耶》

【卑】十卷，一百六十六张，尾半四张。

【上】十卷，一百五十八张，尾半八张。

《根本说一切有部毗奈耶》

【和】十卷，一百六十五张，尾半四张。

【下】十卷，一百四十四张，尾半七张。

【睦】十卷，一百五十九张，尾半四张。

【夫】十卷，一百六十二张，尾半六张。

《根本说一切有部毗奈耶杂事》《根本说一切有部苾刍尼毗奈耶》

【唱】十一卷，一百三十六张，尾半九张。

《根本说一切有部尼陀那目得迦》《比丘尼僧祇律波罗提木叉戒经》

【妇】八卷，一百六十六张，尾半三张。

【随】九卷，一百七十二张，尾半四张。

【外】九卷，一百五十一张，尾半五张。

【受】九卷，一百七十六张，尾半三张。

《弥沙塞部五分律》《十诵律比丘戒本》《十诵律比丘尼戒本》《根本说一切有部戒经》《根本说一切有部苾刍尼戒经》《解脱戒本经》

【传】十卷，一百八十张，尾半二张。

---

① “律”原脱，据（唐）释智昇《开元释教录》卷三《总括群经录上之三》（《大正藏》本）；（唐）释圆照《贞元新定释教目录》卷五《总集群经录上之五》（《大正藏》本）；（明）葛寅亮撰，何孝荣点校《金陵梵刹志》卷四十九《南藏目录》（南京出版社2017年版）等补。

【训】十卷，一百九十七张，尾半五张。

【入】十卷，一百九十六张，尾半二张。

【奉】八卷，一百七十九张，尾半四张。

【母】八卷，一百八十六张，尾半四张。

【仪】八卷，一百五十八张，尾半四张。

【诸】八卷，一百五十九张，尾半四张。

《四分律藏》《四分戒本》

【姑】十卷，一百三十一张，尾半七张。

《根本说一切有部百一①羯磨》

【伯】八卷，一百八十二张，尾半三张。

《五分比丘尼戒本》《四分比丘尼戒本》《沙弥威仪》《沙弥尼离戒文》《沙弥十戒法并威仪》《大沙门百一羯磨法》《十诵羯磨比丘②要用》《弥沙塞羯磨本》《优波离问经》

【叔】六卷，一百八十九张，尾半三张。

《昙无德律部③杂羯磨》《羯磨》《四分比丘尼羯磨法》《四分律删补随机羯磨》《目连问戒律中五百轻重事经》

【犹】七卷，一百七十六张，尾半三张。

《四分僧羯磨》《尼羯磨》《沙弥尼戒经》《舍利弗问经》

【子】八卷，一百四十八张，尾半四张。

《根本说一切有部毗奈耶尼陀那目得迦摄颂》《根本说一切有部毗奈耶杂事摄颂》《佛说大爱道比丘尼经》《迦叶禁戒经》《犯戒罪轻重经》《戒消灾经》

---

①"百一"原讹"二"，据（唐）释义净译《根本说一切有部百一羯磨》（《大正藏》本）；（唐）释智昇《开元释教录》卷九《总括群经录上之九》；（唐）释圆照《贞元新定释教目录》卷十三《总集群经录上之十三》；（明）葛寅亮撰，何孝荣点校《金陵梵刹志》卷四十九《南藏目录》等改。

②"羯磨""比丘"原倒，据（刘宋）释僧璩《十诵羯磨比丘要用》（《大正藏》本）；（唐）释智昇《开元释教录》卷五《总括群经录上之五》；（唐）释圆照《贞元新定释教目录》卷八《总集群经录上之八》；（明）葛寅亮撰，何孝荣点校《金陵梵刹志》卷四十九《南藏目录》等改。

③"部"原脱，据（后晋）释可洪《新集藏经音义随函录》卷十七《小乘律音义第五之三》（《高丽大藏经》本）；（明）葛寅亮撰，何孝荣点校《金陵梵刹志》卷四十九《南藏目录》等补。

《佛说优婆塞五戒相经》《根本说一切有部毗奈耶颂》

【比】八卷，一百三十九张，尾半五张。

【儿】九卷，一百六十三张，尾半二张。

《根本萨婆多部律摄》《大比丘三千威仪》《律二十二明了论》

【孔】十卷，一百七十三张，尾半三张。

《萨婆多部毗尼摩得勒伽》

【怀】十卷，一百四十一张。

《戒因缘经》

【兄】十卷，一百八十九张，尾半七张。

【弟】十卷，一百八十九张，尾半三张。

《善见毗婆沙律》《佛阿毗昙经》

【同】九卷，一百七十五张，尾半一张。

《萨婆多毗尼毗婆沙》《续萨婆多毗尼毗婆沙》

【气】十卷，一百五十三张，尾半三张。

【连】十卷，一百五十二张，尾半三张。

《根本说一切有部毗奈耶破僧事》

【枝】十卷，一百七十四张，尾半四张。

《毗尼母论》《根本说①一切有部出家授近圆羯磨仪范》《根本说一切有部苾刍习学②略法》

大乘论

【交】十卷，二百零四张，尾半二张。

【友】十卷，二百一十一张，尾半一张。

---

① "根本" "说" 原倒，据（元）八思巴《根本说一切有部出家授近圆羯磨仪范》（《大正藏》本）；（明）葛寅亮撰，何孝荣点校《金陵梵刹志》卷四十九《南藏目录》；（清）释智旭《重治毗尼事义集要》卷首《律藏总目》（《卍新纂续藏经》本）等改。

② "根本" "说" 原倒，"学" 原脱，据（元）八思巴《根本说一切有部苾刍习学略法》（《大正藏》本）；（明）葛寅亮撰，何孝荣点校《金陵梵刹志》卷四十九《南藏目录》改、补。

【投】十卷，一百九十三张，尾半三张。

【分】十卷，一百九十五张，尾半四张。

【切】十卷，一百八十二张，尾半四张。

【磨】十卷，一百七十九张，尾半四张。

【箴】十卷，一百八十三张，尾半四张。

【规】十卷，二百零三张，尾半三张。

【仁】十卷，二百零四张，尾半六张。

【慈】十卷，一百五十八张，尾半三张。

《大智度论》

【隐】十卷，一百七十五张，尾半六张。

《十地经论》

【测】十卷，一百七十九张，尾半四张。

《十地经论》《弥勒菩萨所问经论》《三具足经优波提舍》

【造】十卷，一百八十二张，尾半五张。

《佛地经论》《金刚般若波罗蜜^①经论》《能断金刚经颂》《无量寿经优波提舍》《转法轮经优波提舍》

【次】十二卷，一百七十六张，尾半九张。

《金刚般若波罗蜜^②经论》《能断金刚般若波罗蜜多^③经论》《略明般若末后

---

　　①"般""波"原倒，"蜜"原讹"密"，据（元魏）菩提流支译《金刚般若波罗蜜经论》（《大正藏》本）；（唐）释智昇《开元释教录》卷六《总括群经录上之六》；（唐）释圆照《贞元新定释教目录》卷九《总集群经录上之九》；（明）葛寅亮撰，何孝荣点校《金陵梵刹志》卷四十九《南藏目录》等改。

　　②"蜜"原讹"密"，据（隋）达摩笈多译《金刚般若波罗蜜经论》（《大正藏》本）；（明）葛寅亮撰，何孝荣点校《金陵梵刹志》卷四十九《南藏目录》等改。

　　③"蜜"原讹"密"，"多"原脱，据（唐）释义净译《能断金刚般若波罗蜜多经论释》（《大正藏》本）；（唐）释智昇《开元释教录》卷九《总集群经录上之九》；（唐）释圆照《贞元新定释教目录》卷十三《总集群经录上之十三》；（明）葛寅亮撰，何孝荣点校《金陵梵刹志》卷四十九《南藏目录》等改、补。按，（唐）释智昇《开元释教录略出》卷二《大乘释经》（《大正藏》本）、（唐）释圆照《贞元新定释教目录》卷二十二《大乘释经论》等亦作《能断金刚般若波罗蜜经论》。

一颂赞述》《大宝积经论》《宝髻经四法优波提舍》《大般涅槃经论》《涅槃经
本有今无偈论》

【弗】十一卷，一百八十五张，尾半七张。

《金刚般若波罗蜜①经破取著不坏假名论》《文殊师利菩萨问菩提经论》
《法华经论优波提舍》《胜思惟梵天所问经论》《遗教经论》

【离】十卷，一百三十九张，尾半四张。

【节】十卷，一百六十一张，尾半七张。

【义】十卷，一百八十二张，尾半五张。

【廉】十卷，一百六十张，尾半六张。

【退】十卷，一百六十九张，尾半七张。

【颠】十卷，一百七十一张，尾半八张。

【沛】十卷，一百六十三张，尾半六张。

【匪②】十卷，一百四十张，尾半五张。

【亏】十卷，一百七十三张，尾半六张。

【性】十卷，一百八十二张，尾半五张。

《瑜伽师地论》

【静】十卷，一百四十六张，尾半三张。

【情】十卷，一百五十三张，尾半二张。

《显扬圣教论》

【逸】十卷，一百二十九张，尾半八张。

《大乘阿毗达磨集论》《王法正理论》《瑜伽师地论释》《显扬圣教论

---

① "蜜"原讹"密"，据（唐）地婆诃罗等译《金刚般若波罗蜜经破取著不坏假名论》（《大正藏》
本）；（唐）释明佺等《大周刊定众经目录》卷六《大乘论》（《大正藏》本）；（唐）释智昇《开
元释教录》卷九《总括群经录上之九》；（明）葛寅亮撰，何孝荣点校《金陵梵刹志》卷四十九《南
藏目录》等改。

② "匪"与下条"亏"原倒，据《千字文》改。

颂①》

【心】十卷，一百三十九张，尾半五张。

【动】十卷，一百九十张，尾半二张。

《大乘阿毗达磨杂集论》《中论》

【神】十卷，一百五十一张，尾半六张。

【疲】十卷，一百八十二张，尾半二张。

《般若灯论》《十二门观论》《十八空论》《百论》《广百论②本》

【守】十卷，一百七十九张，尾半六张。

《广百论释论》

【真③】十卷，一百七十二张，尾半四张。

【志】十一卷，一百六十一张，尾半五张。

《十住毗婆沙论》《菩提资粮论》

【满】十卷，一百三十八张，尾半三张。

【逐】十卷，一百七十三张，尾半三张。

《大庄严经论》《摄大乘论》

【物】十卷，一百五十六张，尾半三张。

【意】十卷，一百六十八张，尾半五张。

《大乘庄严经论》《顺中论》《摄大乘论本》《中边分别论》

【移】十卷，一百四十四张，尾半二张。

【坚】十卷，一百六十二张，尾半一张。

---

①"颂"原讹"释"，据（唐）释玄奘译《显扬圣教论颂》（《大正藏》本）；（唐）释明佺等《大周刊定众经目录》卷六《大乘论》；（唐）释智昇《开元释教录》卷八《总括群经录上之八》；（唐）释圆照《贞元新定释教目录》卷十一《总集群经录上之十一》；（明）葛寅亮撰，何孝荣点校《金陵梵刹志》卷四十九《南藏目录》等改。

②"论"前原衍"空"，据（唐）释玄奘译《广百论本》（《大正藏》本）；（唐）释智昇《开元释教录》卷八《总括群经录上之八》；（唐）释圆照《贞元新定释教目录》卷十一《总集群经录上之十一》；（明）葛寅亮撰，何孝荣点校《金陵梵刹志》卷四十九《南藏目录》等删。

③"真"原讹"贞"，据《千字文》；（明）葛寅亮撰，何孝荣点校《金陵梵刹志》卷四十九《南藏目录》改。

【持】十卷，二百零二张，尾①半二张。

【雅】九卷，一百九十五张，尾半六张。

【操】九卷，一百八十七张，尾半四张。

《摄大乘论释》《决定藏论》

【好】十一卷，一百七十一张，尾半三张。

《佛性论》《辨中边论》《辨中边论颂》《大乘成业论》《业成就论》《因明正理门论本》《因明正理门论》

【爵】十一卷，一百六十五张，尾半六张。

《究竟一乘宝性论》《成惟识宝生论》《因明入正理论》《显识论》

【自】十卷，一百六十五张，尾半一张。

《成唯②识论》

【縻③】九卷，一百六十三张，尾半三张。

《大乘唯④识论》《唯⑤识二十论》《转识论》《大丈夫论》《入⑥大乘论》《大乘掌珍论》《大乘广五蕴论》《大乘五蕴论》

---

① "尾"原讹"张"，据（明）葛寅亮撰，何孝荣点校《金陵梵刹志》卷四十九《南藏目录》及前后文改。

② "唯"原讹"惟"，据（唐）释玄奘译《成唯识论》（《大正藏》本）；（唐）释明佺等《大周刊定众经目录》卷六《大乘论》；（唐）释智昇《开元释教录》卷八《总括群经录上之八》；（唐）释圆照《贞元新定释教目录》卷十一《总集群经录上之十一》；（明）葛寅亮撰，何孝荣点校《金陵梵刹志》卷四十九《南藏目录》等改。

③ "縻"原讹"靡"，据《千字文》；（明）葛寅亮撰，何孝荣点校《金陵梵刹志》卷四十九《南藏目录》改。

④ "乘唯"原讹"成惟"，据（陈）真谛译《大乘唯识论》（《大正藏》本）；（唐）释智昇《开元释教录略出》卷二《大乘释经》；（唐）释圆照《贞元新定释教目录》卷二十二《大乘集义论》；（明）葛寅亮撰，何孝荣点校《金陵梵刹志》卷四十九《南藏目录》等改。

⑤ "唯"原讹"惟"，据（唐）释玄奘译《唯识二十论》（《大正藏》本）；（唐）释智昇《开元释教录》卷八《总括群经录上之八》；（唐）释圆照《贞元新定释教目录》卷十一《总集群经录上之十一》；（明）葛寅亮撰，何孝荣点校《金陵梵刹志》卷四十九《南藏目录》等改。

⑥ "入"原讹"八"，据（北凉）释道泰等译《入大乘论》（《大正藏》本）；（唐）释明佺等《大周刊定众经目录》卷六《大乘论》；（唐）释智昇《开元释教录》卷四《总括群经录上之四》；（唐）释圆照《贞元新定释教目录》卷六《总集群经录上之六》；（明）葛寅亮撰，何孝荣点校《金陵梵刹志》卷四十九《南藏目录》等改。

【都】九卷，一百四十六张，尾半二张。

《宝行王正论》《大乘起信①论》《发菩提心论》《三无性论》《方便心论》

【邑】十卷，一百三十四张，尾半四张。

《无相②思尘论》《观所缘缘论》《观所缘论释》《如实论》《回诤论》《缘生论》《十二因缘论》《壹输卢迦论》《大乘百法明论》《百字论》《解拳论》《掌中论》《取因假设论》《观总相论颂》《止观门论颂》《手杖论》《六门教授习定论》《大乘法界无差别论》《提婆菩萨破楞严经中外道小乘四宗论》《提婆菩萨释楞严经中外道小乘涅槃论》

小乘论

【华】十卷，一百四十六张，尾半二张。

【夏】十卷，一百三十六张，尾半一张。

【东】十卷，一百四十四张，尾半二张。

《阿毗昙八犍度论》

【西】十卷，一百五十七张，尾半二张。

【二】十卷，一百七十一张，尾半二张。

《阿毗达磨发③智论》

【京】十二卷，一百七十一张，尾半六张。

---

①"信"原讹"性"，据（梁）真谛译《大乘起信论》（《大正藏》本）；（唐）释明佺等《大周刊定众经目录》卷六《大乘论》；（唐）释智昇《开元释教录》卷十二《大乘集义论》；（唐）释圆照《贞元新定释教目录》卷二十二《大乘集义论》；（明）葛寅亮撰，何孝荣点校《金陵梵刹志》卷四十九《南藏目录》等改。

②"相"原讹"想"，据（陈）真谛译《无相思尘论》；（唐）释智昇《开元释教录》卷二十《大乘论》；（唐）释圆照《贞元新定释教目录》卷二十二《大乘集义论》；（明）葛寅亮撰，何孝荣点校《金陵梵刹志》卷四十九《南藏目录》等改。

③"发"原讹"法"，据（唐）释玄奘译《阿毗达磨发智论》（《大正藏》本）；（唐）释智昇《开元释教录》卷二十《小乘论》；（唐）释圆照《贞元新定释教目录》卷二十三《有译有本录中声闻三藏录第四·声闻对法藏》；（明）葛寅亮撰，何孝荣点校《金陵梵刹志》卷四十九《南藏目录》等改。

《阿毗达磨法蕴足论》

【背】十卷，一百二十六张，尾半四张。

【邙】十卷，一百一十九张，尾半四张。

《阿毗达磨集异门足论》

【面】十卷，一百四十七张，尾半三张。

【洛】九卷，一百二十三张，尾半四张。

《阿毗达磨识身足论》《阿毗达磨界身足论》

【浮】十卷，一百四十三张，尾半三张。

【渭】十卷，一百三十张，尾半三张。

【据】十卷，一百五十九张，尾半六张。

《阿毗达磨品类足论》《众事分阿毗昙论》

【泾】十卷，一百五十八张，尾半五张。

【宫】十卷，一百五十五张，尾半二张。

【殿】十卷，一百三十八张，尾半四张。

【盘】十卷，一百四十二张，尾半四张。

【郁】十卷，一百四十三张，尾半七张。

【楼】十卷，一百二十七张，尾半四张。

【观】十一卷，一百五十二张，尾半四张。

【飞】十一卷，一百五十四张，尾半二张。

《阿毗昙毗婆沙论》

【惊】十卷，一百三十四张，尾半三张。

【图】十卷，一百四十七张，尾半二张。

【写】十卷，一百四十六张，尾半三张。

【禽】十卷，一百四十六张，尾半三张。

【兽】十卷，一百四十五张，尾半二张。

【画】十卷，一百三十九张，尾半四张。

【彩】十卷，一百四十五张，尾半三张。

【仙】十卷，一百四十一张，尾半三张。

【灵】十卷，一百四十四张，尾半三张。

【丙】十卷，一百四十七张，尾半三张。

【舍】十卷，一百四十四张，尾半五张。

【傍】十卷，一百五十四张，尾半二张。

【启】十卷，一百三十九张，尾半二张。

【甲】十卷，一百二十四张，尾半二张。

【帐】十卷，一百二十三张，尾半四张。

【对】十卷，一百二十八张，尾半三张。

【楹】十卷，一百二十张，尾半七张。

【肆】十卷，一百二十七张，尾半四张。

【筵】十卷，一百三十张，尾半四张。

【设】十卷，一百四十张，尾半三张。

《阿毗达磨毗婆沙论》

【席】八卷，一百八十张，尾半三张。

【鼓】八卷，一百七十七张，尾半一张。

【瑟】八卷，一百五十九张，尾半十三张。

《阿毗达磨俱舍释论》《阿毗达磨俱舍释论本颂》《胜宗十句义论》

【吹】十卷，一百五十张，尾半七张。

【笙】十卷，一百三十七张，尾半七张。

【升】十卷，一百三十七张，尾半五张。

《阿毗达磨俱舍论》

【阶】十卷，一百七十四张，尾半三张。

【纳】十卷，一百八十九张，尾半三张。

【陛】十卷，一百六十八张，尾半三张。

【弁】十卷，一百六十一张，尾半三张。

【转】十卷，一百四十九张，尾半五张。

【疑】十卷，一百四十九张，尾半四张。

【星】十卷，一百三十五张，尾半七张。

【右】十卷，一百四十三张，尾半二张。

《阿毗达磨顺正理论》

【通】十卷，一百三十四张，尾半三张。

【广】十卷，一百三十八张，尾半五张。

【内】十卷，一百四十六张，尾半三张。

【左】十卷，一百四十六张，尾半八张。

《阿毗达磨显宗论》

【达】十卷，一百七十一张，尾半五张。

《阿毗昙心论》《法胜阿毗昙心论》

【承】七卷，一百七十七张，尾半三张。

【明】八卷，一百七十三张，尾半一张。

《杂阿毗昙心论》《阿毗昙甘露味论》《随相论》

【既】七卷，一百五十九张，尾半五张。

【集】八卷，一百五十二张，尾半五张。

《尊婆须蜜①菩萨所集论》《三法度论》②

【坟】十卷，二百零八张，尾半二张。

【典】十卷，一百五十六张，尾半四张。

《成实论》

【亦】十卷，一百五十一张，尾半三张。

---

①"蜜"原讹"密"，据（苻秦）僧伽跋澄等译《尊婆须蜜菩萨所集论》（《大正藏》本）；（唐）释明佺等《大周刊定众经目录》卷十《小乘论》；（唐）释智昇《开元释教录》卷十三《声闻对法藏三十六部》；（唐）释圆照《贞元新定释教目录》卷二十三《声闻对法藏》；（明）葛寅亮撰，何孝荣点校《金陵梵刹志》卷四十九《南藏目录》等改。

②按，《三法度论》后疑脱《入阿毗达磨论》。（明）葛寅亮撰，何孝荣点校《金陵梵刹志》卷四十九《南藏目录》"集""坟"二字号下卷数、经板张数与本志本卷本藏"既""集"完全相同，但尚有《入阿毗达磨论》，计三部佛教经籍。

《立世阿毗昙论》

【聚】八卷，二百零四张，尾半三张。

【群】八卷，一百八十三张，尾半二张。

【英】八卷，一百八十五张，尾半一张。

《舍利弗阿毗昙论》《五事毗婆沙论》

【杜】十二卷，一百七十七张，尾半三张。

《解脱道论》

【藁】八卷，一百七十五张。

【钟】九卷，一百六十张，尾半六张。

《鞞婆沙论》《三①弥底部论》

【隶】十卷，一百七十五张，尾半二张。

《分别功德论》《四谛论》《辟支佛因缘论》《十八部论》《部执异论》《异部宗轮论》

续入藏诸论

【漆】十卷，一百五十八张，尾半五张。

《集诸法宝最上义论》《金刚针论》《菩提心离②相论》《大乘破有论》《集大乘相论》《六十颂如理论》《大乘二十颂论》《佛母般若波罗蜜③多圆集要义论》《佛母般若圆集要义释论》《大乘宝要义论》

【书】十卷，一百五十四张，尾半五张。

---

① "三"原讹"二"，据佚名译《三弥底部论》（《大正藏》本）；（唐）释智昇《开元释教录》卷十三《声闻对法藏三十六部》；（唐）释圆照《贞元新定释教目录》卷二十三《声闻对法藏》；（明）葛寅亮撰，何孝荣点校《金陵梵刹志》卷四十九《南藏目录》等改。

② "离"原脱，据（宋）施护译《菩提心离相论》（《大正藏》本）；（宋）释惟净等《天圣释教总录》卷二《大乘论》（《赵城金藏》本）；（明）葛寅亮撰，何孝荣点校《金陵梵刹志》卷四十九《南藏目录》；蔡念生《中华大藏经总目录》卷二等补。

③ "蜜"原讹"密"，据（宋）施护译《佛母般若波罗蜜多圆集要义论》（《大正藏》本）；（宋）释惟净等《天圣释教总录》卷二《大乘论》；（宋）赵安仁《大中祥符法宝录》卷十六《别明圣代翻宣录中之十五》（《赵城金藏》本）；（明）葛寅亮撰，何孝荣点校《金陵梵刹志》卷四十九《南藏目录》等改。

《圣佛母般若波罗蜜①多九颂精义论》《大乘缘生论》《诸教决定名义论》《广释菩提心论》《大乘中观释论》《大乘法界无差别论》《金刚顶瑜伽中发阿耨多罗三藐三菩提心论》《施设论》

【璧】十卷，一百五十张。

《菩萨本生鬘论》

【经】十一卷，一百九十五张，尾半四张。

《大乘集菩萨学论》

【府】八卷，一百四十七张，尾半二张。

《大宗地玄文本②论》《彰所知论》《金七十论》

此③方撰述

【罗】七卷，一百六十二张，尾半一张。

《释迦谱》

【将】六卷，一百八十三张，尾半一张。

《释迦谱》《释迦氏谱》《释迦方志》

【相】十卷，一百五十八张，尾半四张。

【路】十卷，一百六十张，尾半二张。

---

①"蜜"原讹"密"，据（宋）释法护《圣佛母般若波罗蜜多九颂精义论》（《大正藏》本）；（宋）释惟净等《天圣释教总录》卷二《高僧集传》；（宋）吕夷简《景佑新修法宝录》卷一《圣宋翻宣继联前式录上》（《赵城金藏》本）；（明）葛寅亮撰，何孝荣点校《金陵梵刹志》卷四十九《南藏目录》等改。

②"本"原脱，据（陈）释真谛译《大宗地玄文本论》（《大正藏》本）；（明）葛寅亮撰，何孝荣点校《金陵梵刹志》卷四十九《南藏目录》；（清）释智旭《阅藏知津》卷三十八《大乘论藏·宗经论第二之二》等补。

③"此"原讹"北"，据各种汉文佛经目录及《大藏经》分类改。按，（清）释智旭《阅藏知津》卷一指出，《大藏经》内容包括四部分，"第一经藏二分，一大乘经，二小乘经；第二律藏二分，一大乘律，二小乘律；第三论藏二分，一大乘论，二小乘论；第四杂藏二分，一西土撰述，二此方撰述。"

【侠】十卷，一百四十四张，尾半二张。

【槐】十卷，一百五十三张，尾半三张。

【卿】十卷，一百五十七张，尾半三张。

《经律异相》

【高①】十卷，一百六十七张，尾半三张。

《陀罗尼杂集》

【冠】六卷，一百五十四张，尾半二张。

【陪】六卷，一百六十九张，尾半三张。

【辇】六卷，一百五十五张。

《诸经要集》

【驱】七卷，一百六十张，尾半三张。

《诸经要集》《集古今佛道论衡实录》《续集古今佛道论》

【毂】十卷，一百七十三张，尾半五张。

《大唐西域记》

【振】八卷，一百九十张，尾半三张。

《大唐西域记》《大唐西域求法高僧传》《集神州塔寺三宝感通录》《法显传》

【缨】十卷，一百六十张，尾半一张。

《大慈恩寺三藏法师传》

【世】十卷，一百五十七张，尾半六张。

《集沙门不应拜俗等事》《破邪论》

【禄】八卷，一百八十一张。

《辨正论》

---

① 按，"高"前脱漏《千字文》"户""封""八""县""家""给""千""兵"八字编号，然"高""冠""陪""辇""驱""毂""振""缨"八字编号下卷数、经板张数及佛教典籍，与（明）葛寅亮撰，何孝荣点校《金陵梵刹志》卷四十九《南藏目录》有"户""封""八""县""家""给""千""兵"八字编号者比并无脱漏。

【侈】九卷，一百五十二张，尾半五张。

《甄正论》《高僧传》

【富】八卷，一百五十二张，尾半三张。

《高僧传》

【车】七卷，一百五十九张，尾半三张。

【驾】八卷，一百八十三张，尾半四张。

【肥】八卷，二百张，尾半五张。

【轻】八卷，二百二十五张，尾半三张。

《续高僧传》

【策】十卷，一百七十八张，尾半四张。

【功】十卷，二百零二张，尾半五张。

【茂】十卷，一百六十三张，尾半六张。

《宋高僧传》

【实】十卷，一百九十一张，尾半五张。

【勒】十卷，一百六十九张，尾半六张。

《弘明集》《广弘明集》

【碑】九卷，二百二十八张，尾半三张。

【刻】九卷，二百零九张，尾半三张。

【铭】九卷，二百二十六张，尾半七张。

《广弘明集①》

【磻】十一卷，一百八十四张，尾半五张。

《南海寄归内法传》《比丘尼传》《说罪②要行法》《受用三水要行法》

----

① "集"原脱，据（唐）释道宣《广弘明集》（《大正藏》本）；（唐）释智昇《开元释教录》卷八《总括群经录上之八》；（唐）释圆照《贞元新定释教目录》卷十二《总集群经录上之十二》；（明）葛寅亮撰，何孝荣点校《金陵梵刹志》卷四十九《南藏目录》等补。

② "罪"原讹"最"，据（唐）释义净《说罪要行法》（《大正藏》本）；（唐）释智昇《开元释教录》卷十三《此方撰述集传》；（唐）释圆照《贞元新定释教目录》卷十三《总集群经录上之十三》；（明）葛寅亮撰，何孝荣点校《金陵梵刹志》卷四十九《南藏目录》等改。

《护命放生仪轨法》《集诸经礼忏悔文》

【溪①】十卷，一百四十张，尾半三张。

《梁武慈悲道场忏法》

【伊】十卷，一百六十六张，尾半一张。

《慈悲水忏法》《法华三昧忏仪》《金光明忏法补助仪》《往生净土忏愿仪》《往生净土决疑行愿二法门》《请观世音菩萨消伏毒害陀罗尼三昧仪②》《金光明最胜忏仪》《千手眼大悲心咒行法》《礼法华经仪式》《炽盛光道场念诵仪》《释迦如来涅槃礼赞文③》《如意轮咒④课法》《天台智者大师斋忌礼赞文》

【尹】八卷，二百零三张，尾半三张。

【佐】十卷，二百一十五张，尾半六张。

【时】十卷，一百九十八张，尾半四张。

【阿】八卷，二百一十七张，尾半四张。

【衡】十一卷，一百八十八张，尾半四张。

【奄】十一卷，二百一十一张，尾半九张。

【宅】十卷，二百零八张，尾半五张。

【曲】十二卷，二百零五张，尾半三张。

【阜】十卷，一百八十八张，尾半二张。

【微】十卷，一百九十七张。

---

① "溪"原讹"磎"，据《千字文》；（明）葛寅亮撰，何孝荣点校《金陵梵刹志》卷四十九《南藏目录》等改。

② "仪"前原衍"忏"，据（宋）释遵式《请观世音菩萨消伏毒害陀罗尼三昧仪》（《大正藏》本）、（清）释智旭《阅藏知津》卷一《此方撰述·忏仪》等删。

③ "文"原讹"仪"，据（宋）释仁岳《释迦如来涅槃礼赞文》（《大正藏》本）；（明）葛寅亮撰，何孝荣点校《金陵梵刹志》卷四十九《南藏目录》；（清）释智旭《阅藏知津》卷四十二《杂藏·此方撰述第二之一》等改。

④ "咒"原脱，据（清）释智旭《阅藏知津》卷四十二《杂藏·此方撰述第二之一》、蔡念生《中华大藏经总目录》卷三等补。按，该书全名《观自在菩萨如意轮咒课法》，宋释仁岳撰。

《法苑①珠林》

【旦】十卷，一百七十三张，尾半四张。

【孰】十卷，一百五十四张，尾半四张。

【营】十卷，一百八十九张，尾半四张。

【桓】十卷，一百七十七张，尾半二张。

【公】十三卷，一百七十六张，尾半五张。

【辅】十二卷，一百七十三张，尾半二张。

【合】十二卷，一百六十八张，尾半八张。

【济】十三卷，一百八十张，尾半四张。

【弱】十卷，一百六十八张，尾半三张。

《宗镜录》

【扶】九卷，一百八十八张，尾半二张。

《密咒圆音往生集》《显密圆通成佛心要集》《元至元辨伪录》《护法论》

【倾】十卷，一百九十三张，尾半四张。

【绮】十卷，二百四十二张，尾半三张。

【回】十卷，二百五十七张，尾半四张。

《景德传灯录》

【汉】十一卷，一百八十九张，尾半三张。

【惠】十卷，二百一十六张，尾半五张。

【说】十卷，二百零五张，尾半四张。

《续传灯录》

【感】十一卷，一百七十九张，尾半四张。

《续传灯录》《圆悟佛果禅师语录》

【武】十一卷，一百六十七张，尾半五张。

---

① "苑"原讹"菀"，据（唐）释道世《法苑珠林》（《大正藏》本）；（明）葛寅亮撰，何孝荣点校《金陵梵刹志》卷四十九《南藏目录》；（清）释智旭《阅藏知津》卷四十三《杂藏·此方撰述第二之二》等改。

《圆悟佛果禅师语录》

【丁】十一卷，一百六十八张，尾半四张。

《传法正宗记》

【俊】十一卷，一百八十张，尾半二张。

《传法正宗论》《辅教篇①》《雪窦明觉禅师语录》

【义】九卷，一百八十五张，尾半二张。

【密】十一卷，二百一十九张。

《宗门统要、续集》《大慧普觉禅师语录》②

【勿】十卷，一百五十四张，尾半七张。

【多】十卷，一百五十五张，尾半五张。

【士】十卷，一百三十张，尾半三张。

《天目中峰和尚广录》

【寔】十二卷，二百零四张，尾半二张。

【宁】十二卷，二百一十二张③，尾半一张。

【晋】十二卷，一百九十九张。

【楚】十二卷，二百四十张，尾半二张。

《六祖大师法宝坛经》《古尊宿语录④》

【更】十卷，一百八十二张，尾半二张。

---

① "篇"原讹"论"，据（宋）释契嵩《镡津文集》卷一至三《辅教篇》（《大正藏》本）；（明）葛寅亮撰，何孝荣点校《金陵梵刹志》卷四十九《南藏目录》；（清）释智旭《阅藏知津》卷四十四《杂藏·此方撰述第二之三》等改。

② 按，《大慧普觉禅师语录》与《宗门统要、续集》同置于"义""密"编号下计二十卷有误。查（宋）释宗永集，（元）释清茂续《宗门统要、续集》（又名《宗门统要正续集》）计二十卷（或作二十一卷），已占用"义""密"二十卷；（宋）释宗杲《大慧普觉禅师语录》三十卷，难以再置于"义""密"编号下。（明）葛寅亮撰，何孝荣点校《金陵梵刹志》卷四十九《南藏目录》则"汉""惠"编号合计二十卷为《宗门统要、续集》，其后挨序"说""感""武"编号合计三十卷为（宋）释宗杲《大慧普觉禅师语录》。

③ "张"原脱，据前后文补。

④ "古尊宿语录"原讹"古尊俗语"，据（宋）赜藏主《古尊宿语录》（《卍新纂续藏经》本）；（明）葛寅亮撰，何孝荣点校《金陵梵刹志》卷四十九《南藏目录》；（清）释智旭《阅藏知津》卷四十二《杂藏·此方撰述第二之一》等改。

【霸】十卷，一百八十五张，尾半四张。

《妙法莲华经玄义》一部

【赵】十卷，二百一十一张，尾半一张。

【魏】十卷，二百张，尾半一张。

《法华玄义释签》一部

【困】十卷，二百零一张，尾半三张。

【横】十卷，二百零四张，尾半三张。

《妙法莲华经文句》一部

【何①】十卷，二百九十一张，尾半五张。

【遵】十卷，二百八十八张，尾半五张。

《法华文句记②》一部

【约】十卷，一百六十八张，尾半二张。

【法】十卷，二百一十五张，尾半四张。

《摩诃止观》一部、《止观辅行传弘决》③

【韩】十卷，一百八十三张，尾半一张。

《止观义④例》《修习止观坐禅法要》《大乘止观法门》《大般涅槃经

---

① 按，"何"前脱漏《千字文》"假""途""灭""虢""践""土""会""盟"八字编号，然"何""遵"二字编号下卷数、经板张数及佛教经籍，与（明）葛寅亮撰，何孝荣点校《金陵梵刹志》卷四十九《南藏目录》有"假""途""灭""虢""践""土""会""盟"八字编号者比并无脱漏。

② "记"原脱，据（唐）释湛然《法华文句记》（《大正藏》本）；（明）葛寅亮撰，何孝荣点校《金陵梵刹志》卷四十九《南藏目录》；（清）释智旭《阅藏知津》卷三十九《大乘论藏·宗经论第二之三》等补。

③ 按，《止观辅行传弘决》与《摩诃止观》一部同置于"约""法"编号下计二十卷有误。查（隋）释智顗《摩诃止观》计二十卷（或作十卷），已占用"约""法"编号下二十卷；（唐）释湛然《止观辅行传弘决》计四十卷，难以再置于"约""法"编号下。（明）葛寅亮撰，何孝荣点校《金陵梵刹志》卷四十九《南藏目录》则"约""法"编号合计二十卷为《摩诃止观》一部，其后挨序"假""途""灭""虢"编号合计四十卷为（唐）释湛然《止观辅行传弘决》。

④ "义"原讹"仪"，据（唐）释湛然《止观义例》（《大正藏》本）；（明）葛寅亮撰，何孝荣点校《金陵梵刹志》卷四十九《南藏目录》；（清）释智旭《阅藏知津》卷三十九《大乘论藏·诸论释第三》等改。

玄义》

【弊】十卷，一百八十八张，尾半五张。

【烦】十卷，一①百二十五张，尾半一张。

【刑】十卷，二百零三张，尾半三张。

《涅槃②玄义发源机要》《大涅槃经疏》一部

【起】十二卷，二百三十九张，尾半五张。

《观音玄义》《观音玄义记》《观音义疏》《观音义疏记》

【翦】十卷，一百八十一张，尾半一张。

《菩萨戒义疏》《金光明经玄义》《金光明经玄义拾遗记》

【牧③】十卷，一百七十八张，尾半四张。

【用】十卷，一百九十二张，尾半五张。

《金光明经文句》《金光明经文句记》《金刚般若经疏》《观无量寿佛经疏④》

【军】十一卷，二百零三张，尾半二张。

《观无量寿佛经疏妙⑤宗钞》《仁王护国般若波罗蜜多⑥经疏》

---

① 按，"一"，（明）葛寅亮撰，何孝荣点校《金陵梵刹志》卷四十九《南藏目录》对应《千字文》编号（"会"）作"二"，其卷数、尾半张数及前后千字文相应字号卷数、经板张数乃至佛教经籍皆同。

② "槃"后原衍"经"，据（宋）释智圆《涅槃玄义发源机要》（《大正藏》本）；（明）葛寅亮撰，何孝荣点校《金陵梵刹志》卷四十九《南藏目录》；（清）释智旭《阅藏知津》卷三十九《大乘论藏·诸论释第三》等删。

③ 按，"牧"前脱漏《千字文》"颇"字编号，然"牧""用"二字编号下卷数、经板张数及佛教经籍，与（明）葛寅亮撰，何孝荣点校《金陵梵刹志》卷四十九《南藏目录》有"颇"字编号者比并无脱漏。

④ "经""疏"原倒，据（隋）释智顗《观无量寿佛经疏》（《大正藏》本）；（明）葛寅亮撰，何孝荣点校《金陵梵刹志》卷四十九《南藏目录》；（清）释智旭《阅藏知津》卷三十五《大乘论藏·释经论第一之二》等改。

⑤ "妙"原讹"钞"，据（宋）释知礼《观无量寿佛经疏妙宗钞》（《大正藏》本）；（明）葛寅亮撰，何孝荣点校《金陵梵刹志》卷四十九《南藏目录》；（清）释智旭《阅藏知津》卷三十九《大乘论藏·诸论释第三》等改。

⑥ "蜜多"原讹"密"，据（宋）释良贲《仁王护国般若波罗蜜多经疏》（《大正藏》本）；（明）葛寅亮撰，何孝荣点校《金陵梵刹志》卷四十九《南藏目录》等改。按，（明）葛寅亮撰，何孝荣点校《金陵梵刹志》亦脱"多"。

【最】十卷，二百零六张，尾半四张。

《仁王护国般若波罗蜜经疏神宝①记》《四教义》

【精】十二卷，二百五十五张，尾半六张。

《请观音经疏》《请观音经疏阐义钞》《觉义三昧》《无净三昧》《安乐行义》《四念处》

【宣】十一卷，二百二十五张，尾半三张。

《释禅波罗蜜次第法门②》《天台传佛心印记》《净土境观要门》

【威】十二卷，二百六十二张，尾半五张。

《国清百录》《永嘉集》《净土十疑论》《方等三昧行法》《南岳思大禅师立誓愿文》《天台智者大师禅门口诀》《观心论疏》

【沙】十二卷，二百二十五张，尾半六张。

《法界次第初门》《天台智者大师别传③》《观心二百问》《止观大意》《始修心要》《修忏要旨》《十不二门》《十不二门指要钞》《金刚錍》《八教大意》《天台四教仪》

【漠】八卷，二百三十张，尾半五张。

【驰】八卷，二百五十八张，尾半三张。

【誉】八卷，二百六十二张，尾半三张。

【丹】八卷，二百五十五张，尾半一张。

【青】八卷，二百四十九张，尾半四张。

《大方广佛华严经疏》

【九】八卷，二百二十五张，尾半四张。

---

①“蜜”原讹“密”，“宝”原讹“实”，据（宋）释善月《仁王护国般若波罗蜜经疏神宝记》（《大正藏》本）；（明）葛寅亮撰，何孝荣点校《金陵梵刹志》卷四十九《南藏目录》等改。

②“波”原讹“般”，“蜜”原讹“密”，“次第法门”原脱，据（隋）释智顗《释禅波罗蜜次第法门》（《大正藏》本）；（明）葛寅亮撰，何孝荣点校《金陵梵刹志》卷四十九《南藏目录》等改。

③“传”原讹“门”，据（隋）释灌顶《隋天台智者大师别传》（《大正藏》本）；（明）葛寅亮撰，何孝荣点校《金陵梵刹志》卷四十九《南藏目录》；（清）释智旭《阅藏知津》卷四十二《杂藏·此方撰述第二之一》等改。

【州】八卷，二百三十五张，尾半三张。

【禹】八卷，二百三十张^①，尾半三张。

【迹】八卷，二百五十张，尾半四张。

【百】八卷，二百七十张，尾半三张。

【郡】八卷，二百三十一张，尾半二张。

【秦】八卷，二百一十五张，尾半四张。

【并】八卷，二百一十二张，尾半三张。

《华严随疏演义钞》《佛遗教经^②论疏节要》《华严一乘教义分齐意》

【岳】十卷，二百二十五张，尾半三张。

《华严法界观门》《法界玄镜》《金狮子章》《弥陀经疏》《修华严奥旨妄尽还源观^③》《原人论》《明法品内立三宝章》《华严指归》《般若心经略疏》《心经略疏连珠记》《盂^④兰盆经疏》

【宗】十卷，一百五十四张，尾半二张。

【泰】十卷，一百五十四张，尾半三张。

【岱】十卷，一百五十六张，尾半二张。

《首楞严经义海》

【禅】十卷，二百一十二张，尾半四张。

【主】十卷，一百九十四张，尾半五张。

《出三藏记集》《众经目录》

【云】十卷，一百九十张，尾半三张。

---

① "张"后原衍"张"，据文意删。

② "佛""经"原脱，据（宋）释净源节要，（明）释袾宏补注《佛遗教经论疏节要》（《大正藏》本）；（明）葛寅亮撰，何孝荣点校《金陵梵刹志》卷四十九《南藏目录》；（清）释智旭《阅藏知津》卷三十六《大乘论藏·释经论第一之三》等补。

③ "修华严奥旨"原脱，"还源观"原讹"正原论"，据（唐）释法藏《修华严奥旨妄尽还源观》（《大正藏》本）；（明）葛寅亮撰，何孝荣点校《金陵梵刹志》卷四十九《南藏目录》；（清）释智旭《阅藏知津》卷四十二《杂藏·此方撰述第二之一》等改。

④ "盂"原脱，据（唐）释宗密《佛说盂兰盆经疏》（《大正藏》本）；（明）葛寅亮撰，何孝荣点校《金陵梵刹志》卷四十九《南藏目录》；（清）释智旭《阅藏知津》卷三十五《大乘论藏·释经论第一之二》等补。

《众经目录》

【亭】十一卷，二百凡零七张，尾半三张。

《武周刊定众经目录》《武周刊定伪经目录》

【雁】七卷，二百一十三张。

【门】九卷，二百零七张，尾半一张。

《大唐内典录》《续大唐内典录》《古今译经图记》《续古今译经图记》

【紫】七卷，一百九十六张，尾半三张。

【塞】八卷，一百九十八张，尾半二张。

【鸡】七卷，二百零二张，尾半三张。

【田】七卷，一百八十二张，尾半二张。

《开元释教录》《释教录略出》

【赤】十卷，一百八十九张，尾半三张。

《历代三宝记》

【城】十卷，二百一十二张，尾半五张。

《历代三宝记》《一切经音义》

【昆】十卷，一百九十三张，尾半四张。

【池】十卷，一百六十九张，尾半九张。

《一切经音义》

【碣】十卷，一百六十六张，尾半九张。

《大藏圣教法宝标目》

【石】十卷，一百五十九张，尾半四张。

《至元法宝勘同总录》

【巨】八卷，一百七十一张，尾半五张。

《绍兴重雕大藏音①》《华严经音义》《大明重刊三藏圣教目录》

---

① “雕”原讹“刊”，“音”原讹“旨”，据（宋）释处观《绍兴重雕大藏音》（《中华大藏经》中华书局版）；（明）葛寅亮撰，何孝荣点校《金陵梵刹志》卷四十九《南藏目录》；（清）释智旭《阅藏知津》卷四十四《杂藏·此方撰述第二之三》等改。

【野】七卷，一百九十八张，尾半一张。

【洞】七卷，一百八十八张，尾半三张。

【庭】七卷，一百六十二张，尾半三张。

《禅宗颂古联珠通①集》

【旷②】十二卷，二百四十一张，尾半二张。

【远】十一卷，二百三十一张，尾半三张。

【绵】十卷，一百九十七张，尾半二张。

【邈】十二卷，二百一十五张，尾半四张。

《佛祖统纪》

【岩】十一卷，二百零四张，尾半六张。

《大方广圆觉经略疏注》《般若波罗蜜③多心经集注》

钦定《龙藏》新续字号

考异

【折疑】《大藏经》板，自"天"字一号起注，至"昆""池""碣""石""巨""野""洞""庭""旷④""远""绵""邈""岩"字止，共计六百二十九字。查内缺"岫""杳""冥""治""本""于""农""务""兹""稼""穑""俶""载""南""亩""我""艺""黍""稷""税""熟""贡""新""劝""赏""黜""陟""孟""轲""敦"

---

① "通"原脱，据（宋）释法应集，（元）释普会续集《禅宗颂古联珠通集》（《卍新纂续藏经》本）；（明）葛寅亮撰，何孝荣点校《金陵梵刹志》卷四十九《南藏目录》；（清）释智旭《阅藏知津》卷四十二《杂藏·此方撰述第二之一》等补。

② "旷"原讹"圹"，据《千字文》改。

③ "蜜"原讹"密"，据（明）葛寅亮撰，何孝荣点校《金陵梵刹志》卷四十九《南藏目录》；（清）释智旭《阅藏知津》卷三十六《大乘论藏·释经论第一之三》等改。

④ "旷"原讹"圹"，据《千字文》改。

"素""史""鱼""秉""直""庶""几""中""庸"，共缺三十九字。前后大计，以现在字号，除缺之外，连《龙藏》新续字号，实字总共六百三十八字。考之于前明万历续刊板计四十一函，至天启三年方刊过板十四函，由缺刊二十七函如斯志，成造于崇祯年。异其后刊之板，未曾来入《南藏》，而《北藏》似乎有之。夫建国燕平，而《北藏》附近，其《南藏》迢隔数千里，非一日之可至者。且兼荒岁，兵锋未暇及此。不然何以《龙藏》突以"劳"字号起，而不以"石"字接编。故知其《北藏》已有之矣。

【劳】十卷，六百二十二张，尾半八张。

《毗尼止持会①集》

【谦】十卷，六百二十张，尾半八张。

【谨】十二卷，六百二十二张，尾半八张。

【敕】十二卷，六百二十二张，尾半八张。

【聆】十二卷，六百二十二张，尾半八张。

【音】十二卷，六百二十二张，尾半八张。

【察】十二卷，六百二十二张，尾半八张。

《毗尼作持续释》

【理】二卷，七十四张，尾半四张。

《御制大云轮请雨经》

附请经条例

注明

【折疑】前明请经者广，近日不闻者，又何也？盖前明系部颁发纸价、工食需费，故斯价尚微。而今之印请难矣哉！动则其银若干两，非己之膏肓不可。夫一卷二卷，岂能历翻大藏？况乎纸价、工食各需，皆

---

① "会"原脱，据（清）释读体《毗尼止持会集》（《卍新纂续藏经》本）、蔡念生《中华大藏经总目录》卷三等补。

昂前数十倍，且绢裱、墨寸、匠作等价，难较前明一例。若夫恒矢之士，宜细审玩，非守僧拒而不纳，恃经贵大，实由时年之迥异耳。今用前明规例者何？夫国朝未颁新例，其次序及新续事件，皆分注于每款大字之下。

南京礼部祠祭清吏司为议定藏经条规，合应勒石，以垂永远事。奉本部批，据本司呈前事，奉批："如议行。"奉此。案查万历三十三年四月间，该本司呈为申明造经定规事。据湖广、四川等处请经僧本宗、乐闻、古宗等，节次禀称经铺冒滥掯勒缘由。据此。看得报恩寺藏经板一副，原系圣祖颁发，令广印行①。先年该本司主事郭□责令经铺酌议各项物②料，裁定规则，来时给与书册对查，去时给与札批防护，条款甚详。迩来本寺将书册废搁，各经铺不照行。查本宗经一藏，多索价至四十余两，纸绢仍滥恶不堪。乐闻经一藏，违限至两月。古宗经一藏，将纸抵充绢用。种种奸顽，弊无纪极。该寺见得有板头银两，亦竟坐视，不为禀理。远僧独非人情，造经独非交易？乃物价半③值犹亏，明欺无告，易虐盘费，经年累竭，致使流落难归，漠不关情，心亦何忍！除将经铺徐程鮒④、徐自强等各重责追价，给⑤僧人领讫，管经僧正浃、自高亦各责治外，复拘集经铺，吊取纸绢，逐项作价，编定上、中、下三等，等各三号，备细开明物价，仍限造经日期，来时领给号票，去时缴票，领⑥给批札，逐月经铺经匠具结查验。又照每印经一藏，有板头银一十二两。藏内缺《续藏⑦》四十一函，合扣银八两，刻补经板。刻匠恐有潦草偷工，亦给与号票缴⑧查等因。呈堂。奉批："悉

---

① "令"原讹"印"，"印行"原讹"流传"，据（明）葛寅亮撰，何孝荣点校《金陵梵刹志》卷四十九《南藏目录附请经条例》改。

② "物"后原衍"件货"，据（明）葛寅亮撰，何孝荣点校《金陵梵刹志》卷四十九《南藏目录附请经条例》删。

③ "半"前原衍"过"，据（明）葛寅亮撰，何孝荣点校《金陵梵刹志》卷四十九《南藏目录附请经条例》删。

④ "鮒"原讹"舟"，据（明）葛寅亮撰，何孝荣点校《金陵梵刹志》卷四十九《南藏目录附请经条例》改。

⑤ "给"原脱，据（明）葛寅亮撰，何孝荣点校《金陵梵刹志》卷四十九《南藏目录附请经条例》补。

⑥ "领"原脱，据（明）葛寅亮撰，何孝荣点校《金陵梵刹志》卷四十九《南藏目录附请经条例》补。

⑦ "藏"原脱，据（明）葛寅亮撰，何孝荣点校《金陵梵刹志》卷四十九《南藏目录附请经条例》补。

⑧ "缴"原讹"给"，据（明）葛寅亮撰，何孝荣点校《金陵梵刹志》卷四十九《南藏目录附请经条例》改。

照议行，以垂永久。"奉此。

又于万历三十四年八月内，本司呈为拨给禅堂，以励行僧事。议将板头银给禅堂赡僧，目今除刻经八两，经完日通给堂内，管经僧用堂内一人、外一人，堂主管理，官住查考。呈堂，奉批："僧非禅则不成僧，寺无禅堂则不成寺。圣祖赡养本意，原为此辈。俗僧反怀忌嫉，殊可恨也。如议拨给。有敢生事扰害者，查出重究。"奉此。今奉前因，合将酌定九号经价并条约，行该寺刻簿立碑，永为定规，遵守施行。

计开编定九号藏经价及条约于后：

每经一藏，板共五万七千一百六十块，又新续板三千三百六十八块，大计共板六万五百二十八块。内除前明未刻二十七函。经共六百四十四函，新续在内。共六千四百一十三卷，新续在内。共一十一万五千七百八十二张，全叶一十一万三千五百六十四张，连新续在内。半叶二千八百零四张。新续在内①。

【考异】外有《续藏》四十一函。今刻过十四，余尚未完工。

【注明】前明刻过十四函，余尚未完工，不知曾已入藏否？

上等一号

经用连四纸，大包壳、上下掩面俱用缎。成造数目：

一、印经用连四纸，共约二万八千张。每一张足裁经四张，内有尾叶不全多出纸，用印佛头，并背面、壳、底及衬贴经签。每百张三钱五分，用小样连四，土名上号大连三，极绵白坚厚，如带②灰色薄黑，不用此价。共银九十两。

注：古之价低③，而今之高昂，加前数倍。

---

①按，本段仅第一句"每经一藏，板共五万七千一百六十块"为（明）葛寅亮撰，何孝荣点校《金陵梵刹志》卷四十九《南藏目录附请经条例》原文，以下各句皆为本志编者于《金陵梵刹志》后大报恩寺所藏《永乐南藏》经板补刻万历《续藏经》部分而统计数据及记述内容。另，后文凡独立段落"考异""注明""注"字样及其内容亦为本志编者所增。

②"带"原讹"代"，据（明）葛寅亮撰，何孝荣点校《金陵梵刹志》卷四十九《南藏目录附请经条例》改。

③"低"原讹"底"，据文意改。

一、大包壳、上下掩面用缎，每函约六尺六寸，经样长一尺，加上下折头八分，每用段一尺零八分。裁掩面四条①，每函掩面约二十条。共该段五尺四寸。又大包壳一个，用段一尺二寸，牵凑裁。共缎四百一十九丈七尺六寸，每尺三分五厘，阔一尺五寸，颇堪衣着。如浇薄，不用此价。染用金黄闪红、红②闪金黄二色，余俱不合。共银一百四十六两九③钱一分六厘。

注：今上色段价过前十余倍。

一、复里并签用月白重表绢，每函约一尺五寸，共绢九十五丈四尺，每尺银六厘，注：下等一号内。共银五两七钱二④分四厘。

注：今绢未有六厘一尺之绢，非前明官价可也。

一、托复里并托签用月白公单纸，约四百五十张，每百张一钱六分，共银七钱二分。

注：古之月白公单如是之价，试⑤问今之粗紫绒如何？

一、背壳用小高纸九层，每函约一百一十张，共约纸七万张。每百张一分三厘，共银九两一钱。

注：古小高纸如是之贱，何以今之表寸又如是之贵！异矣哉！

一、九分阔绢带，每函一条二转，约三尺稍零，共带二百丈，每丈二分，共银四两。

注：绢带之价，足够今买棉线价耳。

一、柏签六百四十根，共银三钱二分。

注：古柏签，其价微至若是。今买竹捎，似乎过于往昔。

一、作料，烟煤五篓，银一两，每五十斤一篓；面五百斤，银三两；矾三十斤，银一钱二分，共银四两一钱二分。

---

① "裁掩面四条"原脱，据（明）葛寅亮撰，何孝荣点校《金陵梵刹志》卷四十九《南藏目录附请经条例》补。

② "红"原脱，据（明）葛寅亮撰，何孝荣点校《金陵梵刹志》卷四十九《南藏目录附请经条例》补。

③ "六""九"原倒，据（明）葛寅亮撰，何孝荣点校《金陵梵刹志》卷四十九《南藏目录附请经条例》改。

④ "二"原讹"三"，据（明）葛寅亮撰，何孝荣点校《金陵梵刹志》卷四十九《南藏目录附请经条例》改。

⑤ "试"原讹"示"，据文意改。

注：古面五百斤，银方三两。今之面若五百斤，必在十两之间，又何有余买作料煤、矾等物耳？

一、工食，印经每千张八分，银八两九钱。要煤重字清。折经每千张四分，银四两四钱五分。表经每函银一分二厘，银七两六钱三分二厘。共银二十两九钱八分二厘。

注：试问今之米价若何？工价多少？岂能与古禩为比肩哉？

以前上等一号经，通共银二百八十九两八钱八分二厘。每函约银四钱五分五厘。

注：以古易今，大相悬隔，远与天壤矣。

上等二号

经用连四纸，大包壳并上掩面用缎，下掩面用绫。成造数目：

一、大包壳并上掩面用缎，每函约三尺九寸，共缎二百四十八丈零四寸。每尺三分五厘，注：上等一号内，价亦折半算。共银八十六两八钱一分四厘。

注：虽云次价，大底皆贱于今之价数倍矣。

一、下掩面用上号金黄花表绫，每函约二尺七寸，共绫一百七十一丈七尺二寸，每尺一分二厘，注：中等一号内。共银二十两六钱六厘。

注：古之绫价若是，何今之罗价斯贵？

一、托绫用金黄连七纸一千三百[1]张，每百张四分，共银五钱二分。

注：试问今夹黄纸价与古若何？

一、印经纸、复里签绢、托复里签纸、背壳纸、绢带、柏[2]签、作料、工食[3]共八项[4]，俱照上等一号经样，共银一百四十二两九钱六分六厘。

注：八项之价如此，而不知今之四款可能照上银两办否？

---

[1] "三百"原脱，据（明）葛寅亮撰，何孝荣点校《金陵梵刹志》卷四十九《南藏目录附请经条例》补。

[2] "柏"原讹"绢"，据（明）葛寅亮撰，何孝荣点校《金陵梵刹志》卷四十九《南藏目录附请经条例》改。

[3] "食"原讹"项"，据（明）葛寅亮撰，何孝荣点校《金陵梵刹志》卷四十九《南藏目录附请经条例》改。

[4] "项"原讹"款"，据（明）葛寅亮撰，何孝荣点校《金陵梵刹志》卷四十九《南藏目录附请经条例》改。

以前上等二号经，通共银二百五①十两九钱七厘。每函约银三钱九分四厘。

注：上等二号之经，不暇银二百两，较之于今，未然也。

上等三号

纸用连四纸②，大包壳用缎，上掩面用绫，下掩面用绢。成造数目：

一、大包壳用缎，每函约一尺二寸，共缎七十六丈三尺二寸，每尺三分五厘，注：上等一号内。共银二十六两七钱一分二厘。

注：尝思古价若是之贱，何以今各价如是之贵？请细度之。

一、上掩面用上号金黄③花表绫，每函约④二尺七寸，共绫一百七十一丈七尺二寸，每尺一分二厘，注：中等一号内。共银二十两六钱六厘。

注：以古三皇治世而比唐宋，可否？

一、下掩面用金黄⑤重表绢，每函约二尺四寸，共绢一百五十二丈六尺四寸，每尺六厘，注：下等一号内。共银九两一钱五分八厘。

注：试问今黄松尖纸每张多少，何能有六厘一尺之绢？岂不大相违悖！

一、托绫、绢共用金黄连七纸二千六百张，每百张四分，共银一两零四分。

注：以今易古，岂能以一例为定？

一、印经纸、复里签绢、托复里签纸、背壳纸、绢带、柏签、作料、工食共八项，俱照上等一号经样，共银一百四十二两九钱六分六厘。

注：银一百四十余两，而制八项，大约今之工食则可，余件不复制矣。

以前上等三号经，通共银二百两四钱八分二厘。每函约银三钱一分五厘。

注：上等三号经，止如此之价，试问今书房请经一卷，该价多少？难以确例。

---

①"五"原讹"三"，据（明）葛寅亮撰，何孝荣点校《金陵梵刹志》卷四十九《南藏目录附请经条例》改。

②"纸"原脱，据（明）葛寅亮撰，何孝荣点校《金陵梵刹志》卷四十九《南藏目录附请经条例》补。

③"金""黄"原倒，据（明）葛寅亮撰，何孝荣点校《金陵梵刹志》卷四十九《南藏目录附请经条例》改。

④"约"原脱，据（明）葛寅亮撰，何孝荣点校《金陵梵刹志》卷四十九《南藏目录附请经条例》补。

⑤"金""黄"原倒，据（明）葛寅亮撰，何孝荣点校《金陵梵刹志》卷四十九《南藏目录附请经条例》改。

中等一号

经用公单纸，大包壳并上下掩面俱用绫。成造数目：

一、印经用公单纸，共约五万六千张，每一张足裁经二张，内有尾叶不全多出纸，用印佛头，并背掩面、壳底。每百张一钱二分，用小样上好公单，极绵白坚厚。如带①灰竹，不用此价。共银六十七两二钱。

注见前款。

一、大包壳并上下掩面，用上好金黄花表绫，每函约六尺六寸，每一尺零八分直裁掩面四条，一尺二寸牵裁大包壳一个。共绫四百一十九丈七尺六寸，每尺一分二厘，样阔一尺五寸，织文极均密，不露缝。花样极②明净，不模糊。如带③稀疏茅草，不用此价。共银五十两三钱七分一厘。

注见前款。

一、托绫用金黄连七纸，约三千三百张，每百张四分，共银一两三钱二分。

注见前款。

一、复里并签用月白连四纸二百二十张，每百张四钱二分，共银九钱二分四厘。

注见前款。

一、背壳用小高纸七层，每函约用八十五张，共约纸五万五千张，每百张一分三厘，共银七两一钱五分。

注见前款。

一、七分阔绢带，每函一条二转④，约二尺八九寸，共带一百九十丈，每丈一分六厘，共银三两四分。

---

① "带"原讹"代"，据（明）葛寅亮撰，何孝荣点校《金陵梵刹志》卷四十九《南藏目录附请经条例》改。

② "极"原讹"代"，据（明）葛寅亮撰，何孝荣点校《金陵梵刹志》卷四十九《南藏目录附请经条例》改。

③ "带"原讹"代"，据（明）葛寅亮撰，何孝荣点校《金陵梵刹志》卷四十九《南藏目录附请经条例》改。

④ "二转"原脱，据（明）葛寅亮撰，何孝荣点校《金陵梵刹志》卷四十九《南藏目录附请经条例》补。

注见前款。

一、柏签六百四十根，共银三钱二分。

注见前款。

一、作料，烟煤五篓，共银一两；面四百五十斤，银二两七钱[1]；矾二十五斤，银一钱。共银三两八钱。

注见前款。

一、工食，印经每千张八分，银八两九钱；要煤重字清。折经每千张四分，银四两四钱五分；表经每函一分一厘[2]，银六两九钱九分六厘。共银二十两三钱四分六厘。

注见前款。

以前中等一号经，通共银一百五十四两四钱七分一厘。每函约银二钱四分二厘。

注见前款。

中等二号

经用公单纸，大包壳并上掩面用[3]绫，下掩面用绢。成造数目：

一、大包壳并上掩面用上号金黄花表绫，每函约三尺九寸，共绫二百四十八丈零四寸，每尺一分二厘，注：中等一号内。共银二十九两七钱六分四厘。

注见前款。

一、下掩面用金黄重表绢，每函约二尺四寸，共绢一百五十二丈六尺四寸，每尺六厘，注：下等一号内。共银九两一钱五分八厘。

注见前款。

一[4]、下掩面用葱白连四纸，每函半张，共纸三百二十张，每百张四钱二

---

①"银二两七钱"原脱，据（明）葛寅亮撰，何孝荣点校《金陵梵刹志》卷四十九《南藏目录附请经条例》补。

②"一分一厘"原脱，据（明）葛寅亮撰，何孝荣点校《金陵梵刹志》卷四十九《南藏目录附请经条例》补。

③"用"原脱，据（明）葛寅亮撰，何孝荣点校《金陵梵刹志》卷四十九《南藏目录附请经条例》补。

④按，此条为（明）葛寅亮撰，何孝荣点校《金陵梵刹志》卷四十九《南藏目录附请经条例》所无。

分，共银一两二钱四分四厘。

注见前款。

一、托绫、绢用金黄连七纸三千三百①张，共银一两三钱二分②。

注见前款。

一、印经纸、复里签纸、背壳纸、绢带、柏签、作料、工食共七项，俱照中等一号经样，共银一百二两七钱八分。

注见前款。

以前中等二号经，通共银一百四十三两二分二厘。每函约银二钱二分四厘③。

注见前款④。

中等三号

各项俱照中等二号，价一样⑤。

----

① "三千三百"原讹"二千"，据（明）葛寅亮撰，何孝荣点校《金陵梵刹志》卷四十九《南藏目录附请经条例》改。

② "一两三钱二分"原讹"八钱"，据（明）葛寅亮撰，何孝荣点校《金陵梵刹志》卷四十九《南藏目录附请经条例》改。

③ "以前中等二号经，通共银一百四十三两二分二厘。每函约银二钱二分四厘。"原脱，据（明）葛寅亮撰，何孝荣点校《金陵梵刹志》卷四十九《南藏目录附请经条例》补。

④ "注见前款"原脱，据（明）葛寅亮撰，何孝荣点校《金陵梵刹志》卷四十九《南藏目录附请经条例》补。

⑤ 按，"各项俱照中等二号，价一样"，误。据（明）葛寅亮撰，何孝荣点校《金陵梵刹志》卷四十九《南藏目录附请经条例》，中等二号、三号成造数目各项并不相同。本志本卷上文"中等二号"内第一个"下掩面"云云，实为"中等三号"之"上掩面"数据；"中等二号"衍出第二个"下掩面"云云，实为"中等三号"之"下掩面"。本志编者不察，致各项数据讹误，尤其是"中等三号"误多，难以校改，故不改而注于此。

以前中等三①号经，通共银一百二十三两二钱四分②。每函约银一钱九分三厘。

注皆见前款。

下等一号

经用扛连纸，大包壳并上下掩面俱用绢。成造数目：

一、印经用扛连纸，共约三万七千五百张，每一张足裁经三张，内有尾叶不全多出纸，用印佛头，并背掩面、壳底。每百张七分，纸极厚白，如带③有薄黑，不用此价。共该银二十六两二钱五分。

注见前款。

一、大包壳并上下掩面用金黄重表绢，每函五尺九寸，每一尺零六分，直裁掩面四条半，大包壳亦用此数内。共绢三百七十五丈二尺四寸，每尺六厘，样阔一尺七寸，极均密，如稀疏，不用此价。共银二十二两五钱一分四厘。

注见前款。

一、托绢用金黄连七纸约三千三百张，每百张四分，共银一两三钱二分。

注见前款。

一、复里并签用公单纸四百五十张，每百张一④钱二分，共银五钱四分。

注见前款。

一、背壳用小高纸五层，每函约用六十张，共纸四万张，每百张一分三厘，

---

① "三"前原衍"二"，据（明）葛寅亮撰，何孝荣点校《金陵梵刹志》卷四十九《南藏目录附请经条例》补。按，本志本卷误称"中等二号""中等三号"成造数目各项及"价一样"，已见前注辨析，然此后所列经价"通共银二百四十六两四钱八分"既非"中等二号"经价，亦非"中等三号"经价，更非二者合计经价；段末"每函约银一钱九分三厘"，实为"中等三号"每函平均经价，"中等二号"平均经价为"每函约银二钱二分四厘"，已见上文校补。故此处删去"二"，仅言"中等三号"经价。

② "一百二十三两二钱四分"原讹"二百四十六两四钱八分"，据（明）葛寅亮撰，何孝荣点校《金陵梵刹志》卷四十九《南藏目录附请经条例》改。

③ "带"原讹"代"，据（明）葛寅亮撰，何孝荣点校《金陵梵刹志》卷四十九《南藏目录附请经条例》改。

④ "张"原脱，"一"原讹"二"，据（明）葛寅亮撰，何孝荣点校《金陵梵刹志》卷四十九《南藏目录附请经条例》补、改。

共银五两二钱。

注见前款。

一、五分阔绢带，每函一条二转，约二尺六七寸，共带一百八十丈，每丈一分二厘，共银二两一钱六分。

注见前款。

一、柏签六百四十根，共银三①钱二分。

注见前款。

一、作料，烟煤五篓，银一两；面四百斤，银二两四钱；矾二十斤，银八分。共银三两四钱八分。

注见前款。

一、工食，印经每千张八分，银八两九钱。要煤重字清。折经每千张四分，银四两四钱五分。表经每函一分，银六两三钱六分。共银一十九两七钱一分。

注见前款。

以前下等一号经，通共银八十一两四钱九分四厘。每函②约银一钱二分五厘。

注皆见前款。

下等二号

经用扛连纸，大包壳并上掩面用绢，下掩面用纸。成造数目：

一、大包壳并上掩面用金黄重表绢，每函约三尺五寸，共绢二百二十二丈六尺，每尺六厘，注：下等一号内。共银一十三两三钱五分六厘。

注见前款。

一、下掩面用葱白连四纸，每函半张，共纸三百二十张，每百张四钱二分，共银一两三钱四分四厘。

注见前款。

_____

① "三"原讹"二"，据（明）葛寅亮撰，何孝荣点校《金陵梵刹志》卷四十九《南藏目录附请经条例》改。

② "函"原讹"经"，据（明）葛寅亮撰，何孝荣点校《金陵梵刹志》卷四十九《南藏目录附请经条例》改。

一、托绢用金黄连七纸二千张，共银八钱。

注见前款。

一、印经纸、复里签①纸、背壳②纸、绢带、柏签、作料、工食共七项，俱照下等一号经样，共银五十七两六钱六分。

注见前款。

以前下等二号经，通共银七十三两一钱六分。每函约银一钱一分二厘。

注见前款。

下等三号

经用扛连纸，大包壳用绢，上下掩面用纸。成造数目：

一、大包壳用金黄重表绢，每函约一尺零六分③，共绢六十七丈四尺一寸六分，每尺六厘，注：下等一号内。共银四两四分四厘。

注见前款。

一、上下掩面用葱白连四纸，每函一张，共纸六百四十张，每百张④四钱二分，共银二两六钱八分八厘。

注见前款。

一、托绢用金黄连七纸六百五十张，共银二钱六分。

注见前款。

一、印经纸、复里签纸、背壳纸、绢带、柏签、作料、工食共七项，俱照下等一号经样，共银五十七两六钱六分。

注见前款。

以前下等三号经，通共银六十四两六钱五分二厘。每函约银九分八厘。

---

①"签"原脱，据（明）葛寅亮撰，何孝荣点校《金陵梵刹志》卷四十九《南藏目录附请经条例》补。

②"壳"后原衍"签"，据（明）葛寅亮撰，何孝荣点校《金陵梵刹志》卷四十九《南藏目录附请经条例》删。

③"分"原讹"寸"，据（明）葛寅亮撰，何孝荣点校《金陵梵刹志》卷四十九《南藏目录附请经条例》改。

④"张"原脱，据（明）葛寅亮撰，何孝荣点校《金陵梵刹志》卷四十九《南藏目录附请经条例》补。

注见前款。

《龙藏》无例。

注：不敢杜臆。

条约

一、领号票。凡请经僧到，不许经铺前路截抢，听其径投禅堂。管经僧即将号簿一本，付与细查，随意择取经铺，看定纸绢，一同到司呈报。并将样纸一张，样缎或绫、绢各一尺送验。果系合式，本司即给请经僧、管经僧、经铺经匠与经铺同票。各号票一纸，仍再给请经僧印信号簿一本，及经铺准造告示。于经殿门首领票后，公同到寺交银。不许私立合同，私自过付。如未经领票，辄先包揽，经铺重责枷号，管经僧责治。经铺能互相出首，即准将经给与揽造。请经僧有自愿成造，不用经铺者，径自同管经僧经匠与管经僧同票。领票，不许经铺刁难。每月初一日，各经铺经匠轮一人具依准结，到司查验。

一、定寓所。往时请经僧寓于经铺，缁俗相混，殊失清规。今于禅堂造房七间，延僧进住。其饭食即禅堂供给，每僧一日算银一分，不许多索。如禅堂不为款留，经铺强欲邀截，俱行究治。过限外，经不完，饭[1]银追经铺代出。

一、议杂费。本寺禅堂板头银十二两，今扣八两，刻补经板，止四两堂内瞻僧。内相茶果银三两四钱，官住转交，如多索，即系官住作弊。官住请札银八钱，如不为申请札批，银不许给。管经僧银四钱，如不为催促经铺，查估纸、绢，银不许给。号簿银二[2]钱。给请经僧二十本，经铺装印，管经僧查给。隐匿究罪。以上五项，通共银[3]一十六两八钱。又有请经僧饭

---

① "饭"原讹"及"，据（明）葛寅亮撰，何孝荣点校《金陵梵刹志》卷四十九《南藏目录·条约》改。

② "二"原讹"四"，据（明）葛寅亮撰，何孝荣点校《金陵梵刹志》卷四十九《南藏目录·条约》改。

③ "银"原讹"钱数"，据（明）葛寅亮撰，何孝荣点校《金陵梵刹志》卷四十九《南藏目录·条约》改。

钱，照日计算。自此以外，更无毫厘费用。如号簿不载，有需索分毫者，即系诓骗，许请经僧禀司重究①。

一、酌经式。经样长一尺，阔三寸三分，各项物料俱用官尺。大概务照时价，从宽估算。即时有贵贱，自可通同牵补，不得据一项偶贵，遂指求增价，以乱定规。经价虽定，纸绢高下，装印工拙，甚是不等。经铺、经匠多以滥恶相充，弊难尽举。请经僧一一查估，有不值者俱听禀究。

一、缴号票。造经定限三个月。凡纸绢、装印等项，一一②列款号票后。经完日，僧、铺人等，俱于逐款下，如绵白等项果合式，注"是"字；不合式，注"不"字，送司销缴。注"不"字者，请经僧并将经一函及前样纸、样绢，同票送验。果不合式，经铺重责枷号，仍③计价追出，给还本僧。造经过三月外，经铺、经匠计日责治。如纸绢等不合式，管经僧不为具禀，一同究责。

一、给札批。往时请经僧俱给札付，以示优异，给批照以便回籍④。因候领日久苦难，不敢请给⑤。自今于缴票日，许经僧具呈禀请，本司即日给发，并不羁留。如有衙门人役需索刁难，请经僧即明禀到司，定将该犯重责革役。

一、造四经⑥。有止造四经者，《大般若》《宝积》《华严》《涅槃》。共计八十四函，计八百四十三卷。每函价数，照前九号后注定计算，板头一两八钱。又有印杂号者，多寡不等，板头查照前例算。

一、装书册。有用太史连印装成册者，纸张装里听其自办，刷印工食照前价数，板头等银照前一样。如以势要强免者，追承揽工匠赔还。

---

① "重究"原讹"究治"，据（明）葛寅亮撰，何孝荣点校《金陵梵刹志》卷四十九《南藏目录·条约》改。

② "一一"原讹"今"，据（明）葛寅亮撰，何孝荣点校《金陵梵刹志》卷四十九《南藏目录·条约》改。

③ "仍"原脱，据（明）葛寅亮撰，何孝荣点校《金陵梵刹志》卷四十九《南藏目录·条约》补。

④ "籍"原讹"藉"，据（明）葛寅亮撰，何孝荣点校《金陵梵刹志》卷四十九《南藏目录·条约》改。

⑤ "给"原讹"经"，据（明）葛寅亮撰，何孝荣点校《金陵梵刹志》卷四十九《南藏目录·条约》改。

⑥ "一、造四经"条原脱，据（明）葛寅亮撰，何孝荣点校《金陵梵刹志》卷四十九《南藏目录·条约》补。

一、补经板。经板外，《续藏》四十一函，每板一块，该银三钱六分。每请一藏，扣①板头银八两，刻板二十二块，_{如有板该刻二十五块，每块板傍俱载用②某僧板头银刻，以备查验。}刻期限十日。每遇造经领票日，管经僧即带③同刻匠赴司，共领给号④票一纸，依限刻完，将经板刷印同票验销。每月初一，仍将收除银数开循环簿报查。板用梨木打光，八分厚，价银四分。每板二面，共六十行，计一千零二十字。_{内有尾叶不全满十行者，算半叶；满二十行者，算全叶；不及十行者，不算。}刻用宋字样，写工连纸银二分，如差一字，扣一厘，给校经僧。刻工连光板齐边，每块银⑤三钱，刻深三分为度。写刻潦草偷工，罚令重写重刻。_{每藏银八两，刻二十二块，共去银七两九钱二分。剩银八分，作买纸、烟煤、水胶、刷印呈样、工食等用。}续⑥藏完日，仍将模糊板刻换，一并通完，板头银尽数赡僧。

一、赡禅僧。板头银给禅堂赡僧，每年约二十藏，该银二百四十两；四经亦约二十部，该银三十六两。每僧一日饭食腐菜银一分，约赡僧七十六名。_{今扣八两刻经，每年止约银一百一十六两，该赡僧三十一名⑦。}经完日，仍如前数。

一、记重修。藏经房重修过前殿三间、正殿五间、左右贮经廊庑四十二间，禅堂内新造请经房二层七间，起工于万历三十四年七月，毕工于本年十二月，助工督修善人张文学、张应文。

一、收板头银。堂内置号簿一扇，木柜一口，银到即送官住处登簿，将投柜银入柜。于月终日，会同官住开封，置买柴米赡僧，堂主毋得私用。

《折疑梵刹志》卷之八终

---

① "扣"原脱，据（明）葛寅亮撰，何孝荣点校《金陵梵刹志》卷四十九《南藏目录·条约》补。

② "用"原脱，据（明）葛寅亮撰，何孝荣点校《金陵梵刹志》卷四十九《南藏目录·条约》补。

③ "带"原讹"代"，据（明）葛寅亮撰，何孝荣点校《金陵梵刹志》卷四十九《南藏目录·条约》改。

④ "号"原脱，据（明）葛寅亮撰，何孝荣点校《金陵梵刹志》卷四十九《南藏目录·条约》补。

⑤ "二分，如差一字，扣一厘，给校经僧。刻工连光板齐边，每块银"原脱，据（明）葛寅亮撰，何孝荣点校《金陵梵刹志》卷四十九《南藏目录·条约》补。

⑥ "续"前原衍"如差一字，扣一厘，给校经僧似"，据（明）葛寅亮撰，何孝荣点校《金陵梵刹志》卷四十九《南藏目录·条约》删。

⑦ "名"原讹"两"，据（明）葛寅亮撰，何孝荣点校《金陵梵刹志》卷四十九《南藏目录·条约》改。